Dietz Berlin / Theorie

Leo Kofler

Interventionen

Kleine Schriften zur marxistischen Theorie und Praxis

Hrsg. und eingeleitet von Christoph Jünke

Dietz Berlin

Die Herausgabe dieses Bandes erfolgt im Auftrag der Leo Kofler-Gesellschaft e. V.

In Erinnerung an den »Koflerianer«, Freund und Genossen Uwe Jakomeit (1957–2022)

Editorische Vorbemerkung:
Die Schreibweise der Dokumente ist den Regeln der neuen Rechtschreibung angeglichen.

Bibliografische Informationen der Deutschen Nationalbibliothek.
Die Deutsche Nationalbibliothek verzeichnet diese Publikation in der Deutschen Nationalbibliografie; detaillierte bibliografische Daten sind im Internet über http://dnb.dnb.de abrufbar.

Gefördert von der Rosa-Luxemburg-Stiftung

1. Auflage 2024

Franz-Mehring-Platz 1, 10243 Berlin

Lektorat: TEXT-ARBEIT/Stephan Lahrem
Gestaltung: Andreas Homann
Satz: Kerstin Davies
Druck und Bindung: Interpress Budapest
Printed in Hungary
ISBN 978-3-320-02420-8

LEO KOFLER (1907–1995), ein deutsch-österreichischer Gesellschaftstheoretiker und Sozialphilosoph, war ein herausragender Vertreter des deutschen Nachkriegsmarxismus und eines deutsch-deutschen Linkssozialismus. Mit seinem Versuch, die marxistische Theorie den Erfahrungen des 20. Jahrhunderts entsprechend weiterzuentwickeln und die sozialistische Bewegung auf die Höhe der neokapitalistischen Zeit zu heben, machte sich der »heimatlose Linke« seit den 1950er-Jahren zu einem wichtigen Vermittler von alter Arbeiterbewegung und Neuer Linker.

CHRISTOPH JÜNKE, geb. 1964, lebt und arbeitet als Publizist und Historiker für die Geschichte des roten 20. Jahrhunderts im grünen Ruhrgebiet. Unter anderem ist er Vorsitzender der Leo Kofler-Gesellschaft e. V. sowie Herausgeber und Verfasser mehrerer Bücher von und zu Leo Kofler.

Inhalt

Einleitung

Texte von Leo Kofler

Leo Kofler und die Geburt der ersten Neuen Linken

DIE IN DIESEM BAND in ihrer überwiegenden Mehrheit erstmals in Buchform veröffentlichten Texte des marxistischen Soziologen, Philosophen und Historikers Leo Kofler (1907–1995) können und sollen durchaus für sich selbst stehen und sprechen. Auf kleinem Raum bieten sie sozialphilosophische Reflexionen über einige der Grundfragen der marxistischen Theoriediskussion und der angewandten Gesellschaftsanalyse in der zweiten Hälfte des 20. Jahrhunderts. Es geht in ihnen um das Verhältnis von Theorie und Praxis im gesellschaftstheoretischen Denken, um die Zusammenhänge und Spannungsverhältnisse von Staat, Gesellschaft und Kultur, von Freiheit und Fortschritt, Demokratie und Liberalismus, Sozialismus und Humanismus, aber auch um das Verhältnis der klassischen und avantgardistischen Kunst zur Gesellschaft. Sie behandeln marxistische Begriffe wie Ideologie, Entfremdung und Verdinglichung, Fetischismus und Ausbeutung, Pauperismus und Ethik, Religion, Utopie und Wahrheit, Totalität und Materialismus. Sie untersuchen die Rolle der Arbeit in der marxistischen Ökonomie oder die »List der Vernunft« bei Hegel und Marx, aber auch die eigenartige Doppelgestalt des modernen Bürgers, das Wesen von Proletariat und Kleinbürgertum, die Mythen der modernen Technokratie, die Unterschiede von konservativer und progressiver Elite und die Notwendigkeit einer gleichzeitig sozialistischen und anthropologischen Utopie. Auf ebenso entspannte wie vertiefende Weise führen diese kurzen, prägnanten und anspruchsvollen Beiträge in Koflers neomarxistische Begriffswelt ein und behandeln dabei grundlegende Probleme einer gesellschaftskritischen Betrachtung der fortgeschrittenen, westlich-kapitalistischen Länder nach dem Zweiten Weltkrieg.

Doch auch wenn diese Texte für sich selbst sprechen sollen und können (und entsprechend nach Lust und Laune einzeln gelesen werden können), so ist es für ein besseres Verständnis dieser Beiträge doch sinnvoll, an den historischen und politisch-theoretischen Kontext dieser überwiegend in den 1950er- und 1960er-Jahren entstandenen Texte zu erinnern – denn verfasst und veröffentlicht wurden sie als Versuche einer marxistischen Selbstvergewisserung und Erneuerung in einer Zeit des weltgeschichtlichen Umbruchs.

Ende der 1940er-Jahre hatte der sich schnell und machtvoll durchsetzende Kalte Krieg den in den unmittelbaren Nachkriegsjahren noch in ganz Europa vorherrschenden Traum einer neuen, postfaschistischen moralischen Ökonomie beendet, das heißt die Ideen und praktischen Ansätze einer auf demokratisch-öffentlicher Planung und Lenkung, umfassender Vergesellschaftung und gemischten Wirtschaftsformen beruhenden, antifaschistischen Wirtschaftsdemokratie. Auf beiden Seiten des »Eisernen Vorhangs« wurde dieser Kalte Krieg »zu einem neuen System von Disziplinarmacht, das einschränkte, was gesagt und gedacht werden durfte. [...] Wenn der Marshallplan die Demokratie für den Kapitalismus sicher machte, so machte die sowjetische Politik in Osteuropa den Sozialismus sicher für Stalin.«[1] Auf der einen Seite setzte die *Pax Americana*, das heißt die politische und ökonomische Einbindung der »westlichen« Staaten in einen unter der Hegemonie der USA geführten militärpolitischen Bündnisblock (Atlantizismus), den von ihr betroffenen Gesellschaften nachhaltige Grenzen vor allem in Form des nicht mehr wirklich zu hinterfragenden politischen und ökonomischen Liberalismus, d. h. einer auf dem freien Waren- und Kapitalverkehr und dem liberalen Rechtsstaat beruhenden kapitalistischen Marktwirtschaft. Auf der anderen Seite unterwarf die *Pax Sovietica* die von der sowjetischen Armee befreiten und kontrollierten Länder des »Ostens« einer systemischen Transformation nach dem Ebenbild des vermeintlichen Vaterlandes aller Werktätigen und erneuerte die alte, vorübergehend gelockerte Unterordnung der westlichen wie östlichen kommunistischen Aktivitäten unter die Interessen des Sowjetstaats. Was im Übergang zu den 1950er-Jahren der Kampf gegen »Titoisten«, »Trotzkisten« und »Sozialdemokraten« für die Restalinisierung der kommunistischen Bewegung war, wurde der durch den US-amerikanischen McCarthyismus weltweit angeheizte Antikommunismus für die westliche Linke.

Der durch den Korea-Krieg (1950–1953) massiv angefachte lange Weltwirtschaftsboom bot schließlich den nötigen Raum für einen neuen, modernisierten Sozialkompromiss im Westen, der das klassische Kräftegleichgewicht von Staat, Wirtschaftsverbänden und Gewerkschaften nachhaltig zugunsten der beiden letzten verschob. Unter atlantizistischen und liberalkonservativen Vorzeichen verband er eine gesellschaftspolitisch und kulturell restaurative Phase mit nachhaltigen ökonomischen und sozialen Modernisierungsprozessen. Eine Phase weltweiter, sich enorm beschleunigender Industrialisierung und Urbanisierung setzte ein und führte zu einem gesellschaftlichen Bedeutungsverlust von Landwirtschaft und traditionell konservativem Bauerntum. Eine neue Welle der Alphabetisierung und der Bildungsexpansion ermöglichte die

1 Geoff Eley: Forging Democracy. The History of the Left in Europe 1850–2000, Oxford 2000, S. 301, 311.

Durchsetzung des »Manager-Kapitalismus« und die von zahlreichen Angestellten getragene neue »Dienstleistungsgesellschaft«. Gleichzeitig führten die Wandlungen der Lohnarbeit (Vollbeschäftigung und steigende Einkommen, Erweiterung des Sozialstaats und neue Mitbestimmungsrechte) zu einer zunehmenden Integration der Gewerkschaften und Arbeiterparteien in den reformierten (und damals noch zum vermeintlichen »Wohlfahrtsstaat« verklärten) Sozialstaatskapitalismus der fortgeschrittenen Länder des Westens. Es war, in den Worten des Historikers Eric Hobsbawm, »eine Art Vermählung des wirtschaftlichen Liberalismus mit der sozialen Demokratie«, die dieses »goldene Zeitalter« bürgerlich-kapitalistischer Herrschaft auszeichnete und »die dramatischste, schnellste und tiefgreifendste Revolution in den menschlichen Beziehungen und im Verhalten des Menschen« auslöste, »von der die Geschichte weiß«.[2] In den aufkommenden Massenkonsumgesellschaften der langen 1950er-Jahre wähnten sich nicht wenige jenseits des alten Kapitalismus, und das Präfix »post« begann, seine Runde zu machen. Man begann, von der postideologischen und postindustriellen Gesellschaft zu sprechen, vom vermeintlichen Ende der Klassengesellschaft und einer »nivellierten Mittelstandsgesellschaft«, während sich die politische Linke in einer tiefgreifenden Identitäts- und Transformationskrise wiederfand. Es ist dieser weltgeschichtliche Umbruch, der den hier versammelten Texten Leo Koflers ihren sozial- und ideengeschichtlichen Ort zuweist.

Wenn sich Menschen »einer Situation ausgesetzt sehen, auf die sie nichts in der Vergangenheit vorbereitet hat«, so Hobsbawm, »dann ringen sie nach Worten, um dem Unbekannten einen Namen zu geben, auch wenn sie es weder definieren noch verstehen können. Bei Betrachtung des dritten Viertels dieses Jahrhunderts können wir verfolgen, wie dieser Prozess unter den Intellektuellen des Westens funktioniert hat.«[3] Konservative, liberale, demokratische und linke Intellektuelle hatten sich auseinanderzusetzen nicht nur mit Krieg und Faschismus, sondern auch und nicht zuletzt mit den ökonomischen, politischen und kulturellen Wandlungen zum »Konsum«-Kapitalismus und der neuen Blocklogik im Kalten Krieg. Und dazu gehörte, dass sich eine ebenso politische wie intellektuelle Linke sowohl den neuen Nachkriegsrealitäten und ihren eigenen enttäuschten Hoffnungen zu stellen hatte als auch den anhaltenden Dogmatisierungstendenzen der kommunistischen Bewegung auf der einen Seite und den zunehmenden Anpassungs- und Integrationstendenzen der sozialdemokratischen Bewegung auf der anderen.

Während sich die Kommunisten in Ost und West politisch-ideologisch fest an die sowjetische Siegermacht des Zweiten Weltkriegs ban-

2 Eric Hobsbawm: Das Zeitalter der Extreme. Weltgeschichte des 20. Jahrhunderts, München/Wien 1995, S. 341, 362.

3 Ebd., S. 363.

den, begannen unter den noch immer an ihrer sozialistischen Identität festhaltenden Sozialdemokraten Westeuropas Diskussionen über die Perspektiven eines »demokratischen Sozialismus«. Vor allem schaute man vom Kontinent aus nach Großbritannien, wo der Wahlsieg der britischen Labour-Partei 1945 nicht nur eine englische Arbeiterregierung und den Durchbruch zum modernen Sozialstaat gebracht hatte, sondern mehr noch dazu bestimmt schien, »die entscheidende Probe aufs Exempel für die Chancen des demokratischen Sozialismus zu werden«.[4] Doch schon Ende der 1940er-Jahre war diese sozialdemokratische Dynamik wieder gebrochen, und im Jahre 1951 verloren die britischen Sozialdemokraten auch ihre Regierungsmacht. In der Labour-Partei, aber auch in anderen westeuropäischen Sozialdemokratien, mehrten sich die Stimmen, die für eine »revisionistische« Anpassung an die neue Modernität plädierten und linken »Ballast« über Bord werfen wollten. Der neue Kapitalismus, so ihr Tenor, sei auch ohne weitere Vergesellschaftungen in der Lage, sozialen Wohlstand und neue Konsummöglichkeiten zu generieren, und die bürgerliche Demokratie sei ausbau- und entwicklungsfähig. Nicht mehr die kapitalistische Marktwirtschaft als solche war diesen neuen Sozialdemokraten fortan der Feind, sondern deren einstmals unreguliertes Laissez-faire. So wurden der neue Sozialstaat der Nachkriegszeit und die zuerst noch geringe, dann jedoch zunehmende Tendenz zur Konsumsteigerung mit einer umfassenden Akzeptanz der US-amerikanischen Schutzmacht gegen den vermeintlich aggressiven Ostkommunismus erkämpft. Eine selbstständige sozialdemokratische Außenpolitik wurde preisgegeben, denn nur unter wohlwollender Duldung der jeweiligen US-Regierung sollten europäische Sozialdemokraten fortan mitregieren können.

Es hatte seine biografische und theoriepolitische Logik, dass Leo Kofler in den ab Mitte der 1950er-Jahre aufkommenden linken Diskussionen eine tragende Rolle spielen sollte. Im »roten Wien« der Zwischenkriegszeit war der junge Kofler ein jungendbewegter und antifaschistisch gesinnter linker Sozialdemokrat gewesen. Er hatte den klassischen Sozialismus in seiner »austromarxistischen« Variante in sich aufgesogen, bevor er 1933/34 den Zusammenbruch der österreichischen Sozialdemokratie miterleben und 1938 als Jude und Marxist vor dem Anschluss Österreichs an das deutsche Nazi-Reich fliehen musste.[5] In der neutralen Schweiz hat er die Nazi-Zeit überlebt und sich mit zwei Büchern und seiner 1947 erfolgten Übersiedlung in die Noch-Nicht-DDR einen Namen als ebenso origineller wie undogmatischer Marxist und Universitäts- und Parteidozent gemacht. Sein Erstlingswerk »Die Wissenschaft von der Gesellschaft« (1944) verband die Gesellschaftstheorien von Max Adler und Georg Lukács zu

4 Paul Sering [d. i. Richard Löwenthal]: Jenseits des Kapitalismus. Ein Beitrag zur sozialistischen Neuorientierung [1946], Nürnberg 1948, S. 188.

5 Ausführlich zur Biografie Koflers Christoph Jünke: Sozialistisches Strandgut. Leo Kofler – Leben und Werk (1907–1995), Hamburg 2007.

einem neuartigen »westlichen Marxismus« und vermischte sich in dem 1948 erstmals veröffentlichten Werk »Zur Geschichte der bürgerlichen Gesellschaft« mit einem neuartigen »sozialistischen Humanismus«, der Demokratie und Sozialismus zusammenzudenken versuchte. Auch wenn es ein politischer und historischer Irrtum sei, die bürgerliche Demokratie mit einer wirklichen, absoluten Freiheit gleichzusetzen, so dürfe man sich nichtsdestotrotz nichts vormachen: »Es gibt keine gesellschaftliche Freiheit ohne Freiheit für das Individuum, das nach Selbstbestimmung und Unabhängigkeit strebt und das, solange es menschliche Geschichte gibt, unter Freiheit die möglichste Freiheit von allen Schranken und Bindungen verstanden hat, versteht und verstehen wird.«[6]

Die sich 1949/50 rapide stalinisierende SED sah dies allerdings anders, ließ den in Ostdeutschland einflussreichen Bürokratiekritiker verfolgen und zwang ihn zur überstürzten Flucht nach Westdeutschland, wo er sich dauerhaft in Köln niederließ. Auch wenn ihm dort keine neue berufliche Perspektive eröffnete – die antikommunistisch-konservative Adenauer-Ära konnte und wollte mit bekennenden Marxisten nichts anfangen –, so knüpfte Kofler engen Kontakt zu linken Sozialdemokraten, Gewerkschaftern und anderen »heimatlosen Linken«. Er schrieb (zumeist unter Pseudonym) mehrere antistalinistische Broschüren, referierte in Gewerkschaftskreisen und in Volkshochschulen, aber auch bei Naturfreunden und dem sozialdemokratischen Sozialistischen Deutschen Studentenbund (SDS). Auch politisch-publizistisch begann er in die Diskussionen der westdeutschen Linken einzugreifen – zuerst mit zumeist kürzeren Artikeln, die er (anfangs ebenfalls unter Pseudonym) in kleinen linken Zeitschriften wie Wilhelm Alffs *aufklärung*, Hans Matthöfers *links* oder der *pro und contra* veröffentlichte, ab 1953 auch mit Broschüren zur Einführung in den sozialistischen Humanismus und die Geschichte der bürgerlich-kapitalistischen Gesellschaftsform. Seit 1954 schrieb er des Öfteren für etablierte Printmedien wie die *Deutsche Universitäts-Zeitung* oder *Schmollers Jahrbuch*, und seit 1955/56 publizierte er mit viel politischer Angriffslust regelmäßig in *Die Andere Zeitung (AZ)*, einer von Gerhard Gleissberg und Rudolf Gottschalk (zwei prominenten SPD-Dissidenten) verantworteten linkssozialistischen Wochenzeitung, in der von Viktor Agartz herausgegebenen, alle 14 Tage erscheinenden *WISO. Korrespondenz für Wirtschafts- und Sozialwissenschaften* und in Fritz Lamms Monatszeitschrift *Funken*.

Seine ersten politisch-publizistischen Texte im deutschen Westen intervenierten also in das Milieu dieser marginalisierten »heimatlosen Linken«. Sie behandelten zuerst Grundfragen der marxistischen Theorie (wie das Verhältnis von Theorie und Praxis, von Arbeit und Entfrem-

6 Leo Kofler: Über die Freiheit [1951], in: ders.: Zur Kritik bürgerlicher Freiheit. Ausgewählte politisch-philosophische Texte eines marxistischen Einzelgängers, Hamburg 2000, S. 30.

dung, Fetischismus und Verdinglichung, Demokratie und Sozialismus) und kritisierten aus der Perspektive seines sozialistischen Humanismusverständnisses sowohl den dogmatisch-stalinistischen Marxismus als auch den »ethischen Sozialismus« der neuen Sozialdemokraten. Dies fand sein Publikum, denn mit dem nach Stalins Tod 1953 langsam sich ausbreitenden »Moskauer Tauwetter« kamen zunehmende Entstalinisierungstendenzen in den kommunistischen Ostblockstaaten auf. Sie schürten auch im Westen Europas alte linke Hoffnungen auf eine nachhaltige Selbstreformation des bürokratisch-stalinistischen Herrschaftssystems und die Rückkehr zu den radikalen Anfängen der kommunistischen Weltbewegung. Auch antikoloniale und nationalrevolutionäre Bewegungen in der »Dritten Welt« erfuhren durch die Konferenz von Bandung im April 1955 einen kräftigen Auftrieb: Der dissidente Kommunist Tito (Jugoslawien) und die antikolonialen Befreiungsnationalisten Nasser (Ägypten) und Nehru (Indien) begründeten die Organisation der blockfreien Staaten und beschritten einen »dritten Weg« jenseits der beiden Machtblöcke in Ost und West. Die neue politische Bewegung im »Osten« und im »Süden« wirkte zurück auf den »Norden« und »Westen« und beflügelte eine neue Politisierung vieler noch immer sozialistisch gesinnter Sozialdemokraten. In Großbritannien, Frankreich und anderswo bildeten sich linke Flügel der sozialdemokratischen Parteien und vermischten sich mit anderen »heimatlosen« Linken. Und auch in der Bundesrepublik kam es 1954/55 zu neuer Bewegung innerhalb und außerhalb der SPD und der Gewerkschaften. Der bekannte Gewerkschaftsintellektuelle Viktor Agartz rief Ende 1954 auf einem Bundeskongress des Deutschen Gewerkschaftsbundes zum offensiven Kampf gegen das konservativ restaurierte Adenauer-Regime auf, wurde daraufhin jedoch von seinen Vorstandskollegen aus der Gewerkschaftsbewegung gedrängt. Daraufhin gab Agartz ab Anfang 1956 die *WISO*-Zeitschrift heraus und beteiligte sich an der Gründung einer deutschen Sektion der 1954/55 in London und Paris gegründeten »Internationalen Gesellschaft für Sozialistische Studien«, einem transnationalen Intellektuellennetzwerk alter und neuer Linker.[7] Mit an Bord war auch Gerhard Gleissberg, der mit seiner im Frühling 1955 begründeten *Anderen Zeitung* die Parteiführung seiner Sozialdemokratischen Partei herausforderte und die *AZ* zum einflussreichen Debattenorgan einer nun auch deutschen »Neuen Linken« machte.[8]

7 Christoph Jünke: Fallstricke eines neu-linken Internationalismus in schwieriger Zeit: Die Internationale Gesellschaft für Sozialistische Studien 1956ff., in: Bernhard Bayerlein u. a. (Hrsg.): Global Spaces to Radical Transnational Solidarity, Berlin (E-Book), S. 551–560.

8 Christoph Jünke: Der vergessene Aufbruch: Die linke Neuformierung 1954/55 und ihr Scheitern 1957/58, in: ders.: Streifzüge durch das rote 20. Jahrhundert, Hamburg 2014, S. 103–121. Ausführlicher Gregor Kritidis: Linkssozialistische Opposition in der Ära Adenauer. Ein Beitrag zur Frühgeschichte der Bundesrepublik Deutschland, Hannover 2008, sowie William David Graf: The German Left since 1945. Socialism and Social Democracy in the German Federal Republic, Cambridge/New York 1976.

Der marxistische Solitär und Wanderprediger Kofler war an all diesen Projekten persönlich beteiligt und wurde mit seiner sich intensivierenden Publikationstätigkeit zu einem Vordenker dieses neuen Milieus. In seinen zahlreichen Beiträgen für die *AZ*, die *WISO* und andere Organe machte er sein Publikum mit einem undogmatischen Marxismusverständnis vertraut, schrieb über die Theorie und Geschichte der bürgerlichen Gesellschaft, verdeutlichte den Gehalt bestimmter Grundbegriffe der marxistischen Theorie und wandte dieses Denken auf die Analyse der »spätbürgerlichen« Gesellschaftsform und auf die Krisen- und Verfallsprozesse des stalinistisch blockierten »real existierenden Sozialismus« an. Er setzte sich mit Vordenkern des sozialdemokratischen Revisionismus wie Gerhard Weisser auseinander, besprach die damals einflussreichen Marxismus-Studien der evangelischen Akademien und rezensierte die neueste Literatur von damals oder später einflussreichen Denkern wie Jules Monnerot und Gustav Dahrendorf, Herbert Marcuse und Georg Lukács, Günther Anders, Hans Mayer und Ernst Bloch sowie Wilhelm Emrich, Jürgen Habermas und manchen anderen.

Dass er dabei mit seinen Texten nicht nur auf offene Ohren stieß, sondern von vielen Linken angefeindet wurde und (v.a. in der *Anderen Zeitung*) reichlich Kontroversen auslöste,[9] gehört zur spezifisch deutschen Problem- und Entwicklungsgeschichte dieser ersten Generation einer Neuen Linken. Denn anders als etwa in Großbritannien oder Frankreich waren hier linkssozialistische, reformkommunistische und nonkonformistische Intellektuelle und Aktivisten besonderen Pressionen ausgesetzt. So begann die SPD-Parteiführung schon Anfang 1956 viele ihrer innerparteilichen Kritiker zu stigmatisieren und auszuschließen, allen voran Gerhard Gleissberg und seine *AZ*-Redakteure. Vor dem Hintergrund der sich seit Chruschtschows Geheimrede auf dem XX. Parteitag der KPdSU (Februar 1956) beschleunigenden Entstalinisierung hatten sie sich offen vom vorherrschenden Antikommunismus distanziert und nach neuen Bündnismöglichkeiten gesucht. Doch im August 1956 verbot das bundesdeutsche Verfassungsgericht die Kommunistische Partei Deutschlands und trieb deren Mitglieder in die politische Illegalität und zurück zur Parteiloyalität. Die daraufhin von Gleissberg, Agartz, Wolfgang Abendroth, Fritz Kief, Kofler und anderen Ende 1956 gegründete und schnell an organisatorischer Fahrt gewinnende deutsche Sektion der Internationalen Gesellschaft für Sozialistische Studien wurde schließlich ausgebremst, als ihr führender Repräsentant Viktor Agartz im März 1957 verhaftet und, während des gerade anlaufenden Bundestagswahlkampfes, einem Landesverratsprozess unterzogen wurde, weil er sich zur Finanzierung seiner *WISO*-Zeitschrift Ostberliner Geldquellen bedient hatte.

9 Ausführlich hierzu Jünke: Sozialistisches Strandgut, S. 390ff.

Zur gleichen Zeit spitzten sich auch die Ereignisse im realsozialistischen Ostblock und in der DDR zu. Die Entstalinisierungsbewegung hatte dort eine sich autonom radikalisierende, gegen die jeweiligen Regime gerichtete Entwicklung genommen und wurde nach den Volkserhebungen in Polen und Ungarn (Oktober/November 1956) mit militärischer Gewalt niedergeschlagen. Die daraufhin einsetzende Redogmatisierung machte auch in der DDR repressiv Schluss mit der sich entfaltenden Opposition um Wolfgang Harich, Walter Janka, Ernst Bloch und andere. Nicht nur die deutsch-deutschen Kontakte zwischen den Oppositionellen endeten, auch das erst gerade zusammenwachsende linke Milieu in Westdeutschland zerfiel erneut in seine diversen Einzelteile. Die zentrale Stärke der *AZ*, die Tatsache, dass sie in einer Zeit der Neuorientierung oppositioneller Kräfte ein plurales Organ strategischer und taktischer Diskussion war, das die Brücke zwischen den verschiedenen Strömungen und zwischen den West- und Ostdeutschen offenzuhalten versuchte, wurde zu ihrer Schwäche, als sich der von der SPD offensiv übernommene Antikommunismus und Antisozialismus auf der einen, die Restalinisierung der Kommunisten auf der anderen Seite vollends Bahn brachen. Das Meinungsspektrum der *AZ* wurde zusehends enger. Und als die Wochenzeitung immer spürbarer ins finanzielle und politische Fahrwasser Ostberlins geriet, beendeten viele Nonkonformisten, Radikaldemokraten und Linkssozialisten ihre Mitarbeit. Auch die *SOPO* (die *Sozialistische Politik*) und die *WISO* veränderten 1957/58 ihr Gesicht und ihre Linie, während Fritz Lamms *Funken* im darauffolgenden Jahr ganz eingestellt wurden.

Auch wenn das Jahr 1958 mit der Kampagne »Kampf dem Atomtod« die bis dahin größte außerparlamentarische Protestbewegung der Nachkriegszeit erleben sollte, so war ihr soziologisches und ideologisches Merkmal doch »weniger das eigenverantwortliche Handeln werktätiger Massen aus sozialistischer Überzeugung als das überwiegend moralische, antimilitaristische und pazifistische Engagement breiter Schichten der wissenschaftlichen, literarischen und kirchlichen Intelligenz«.[10] Der sich aus den Vorkriegs- und unmittelbaren Nachkriegstraditionen der radikalen Arbeiterbewegung speisende und um die SPD gruppierende Linkssozialismus der 1950er-Jahre fand damals einen vorläufigen Abschluss. Nach einem letzten Aufbäumen war 1958/59 der Weg frei für die geschichtsträchtige Transformation der SPD in eine bürgerliche Reformpartei (Bad Godesberger Parteitag 1959) und die anschließende Umsetzung dieser neuen Linie auch in der Gewerkschaftsbewegung. Die erste, stark linkssozialistisch gesinnte Generation Neuer Linker begann von der politischen Bühne abzutreten und machte einer neuen, zweiten

10 Hans Manfred Bock: Geschichte des »linken Radikalismus« in Deutschland. Ein Versuch, Frankfurt a. M. 1976, S. 188.

Generation Platz, die sich vorwiegend an den Hochschulen und in dem von der SPD ausgeschlossenen SDS wiederfand.

Mögen die in diesem Band versammelten Texte Koflers auf den ersten Blick wie ein großes Sammelsurium zeitloser Reflexionen erscheinen, so lassen sie vor dem aufgezeigten Hintergrund ihre originelle Logik und ihren theoriepolitischen Sinn erkennen. Ein kritischer Marxist und engagierter politischer Intellektueller, der seinen Marxismus als eine Theorie in praktischer Absicht verstand, untersuchte mit diesen Beiträgen zur marxistischen Theorie und Praxis die sozialgeschichtlichen und sozialpsychologischen Wandlungen bürgerlicher Herrschaftsformen im aufkommenden Sozialstaats-Kapitalismus, aber auch die Wandlungen der vorherrschenden politischen Kultur und Literaturproduktion wie der politisch oppositionellen Bewegungen. Als einer der ersten marxistischen Nachkriegsintellektuellen analysierte Kofler mit seinen hier vorgelegten ersten Untersuchungen des aufkommenden »Neo«- oder »Spät«-Kapitalismus das neue Verhältnis von Konsens und Zwang in der spätbürgerlichen Gesellschaft und die Notwendigkeit neuer Akzentsetzungen für ein modernes, zeitgenössisches Marxismus-Verständnis. Das heißt, er legte sich Rechenschaft ab über die intellektuellen und politischen Herausforderungen, vor denen die damalige sozialistische Linke stand. Entsprechend kritisierte er nicht nur die unzureichenden oder falschen Strategien eines »ethischen« oder »orthodox-dogmatischen« Sozialismusverständnisses, sondern leitete aus der Kritik der real existierenden Sozialdemokratie und des real existierenden Ost-Sozialismus auch die Notwendigkeit einer »Neuen Linken« ab, einer neuen, humanistisch-progressiven Linken, die sich vor einem neuen Denken nicht scheut, dabei aber das Kind nicht mit dem Bade ausschüttet.

Das politische Scheitern dieser ersten Generation »Neuer Linker« führte jedoch zum Zerbrechen der Diskussionszusammenhänge, zur Entfremdung zwischen den politischen Generationen und zum Hegemoniekampf innerhalb des nun machtvoll aufkommenden »westlichen Marxismus«. Koflers Betonung des sozialistischen Humanismus, sein Anknüpfen am Denken des späten Georg Lukács und seine theoriepolitische Frontstellung gegen die Frankfurter Schule von Theodor W. Adorno und Jürgen Habermas, aber auch seine Arbeit an einer marxistischen Anthropologie standen quer zu den intellektuellen Trends der 1960er- und 1970er-Jahre und begrenzten seine politisch-publizistische Interventionsfähigkeit. Nur noch vereinzelt konnte und wollte er in die zersplitterte und marginalisierte linke Presselandschaft intervenieren. Stattdessen hatte er Ende der 1950er-Jahre begonnen, seine neuen analytischen Ansätze in mehreren Büchern zu systematisieren und zu vertiefen. Bereits 1960 erschien sein ebenso umfassendes wie originelles Werk »Staat, Gesellschaft und Elite zwischen Nihilismus und Humanismus«

(später wieder aufgelegt unter dem Titel »Vergeistigung der Herrschaft«), 1962 ein erstes Werk zur »Theorie der modernen Literatur«. 1964 und 1967 erschienen die beiden sich ergänzenden Monografien »Der proletarische Bürger« und »Eros und Askese«, die seine soziologischen Analysen aus »Staat, Gesellschaft und Elite« mit einem ebenso ehrgeizigen wie streitbaren Rundumblick über die vor »1968« diskutierte sozialphilosophische und gesellschaftskritische Literatur verbinden. Im Übergang zu den 1970er-Jahren dann erschienen weitere Bücher zum sozialistischen Humanismus und den Konturen einer philosophischen Anthropologie marxistischer Provenienz, aber auch Arbeiten zur Literaturtheorie, zur Stalinismuskritik und zur Soziologie des Ideologischen. Zwar verfasste er, bei Gelegenheit und auf Anfrage, auch weiterhin kurze Zeitungs- und Zeitschriftentexte (einige wenige davon finden sich in diesem Band),[11] doch der Geist der neuen Strömungszeit hielt die Nachfrage klein. Ab den 1970er-Jahren wirkte Kofler vor allem als Hochschuldozent und Vortragsreisender.

Zur Auswahl der Texte

Da es ausgerechnet von Leo Kofler noch immer keine Ausgabe seiner gesammelten Schriften gibt (mehrere diesbezügliche Anläufe scheiterten bisher an den hierfür nötigen Finanzmitteln), harren noch immer viele seiner kleinen und größeren, über die Jahrzehnte publizierten und nicht in seine Bücher eingegangenen Aufsätze und Zeitschriften- und Zeitungstexte der Wiederentdeckung. Einige wenige von ihnen wurden erstmals in dem vor einem Vierteljahrhundert von mir herausgegebenen Kofler-Sammelband »Zur Kritik bürgerlicher Freiheit. Ausgewählte politisch-philosophische Texte eines marxistischen Einzelgängers« veröffentlicht, andere später auf www.leo-kofler.de.

Über ihre politisch-historische Bedeutung hinaus bieten diese Texte selbst für langgediente Kofler-Leser*innen manch Neues. Und für ein an Sozialphilosophie und Gesellschaftstheorie interessiertes Publikum und eine an marxistischer Theorie und sozialistischer Praxis interessierte Leserschaft (die nicht selten nur noch bedingt bereit sind, umfangreichere Texte zu lesen) soll dieser Band ein Lesebuch zur Einführung in ein lebendiges Marxismusverständnis sein, das auf originelle Weise zwischen »westlichem Marxismus« und »sozialistischen Humanismus« sich bewegt und nur wenig an seiner Aktualität verloren hat.[12] Bei der hier notwendig begrenzten Auswahl der Texte habe ich (mit

11 Eine umfassende (aber noch unvollständige) Literaturliste findet sich in Jünke: Sozialistisches Strandgut.

12 »Mit Leo Kofler ist eine Form des unverstümmelten, lebendigen Marxismus verknüpft« (Oskar Negt: Zur Bedeutung Leo Koflers für einen kritischen Marxismus, in: Uwe Jakomeit u. a. (Hrsg.): Begegnungen mit Leo Kofler. Ein Lesebuch, Köln 2011, S. 190). In diesem Lesebuch findet sich ein großes Panorama an Texten (Gespräche und Erinnerungen, Dokumente und Nachrufe) von

einer Ausnahme) auf die »kleinen« Zeitungs- und Zeitschriftenbeiträge gesetzt und die vielen »mittleren« und »größeren« Texte und Aufsätze Koflers außen vor gelassen. Von den kleinen Schriften habe ich jene bevorzugt, in denen er sein begriffliches Verständnis der marxistischen Theorie verdeutlicht und diese Begriffe an der Analyse des aufkommenden sozialstaatlichen Neokapitalismus und seiner neuen und alten Widersprüche schärft. Nicht aufgenommen wurden dagegen die vielen Beiträge, in denen er zur gleichen Zeit auf die Geschichte der frühbürgerlichen Gesellschaft oder die Geschichte des einstmals real existierenden Sozialismus eingegangen ist. Und weitgehend unberücksichtigt blieben Koflers zahlreiche Auseinandersetzungen mit und Rezensionen zu anderen Sozialphilosophen und Gesellschaftstheoretikern seiner Zeit.

Danken möchte ich zum Schluss Karl Heiler, der sich die Mühe der Texterfassung und -bearbeitung gemacht hat, sowie dem ehemaligen Historischen Zentrum der Berliner Rosa-Luxemburg-Stiftung, das diese Arbeit finanziell gefördert hat. Mein Dank gilt ebenso Peter A. Schmidt, der mir, einmal mehr, beim ersten Lektorat der Texte geholfen hat. Da die hier versammelten Texte zumeist schnell hingeworfene journalistische Gelegenheitsarbeiten waren, die von Redaktionen unterschiedlich »betreut« wurden, haben wir es uns im Sinne einer besseren Lesbarkeit erlaubt, redaktionelle Eingriffe vorzunehmen und Koflers gelegentlich holprige Rechtschreibung und Grammatik, aber auch seine gelegentlich veralteten Begriffe zu modernisieren, sowie Absätze anders zu setzen (eckige Klammern in den Texten sind Einfügungen des Herausgebers). Zu danken habe ich schließlich auch Andreas Zolper und all den anderen Kolleginnen und Kollegen der Leo Kofler Gesellschaft e. V., die meine langjährige Beschäftigung mit Kofler erst möglich gemacht und mit anhaltendem Interesse unterstützt haben. Widmen möchte ich dieses Buch deswegen unserem leider viel zu früh gestorbenen Freund und Genossen Uwe Jakomeit (1957–2022), der bis auf sein Sterbebett großen Anteil an der langwierigen Planung und Umsetzung dieses Buches genommen hat.

CHRISTOPH JÜNKE, FRÜHJAHR 2024

mal mehr, mal weniger namhaften Zeitgenossinnen und -genossen Koflers, in denen sie ihre persönlichen und intellektuellen Begegnungen mit ihm schildern. Für einen dezidiert theoriepolitischen Zugang zum koflerschen Werk vgl. Christoph Jünke: Leo Koflers Philosophie der Praxis. Eine Einführung, Hamburg 2015.

Texte von Leo Kofler

Theorie und Praxis

DER SICH UNTER DEN FUNKTIONÄREN von Partei und Gewerkschaften erschreckend ausbreitende Antiintellektualismus wurde in keiner Zeit so intensiv empfunden wie in der unsrigen. Nicht selten begegnet uns die Meinung, dass der politische oder gewerkschaftliche Praktiker nur aus einem Gefühl der Unterlegenheit gegenüber dem geschulten Theoretiker, also aus einem intellektuellen Minderwertigkeitsgefühl heraus, sich in die Position der Reserve und des Misstrauens, wenn nicht der Feindlichkeit, gegen alle theoretische Arbeit drängen lässt. Das Problem ist in Wahrheit komplizierter, es wurzelt in soziologischen Grundlagen, die sich mit dem freien Auge nicht ohne Weiteres einsehen lassen (vgl. Leo Kofler: Marxistischer oder ethischer Sozialismus?, 1955, Kapitel: Volkstribun oder Bürokrat). In diesem Rahmen sollen nur einige allgemeine, wenn auch wesentliche Bestimmungen gegeben werden, die sich auf das Verhältnis von Theorie und Praxis beziehen.

Die Theoriefeindlichkeit ist eine der Niedergangserscheinungen unserer Zeit. Die Achtung vor dem Wissen und dem abstrakten Denken hat stets die Aufstiegsepochen der Menschheit gekennzeichnet. Denn der Fortschritt bedarf für seine Kritik am Alten und für seine Begründung des Neuen jener empirischen Tiefsicht, die in der Fähigkeit besteht, Schein und Wesen der Erscheinungen zu unterscheiden oder, was dasselbe ist, wissenschaftlich (theoretisch) zu denken. Wo diese Fähigkeit verkommt oder zur »privaten« Angelegenheit eines engen Kreises von »Gelehrten« geworden ist, wird der Oberflächenschein zur Sphäre der gedanklichen Bewegung. Die Täuschung betrügt hier die Wahrheit. Es gibt aber kein sichereres Zeichen für das Steckenbleiben im vulgären Vorstellungsvermögen als das mokante Naserümpfen über die Theorie und die offen proklamierte Absetzung der Theorie als Führerin in der gedanklichen und auch praktischen Beherrschung der Welt.

Theorie ist geordnete Erfahrung. Aber die von ihr im Ziele der gedanklichen Arbeit beabsichtigte Ordnung ist eine völlig andere als etwa die eines Kochbuchs, das gleichfalls die Erfahrung eines bestimmten Geschehensabschnittes ordnet. Das Kochbuch ist kein theoretisches Werk. Es kommt vielmehr der Theorie darauf an, das *Wesen* der Erscheinungen, die

Wahrheit hinter dem Schein zu entdecken. Dies geschieht auf zweierlei Art, die allerdings beide eng miteinander verflochten sind. Erstens durch die Inbezugsetzung der im naiven Alltagsdenken voneinander getrennten (oder irrig und oberflächenhaft aufeinander bezogenen) Erscheinungen zueinander und vor allem zu der diesen Erscheinungen zugehörigen *Ganzheit* (Totalität) des Seins und Geschehens. Zweitens durch die *Verallgemeinerung*, Abstraktion, des so geklärten und neu eingesehenen Tatsachenmaterials zu allgemeinen theoretischen Grundeinsichten, die bereits das ausdrücken, was das Wesen der Erscheinungen ausmacht. Es ist klar, dass eine solche Form der Erkenntnis der unmittelbaren »praktischen«, in Wahrheit oberflächenhaft-täuschenden Erfahrung weit überlegen ist und diese sich schon gefallen lassen muss, von jener belehrt zu werden.

Dabei ist andererseits gewiss nicht zu übersehen, dass für die praktische Betätigung selbst, für die Bewältigung der praktischen Aufgaben, die Aneignung der Theorie keineswegs ausreicht, sondern hier eine besondere Begabungsrichtung maßgeblich bleibt. Aber der Praktiker, der die Theorie grundsätzlich verabscheut, bleibt völlig richtungslos und vermag nur da Erfolge zu erzielen, wo er einer ebenso völlig richtungslosen, das heißt an keiner durchdringenden und streng vereinheitlichten Theorie orientierten Gegenseite gegenübersteht. Will man zum anderen ein geschichtliches Beispiel für die Unzulänglichkeit der rein theoretischen Begabung in der Bewältigung praktischer Probleme anführen, so genügt der Hinweis auf die Professoren des Frankfurter Parlaments von 1848, die völlig versagt haben.

Wo die Praxis von der Theorie nichts wissen will, sich zu ihr skeptisch oder gar feindlich verhält, spricht man mit Recht von *Praktizismus*. Seine unvermeidliche Begleiterscheinung und sein sicherstes Erkennungszeichen ist die Entartung der Praxis zu einer leeren und erfolglosen, weil nur von der Kenntnis der Oberfläche der Gesellschaft und des Menschen geleiteten Spielerei mit politischen, organisatorischen, propagandistischen und anderen »Aufgaben«. Umgekehrt wird allerdings auch die theoretische Arbeit zur ebenso leeren Gedankenspielerei, wo sie die Nabelschnur zur Praxis durchtrennt und sich damit von der Wirklichkeit entfernt. Es ist interessant, zu sehen, wie der Praktizist geneigt ist, gerade das als gesichert und selbstverständlich hinzunehmen, das als unerschütterliches Fundament seines Denkens zu setzen, was in Wahrheit am wenigsten dem Wesen der Erscheinungen nahekommt, vielmehr nur die Oberfläche erfasst, nämlich die sogenannte »Tatsache«. Der naive Glaube an die Macht der »Tatsache« ist dem Verhalten des Wilden vergleichbar, der die Belebtheit der ihn umgebenden Naturgegenstände als selbstverständlich voraussetzt und sie (»Fetisch«) zur Grundlage seines alltäglichen Tuns macht. Man kann daher treffend von dem Denken unserer theoriefeindlichen Praktiker als von *Tatsachenfetischismus* sprechen.

Stellen wir die Frage: Was ist eine Tatsache? Die Antwort, die wir zu geben haben, setzt eine längere Untersuchung voraus und kann daher in diesem Rahmen nur andeutungsweise gegeben werden. Zunächst muss unterschieden werden zwischen den gewöhnlichen datenmäßigen Tatsachen (z. B.: Kant ist 1804 gestorben) und Tatsachen, die bereits mehr oder weniger einen lebendigen Zusammenhang der Erscheinungen des gesellschaftlichen Lebens ausdrücken. Wir haben es in unserem Zusammenhang nur mit den Letzteren zu tun. Die gewöhnliche datenmäßige Tatsache vermittelt keinen »Sinn«, wenn wir sie nicht von Anfang an in eine sinnvolle Beziehung zu anderen Tatsachen bringen (z. B.: Kant, der ein großer rationalistischer Philosoph war, ist 1804 gestorben). Diese Beziehung selbst aber stellt nun eine jener »Tatsachen« höherer Ordnung dar, die sich bei näherer Untersuchung als höchst unklare, ja scheinhafte Gebilde herausstellen. Sie sind nichts anderes als über das Wesen der Erscheinungen zunächst hinwegtäuschende gedankliche Gebilde. Der Grund für diese scheinhafte und das Wesen verdeckende Äußerungsweise der »Tatsachen« liegt in Dreifachem.

Erstens in der isolierenden Funktionsweise unseres Bewusstseins. Unser Bewusstsein tendiert gerade da, wo es sich praktisch und nicht theoretisch verhält (und das ist bei dem »Erleben«, das heißt beim ersten Aufnehmen der Tatsache immer der Fall), zur gedanklichen Zerstörung der Wirklichkeit, zu deren Zerteilung in mehr oder weniger unabhängig voneinander vorgestellte Fakten. Da die Welt aber einen inneren Zusammenhang bildet, die gesellschaftliche nicht minder als die äußere, erfassen wir in den isolierten Tatsachen die verschiedenen Seiten und Erscheinungsweisen der Wirklichkeit nicht richtig, sondern entsprechend der Vernachlässigung der Totalität unrichtig. Zweitens: Da der Zusammenhang, die Totalität der Welt sich in der Bewegung, im Prozess, am deutlichsten manifestiert, das naive Alltagsbewusstsein aber wiederum aus seiner zerteilenden Funktion heraus vom Prozess abstrahiert, erfasst es auch von dieser Seite her die Momente dieses Prozesses, die uns als Tatsachen erscheinen, nur verzerrt. Drittens kommt die ideologische Verzerrung und Verklärung hinzu, die sich vielfach der beiden obigen Verhaltensweisen des Bewusstseins bedient. Die »Tatsache« wird hier je nach dem historischen, gesellschaftlichen, klassenmäßigen usw. Standort des Trägers des ideologischen Bewusstseins geformt und mit entsprechendem Vorstellungsinhalt erfüllt.

Was die alte theoretische Arbeit unbewusst erstrebt hat, das ist für die moderne Wissenschaft zur bewussten Aufgabe geworden: die Auflösung des starren und die Realität verzerrenden »Tatsachen«scheins. Erst durch sie wird das Streben nach Erzielung eines objektiven und richtigen Tatsachenmaterials wirklich sinnvoll. Die moderne marxistische Erkenntnistheorie beweist, dass die »Tatsachen« nicht schlechthin »da sind«, um nur wie Schmetterlinge eingefangen zu werden, sondern dass sie erst vom Denken auf dem Wege theoretischer Durchdringung der realen Erscheinungen herausgeschält, »erzeugt« werden müssen. Allerdings kann auch diese Arbeit der Herausarbeitung, der »Erzeugung« des wirklichen und nicht bloß scheinhaften Tatsachenmaterials irrige oder unzulängliche Wege beschreiten, wenn ideologische Hemmungen ein Vordringen bis zur letzten Wesenheit verhindern oder methodische Unzulänglichkeiten – zum Beispiel ein flacher Rationalismus – dasselbe bewirken. Zumeist gehen diese beiden Schranken, die praktische und die theoretische, zusammen, denn sie bedingen sich gegenseitig.

Vulgärer Praktizismus kann sich also auch in die Form »theoretischer« Arbeit gießen lassen – er bleibt vulgärer Praktizismus, weil er dem praktisch-vulgären »Tatsachen«schein unterliegt. Um wie viel mehr muss dieser Praktizismus überall da verheerend wirken, wo überdies noch jene verborgene oder offene Theoriefeindlichkeit sich durchsetzt, von der wir anfangs sprachen. Das Unterliegen unter den vulgären Tatsachenschein ist das gemeinsame Merkmal aller Praktizisten. Es kann niemand gezwungen werden, ein Freund der Theorie zu sein. Ist er es aber nicht, kann er nicht Gewerkschafts- oder Parteifunktionär werden, besonders nicht leitender. Speziell derjenige, der seine Umwelt *verstehen* und überdies noch in einer sinnvollen Weise *verändern* möchte, wird nicht umhinkönnen, sich theoretische Kenntnisse anzueignen, die allem theoretischen und praktischen Praktizismus fernliegen. Er wird hierbei zu dem Resultat gelangen müssen, dass ihm nur die marxistischen Hilfsmittel des Denkens und Sehens helfen können, einen erfolgreichen Kampf gegen jegliche Form des Praktizismus zu führen.

Wir haben bereits angedeutet, dass die Theorie ihrerseits nur dann ihren Zweck erfüllt, wenn sie sich in den Dienst der Praxis oder, was dasselbe ist, der Veränderung der Welt stellt. Theorie und Praxis bilden im Bereiche des realen, historischen, sozialen und politischen Geschehens eine Einheit. Den sichtbaren vermittelnden Faktor zwischen beiden bildet aber die Organisation. Wie ohne die Theorie die Praxis blind wird und ohne die Praxis die Theorie leer, so sind beide ohne die Organisation tot. Das bedeutet, dass, ungeachtet der unvermeidlichen und entsprechend der Verschiedenheit der individuellen Begabung auch verständlichen Arbeitsteilung zwischen dem Praktiker und dem Theoretiker innerhalb der aufgezeigten Beziehung zwischen Theorie und Praxis, beide Teile organische Elemente einer einheitlichen Organisation sind und hier ihre Aufgabe zu erfüllen haben.

In einer ersten Fassung erschien dieser Beitrag zunächst (unter dem Pseudonym K. Löwe) in: Ziel und Weg. Frieden, Freiheit, Sozialismus, 15. November 1951, und (anonym) in: links. Frieden, Freiheit, Sozialismus, Juli 1952; in einer geringfügig veränderten und erweiterten Fassung wurde er sodann zweimal (ebenfalls anonym) veröffentlicht, in: WISO. Korrespondenz für Wirtschafts- und Sozialwissenschaften, 15. August 1956 und 1. Oktober 1957.

Der aufklärerische und der sozialistische Humanismus

DER *STAATSBÜRGER*, DEN DAS öffentliche Interesse leitet, und der Bürger als *auf sich gestelltes* Individuum, dem die Befriedigung des egoistischen Interesses alles ist, waren für die bürgerlich-revolutionären Denker der Aufklärung noch nicht im Verhältnis des Widerspruchs zueinander stehende Begriffe. Zwar kommt die Unterscheidung zwischen dem *Citoyen* und dem *Bourgeois* im 18. Jahrhundert schon vor (z. B. bei Rousseau) aber sie steht zumeist ganz in Übereinstimmung mit der harmonistischen Vorstellung, dass gerade das Ausleben der egoistischen Motive der Individuen die Grundlage für das Sichdurchsetzen jenes »Naturgesetzes« bilde, dessen Ergebnis die gesellschaftliche Harmonie sein müsse. In dieser Vorstellungsweise lag sowohl die Stärke als auch die Schwäche des aufklärerischen Humanismus der Zeit der sogenannten Enzyklopädisten.

Es spiegelt sich zunächst in ihr die kapitalistische Warenstruktur, wie sie sich seit der Entstehung der Städte im 11. und 12. Jahrhundert allmählich über die europäische Gesellschaft ausgebreitet hatte. Im Gegensatz zur feudalen Welt, in der die Beziehung zwischen den Individuen und Klassen eine ständisch-gebundene war und die gegenseitigen Verpflichtungen auf einem, allerdings durch ein »traditionelles Recht« beschönigten Zwangsverhältnis beruhte, agiert in der bürgerlichen Gesellschaft das Individuum als völlig freier Vertragspartner, dessen Freiheit aus seiner Eigenschaft resultiert, Warenbesitzer wie jeder andere auch zu sein. Es ist hierbei völlig gleichgültig, ob die Waren, die das um seine Existenz besorgte Individuum anzubieten hat, Schuhe, Geistesprodukte oder die bloße Arbeitskraft sind. Das bürgerliche Recht hat sich dieser Tatsache voll angepasst und eine Form entwickelt, die sowohl individualistisch als auch freiheitlich in dem Sinne ist, dass es sich in die Belange des freien Vertragsabschlusses, wie er millionenfach »auf dem Markte« zustande kommt, nicht einmischt. Aber diese Respektierung der Freiheit schließt auch die Anerkennung der Gleichheit der Individuen in sich. Das bürgerliche Recht ist daher individualistisch, freiheitlich und gleichheitlich in einem. Die bürgerliche Demokratie ist die politische Inkarnation der kapitalistischen Waren- und Rechtsstruktur.

Solange die bürgerliche Revolution gegen die feudale Gesellschaft noch nicht vollzogen war, traten vor allem die französischen Aufklärer des 18. Jahrhunderts für die staatliche Anerkennung des bürgerlichen Rechts und für die Einführung der Demokratie ein. Beides erschien ihnen als die unerlässliche Garantie für die *unumschränkte Handlungsfreiheit des Individuums*, die wiederum jenen Ausgleich der Interessen, und das bedeutet für sie die aus der Gegensätzlichkeit der Interessen herauswachsende gesellschaftliche Harmonie, zur Folge haben würde, die dann notwendigerweise allen (!) Gesellschaftsmitgliedern zugutekommen müsse. Die aufklärerischen Humanisten dachten hierbei keineswegs einseitig ökonomistisch. Zwar lag ihnen das wirtschaftliche Wohl nicht zuletzt auch der Besitzlosen, die ihrer Meinung nach durch die künftige freiheitliche Entwicklung der Gesellschaft zu Eigentum kommen würden, sehr am Herzen. Was sie aber noch mehr bewegte und als revolutionäre Individualisten bewegen musste, war ihr Traum, dass auf der Grundlage der wirtschaftlichen Harmonisierung der Gesellschaft sich der Mensch nicht nur der Freiheit und des Wohlstandes erfreut, sondern darüber hinaus und unter Ausnützung dieser Gegebenheiten seine individuellen Kräfte und Anlagen in ungeahnter Weise zur Entfaltung bringen werde. Es ging also letzten Endes den großen Humanisten und Enzyklopädisten der Aufklärungszeit um die Wiederherstellung der im Laufe der Geschichte zerstörten menschlichen Individualität, um die Entwicklung dessen, was sie *Persönlichkeit* nannten.

Ihre optimistische Vorstellung von der künftigen Entwicklung des Menschengeschlechts litt aber vornehmlich daran, dass sie sich zum kapitalistischen Eigentum, das sich vor ihren Augen entfaltete und dessen Bewunderer sie verständlicherweise als Verteidiger des bürgerlichen Aufstiegs gegen den feudalen Verfall sein mussten, völlig unkritisch verhielten. Ihre Idee von der künftigen Teilnahme aller Menschen am wirtschaftlichen Wohlstande der Gesellschaft war daher abstrakt und unbestimmt. Ebenso wie sie in der Arbeitsteilung nur die reichtumsvermehrende Kraft erkannten (Adam Smith hatte sie bekanntlich theoretisch gerechtfertigt), aber ihre unmenschliche, weil die Totalität der Persönlichkeit zerstörende und den Menschen deformierende Wirkung übersahen (von wenigen Ansätzen wie bei Rousseau, Linguet u. a. abgesehen), genauso übersahen sie im Gesamten die in der Entwicklung des kapitalistischen Betriebs liegenden, für die große Masse der Arbeitenden verhängnisvollen Folgen. Sie sahen nur die formale Gleichheit des in der Form des »freien Vertrags« über sich selbst verfügenden Individuums (des Warenbesitzers), aber nicht, dass »die Republik des Marktes die Despotie der Fabrik deckt« (Paschukanis[1]). Dieses Sichabfinden mit den unmenschlichen Wirkungen der kapitalistischen Entwicklung stand

1 Eugen Paschukanis: Allgemeine Rechtslehre und Marxismus, Wien 1929, S. 10.

in einem offenbaren Widerspruch zu den optimistisch-humanistischen Vorstellungen, die die Aufklärer um den Menschen woben. Aus dem Dilemma zwischen dem blinden kapitalistischen Materialismus und dem weitblickenden humanistischen Idealismus konnten jedoch die Denker der Aufklärung begreiflicherweise noch nicht heraus. Immerhin bleibt es unbestreitbar ihr Verdienst, einen optimistischen Humanismus begründet zu haben, der auf den drei Pfeilern des Wohlstandes, der Freiheit und der Persönlichkeit ruht.

Das wunderbare Menschenbild, das die bürgerlichen Humanisten malten, zerschellte nach der Revolution an den inneren Widersprüchen der kapitalistischen Gesellschaftsordnung. Die bürgerliche Klasse, längst einem einseitig praktizistischen Egoismus verfallen, hat es verstanden, auch die Masse der bürgerlichen Ideologen in ihre Niederungen zu ziehen. Über das 18. Jahrhundert wird als über das »vernünftlerische«, »unhistorische« und im »Aufkläricht« versinkende Zeitalter gehöhnt, um sich desto besser gegen dessen Humanismus abschirmen zu können. Es ist hier nicht der Ort darzulegen, dass dieses Jahrhundert durchaus nicht so unhistorisch gewesen ist, wie es die Verleumdung wahrhaben will (wir erinnern nur an solche Namen wie Bayle, Buffon, Montesquieu, Turgot, Voltaire, Condorcet), und dass der methodische Standpunkt der Rationalität nicht nur eine großartige kritische Waffe jener Zeit darstellte, sondern wesentlich heute noch in Philosophie und Wissenschaft herrschend ist.[2]

Das Erbe des alten bürgerlichen Humanismus hat nicht das heutige Bürgertum angetreten, sondern der wissenschaftliche Sozialismus und seine politische Verkörperung, die sozialistische Bewegung. Wir unterstreichen diese Behauptung gegen die stalinistischen Verfälscher der sozialistischen Lehre, die eine solche Kontinuität zwischen dem alten bürgerlichen und modernen sozialistischen Humanismus verleugnen. So scharf in theoretisch-methodischer Beziehung der »alte Materialismus« durch Marx kritisiert wird (z. B. in der ersten seiner »Thesen über Feuerbach«), so wahr ist es doch, dass das Menschenbild, das er geprägt hat, in die Grundvorstellung des marxistischen Sozialismus übergegangen ist. Hier sei nur darauf hingewiesen, dass der Marxismus sich keineswegs mit der Lösung des ökonomischen Problems allein, wie vielfach angenommen wird, begnügt, sondern diese Lösung nur als allgemeine, wenn auch unerlässliche Voraussetzung für die »Verwirklichung des Menschen« betrachtet. Wenn Marx zum Beispiel an John Bellers (einem Quäker des ausgehenden 17. Jahrhunderts) lobt, er habe bereits den Zusammenhang zwischen Arbeitsteilung und Erziehung in kritischer Weise erkannt, wenn er mit Engels die verheerende Wirkung der Arbeitsteilung im kapitalistischen Betrieb immer wieder schärfstens kritisiert und wenn er in völliger Übereinstimmung mit Schiller im »Kapital« vom Spiel der physischen

2 Vgl. Stanislaw Warynski (d. i. Leo Kofler): Die Wissenschaft von der Gesellschaft, Bern 1944.

und geistigen Lebenskräfte als Ausdruck des Zusichkommens des Menschen und der Wiederherstellung seiner »Totalität« spricht, so wird es klar, dass es hierbei um nichts anderes als um die Freiheit und Befreiung der allseitig entwicklungsfähigen menschlichen Individualität (in der »Kritik des Gothaer Programms« von 1875 spricht Marx von der »allseitigen Entwicklung der Individuen«), um das Menschsein des Menschen im höchsten und besten Sinne geht.

Marx sagt einmal, dass unsere Gesellschaft eine Klasse von Menschen hervorgebracht hat, »welche mit einem Wort der völlige Verlust des Menschen ist, also nur durch die völlige Wiedergewinnung des Menschen sich selbst gewinnen kann«. Damit hat er nicht minder den großen bürgerlichen Aufklärern der Vergangenheit aus dem Herzen gesprochen. Er hat aber auch nachgewiesen, dass nur »innerhalb der kommunistischen[3] Gesellschaft, der einzigen, worin die originelle und freie Entwicklung der Individuen keine Phrase ist«, das über die Jahrhunderte hinweg wirkende große humanistische Ideal verwirklicht werden kann.

Erstveröffentlichung in: Aufklärung, Heft 5/1951.

3 Das Wort »kommunistisch« hat in der »Deutschen Ideologie«, in der dieser Satz vorkommt, noch nicht die parteiliche Bedeutung, die es heute hat.

Die Ideale des sozialistischen Humanismus

»WIR SOZIALISTEN SIND STOLZ darauf, nicht nur abzustammen von Saint-Simon, Robert Owen und Charles Fournier, sondern auch von Kant, Fichte und Hegel.« Dieser Satz von Engels, in dem der Stolz auf die direkte historische und theoretische Verbindung zwischen der sozialistischen Idee und der klassischen deutschen Philosophie ungehemmt zum Ausdruck kommt, bildet einen wichtigen Wegweiser zum Verständnis der humanistischen Ideenwelt des Marxismus. Es ist für jeden Kenner der marxistischen Theorie unzweifelhaft, was Engels mit der Berufung auf Kant, Fichte und Hegel gemeint hat. Bei Hegel achtet er vornehmlich die Dialektik, deren Schüler er und Marx sind. Bei Kant und Fichte jedoch, zu deren philosophischen Ansichten sie sich nur kritisch verhalten können, zieht sie der weltenweite, an dem Aufstieg der bürgerlichen Welt, an ihrer Demokratisierung mit nicht zu brechendem Optimismus teilnehmende Humanismus an.

Wenn Kant, in dessen Zimmer als einziges das Bildnis des revolutionärsten Denkers der Aufklärung, nämlich Rousseaus, hing, schreibt: »Rousseau hat mich zurechtgebracht«, und er damit die Überwindung seiner einstigen Missachtung des arbeitenden Volkes meint, so bedeutet das nicht eine weinerlich-sentimentale, haltlose und ungenügsame (romantische) »Liebe zum Volke«, sondern den Glauben an die Möglichkeit der Entfaltung und Vollendung der im Laufe der Geschichte entarteten menschlichen Individualität unter den Bedingungen einer harmonisierten bürgerlichen Gesellschaft. Wie Kants berühmter Ausspruch über »die Revolution eines geistreichen Volkes«, so stellt auch Fichtes Schrift über die Französische Revolution keine formale Apologetik des Sieges der bürgerlichen über die feudale Gesellschaft dar, sondern die Apologetik eines auf philosophischen Vernunftgründen beruhenden, aber nicht minder glaubenstiefen optimistischen Humanismus gegen einen dem Sündenfall zugeneigten und daher im Grunde menschenfeindlichen feudalen Pessimismus. Für viele Denker des 18. und 19. Jahrhunderts war die große Erhebung der französischen Nation ein bewundernswürdiger Akt des Niederreißens dieser Schranke und eine Wegbereitung zur Verwirklichung ihrer humanistischen Träume. Die Enttäuschung kam erst, als sich mit dem Verschwinden der ständisch-rechtlichen Ordnung herausstellte, dass die nunmehr in ihrer Funktion klarer als bis dahin erkennbare Klassengespaltenheit der Gesellschaft ein neuerliches Hindernis für die Realisierung der humanistischen Ziele darstellt.

Hier setzte der Sozialismus ein, zunächst der utopische und dann der marxistische. Seine Bedeutung lag darin, dass er unentwegt am humanistischen Menschenbild, wie es in großen Umrissen von den bürgerlichen Ideologen geprägt worden war, und an den großen humanistischen Zielen der Vergangenheit festhielt. Auch ihm erschien das Spiel des Ausgleichs der individuellen Kräfte in einer freien Gesellschaft als der Weg zur gesellschaftlichen Harmonie und zu der durch sie ermöglichten Wiederherstellung der »ganzen«, vollgestaltigen, ihre Kräfte und Anlagen frei entwickelnden Individualität (z. B. im Anschluss an jene Stelle im »Anti-Dühring«, wo Engels Fouriers Idee der Aufhebung der Arbeitsteilung gegen Eugen Dührings Kritik in Schutz nimmt). Und hier wurde die gesellschaftliche Freiheit nicht mehr als rein formale demokratische Freiheit schlechthin vorgestellt, sondern als unter der Bedingung der Überwindung der Klassengegensätze verwirklicht.

Es ist interessant zu sehen, wie Marx im »Kapital« gelegentlich mit der ganz gleichen Vorstellung des »freien Spiels der geistigen und physischen Kräfte« operiert, die Schillers Theorie vom »Spieltrieb« zugrunde liegt. Es ist dies eine Vorstellung, die erst durch den städtischen Individualismus möglich geworden ist, die aber von der sozialistischen Gesellschaftslehre nicht nur aufgegriffen, sondern fortentwickelt, ja zur höchsten Vollendung gebracht wurde. Es ist bezeichnend für die weitverbreitete Unkenntnis der marxistischen Lehre, dass selbst unsere »Gebildeten« den Marxismus für ein wesentlich ökonomisches System halten. Es steht aber fest, dass die marxistische Lehre von der Aufhebung der Ausbeutungsverhältnisse jeglichen Sinn verliert, wenn man sie von der humanistischen Perspektive trennt, wie wir sie oben gekennzeichnet haben, das heißt wenn man den Sozialismus zu einem kleinlichen und engen Wurstzipfelsozialismus degradiert. Schon der junge Marx (der diesen Gedanken niemals aufgegeben hat) hat sehr scharf *gegen* den »rohen Kommunismus« Stellung genommen, von dem er sagt, dass dieser »ganz rohe und gedankenlose Kommunismus«, der »die Persönlichkeit des Menschen überall negiert« (!), nur »die Vollendung des Neides« ist.

Vielleicht darf in diesem Zusammenhang noch erwähnt werden, was unseren »Gebildeten« so ganz entgangen zu sein scheint, weil sie aus ihrer Abscheu vor dem »Materialismus« eben nicht weit genug sahen. Nämlich die eigenartige Tatsache, dass die »Materialisten« Marx und Engels von nichts anderem träumten als von einem Zustand, in welchem der Mensch von jeglicher Unterworfenheit unter die »Materie« befreit sein würde. Dieser »Materialismus« unterscheidet sich vom bürgerlichen »Idealismus« sehr vorteilhaft dadurch, dass er den »idealistischen« Glauben an die schicksalhafte und ewige Unterworfenheit des Menschen unter die »materiellen Lebensvoraussetzungen« bekämpft und damit zu einem echten Humanismus vordringt, der jedes unter dem gleichen Namen segelnde bürgerliche Gebilde weit hinter sich lässt. Es stellt sich hierbei die Merkwürdigkeit ein, dass der bürgerliche »Idealist« weit materialistischer ist, als dies bei den »Materialisten« Marx und Engels der Fall ist – und selbst mit deren philosophischem Materialismus verhält es sich nicht so, wie man es ihnen zu unterstellen beliebt.

Erstveröffentlichung (unter dem Pseudonym K. Löwe) in: Ziel und Weg. Frieden, Freiheit, Sozialismus, Heft 5, Januar 1952; Nachdruck (anonym) in: links. Frieden, Freiheit, Sozialismus, Mai 1953.

Theorie und Praxis im stalinistischen Marxismus

KRITISCHE BEOBACHTER DER sowjetischen Ordnung vertreten zum Teil die Ansicht, dass die stalinistischen Bürokraten in der Praxis deshalb so leicht versagen, weil sie im Grunde Theoretiker sind. Es wird hierbei offenbar an die für die östliche Bürokratie so bezeichnende starre theoretische Orientierung am Marxismus gedacht. Obgleich diese Ansicht gewiss einen guten Teil Wahrheit enthält, liegen die Dinge tatsächlich komplizierter, und es lohnt, einmal den Sachverhalt näher zu untersuchen.

Auffallend ist vor allem, dass die Stalinisten keinesfalls die marxistische Lehre in ihrer ursprünglichen Form akzeptieren, sondern sie, sei es durch »Vergessen« wesentlicher Bestandteile und Hinweise, sei es durch eine direkte Veränderung und Verfälschung, den aus der stalinistischen Praxis resultierenden Bedürfnissen anpassen. Allein dieser Umstand beweist, dass sie durchaus nicht Theoretiker im Sinne einer blinden Unterordnung des Handelns unter eine vorgefasste und feststehende theoretische Anschauung sind, sondern Politiker, die letzten Endes der Praxis den Vorrang geben, trotz der unleugbaren Tendenz zu einem solchen Verhalten, die sich aber nur da durchsetzt, wo es um die Bekämpfung Andersdenkender, um die »Reinhaltung« der stalinistischen Ideologie geht. Dieses Verhalten entspricht durchaus dem marxistischen Grundsatz der Bestimmtheit der Theorie durch die gesellschaftliche Praxis. Die Frage ist nur, ob diese Praxis selbst mit der marxistischen Theorie übereinstimmt und welcher Art sie ist.

Will man dem Wesen der stalinistischen Bürokratie völlig auf den Grund gehen, so ist unter keinen Umständen zu übersehen, dass der Stalinismus primär einem engen und geistlosen Praktizismus huldigt, der zunächst jeder weltanschaulich-theoretischen Orientierung im Allgemeinen und der marxistischen im Besonderen ins Gesicht zu schlagen scheint. Dieser Praktizismus hat seine Wurzel in der Verschmelzung der für jede Bürokratie charakteristischen formalistisch-technizistischen und deshalb der Theorie feindlichen Haltung mit der Übertragung der Verantwortlichkeit für das Funktionieren der Produktion an die Bürokratie.[1] Indem nämlich diese beiden Faktoren sich verbinden, fließen ebenso

1 Nebenbei sei bemerkt, dass die Verbürokratisierung der Gesellschaft keineswegs eine notwen-

Tendenzen des rechenhaften ökonomischen Technizismus in die eigentliche bürokratisch-formalistische Arbeit ein, wie umgekehrt formalistische, das heißt das Individuelle und Besondere (das für das »Objekt« der bürokratischen Entscheidung, für den Menschen, zumeist das Wichtige ist) transzendierende Tendenzen in die wirtschaftliche Arbeit einfließen, mit der die Bürokratie betraut ist.

Max Weber war es, der die rechenhaft-formalistische Struktur der Bürokratie im Kapitalismus daraus erklärte, dass es für die individualistische, auf dem freien Vertragsverhältnis unabhängiger Individuen beruhenden Warengesellschaft notwendig ist, bei Anrufung staatlich-rechtlicher Instanzen stets die Erfolgschancen berechnen zu können. Bei Nichteinlösung eines Wechsels zum Beispiel muss der bürokratische Apparat »ohne Ansehen der Person« so funktionieren, dass bei Einwurf eines Geldstückes ein bereits im Voraus erwartetes fertiges Urteil herauskommt. Solange das Funktionieren des bürokratischen Apparates nur auf die privatrechtliche Sphäre beschränkt bleibt, kann es von außerordentlichem Nutzen sein. Verhängnisvoll wird es, sobald auch die Sphäre des öffentlichen Geschehens in diesen Bereich gerät. Die verheerenden, wenn auch für die bürgerliche Gesellschaft, die aus historischen Gründen eine Verselbstständigung des Staates gegenüber der Gesellschaft durchführen musste, unvermeidlichen Folgen der Bürokratisierung des öffentlichen Lebens im Kapitalismus sind schon oft erkannt und beschrieben worden. Diese Folgen gewinnen indes dort ein geradezu erschreckendes Ausmaß, wo Verwaltung und Wirtschaft in den Händen der Bürokratie vereinigt werden. Es ist klar, dass auf der Grundlage einer solchen »Vollendung« der Macht und des Einflusses der Bürokratie eine Anschauung entstehen muss, die ebenso formalistisch, rechenhaft, ökonomistisch und praktizistisch sein muss wie ihr Träger. Da die östliche Bürokratie historisch an die Entstehungsgeschichte des stalinistischen Staates gebunden ist, kann der Rahmen, in dem sich diese Anschauung entwickelt, nur der Marxismus sein. Die marxistische Lehre aber, die zu einer ganz anderen Zeit und unter anderen Verhältnissen entstand und die als gesellschaftskritische Lehre alle echten humanistischen Ideale der Vergangenheit in ihr System einzubauen versuchte, entspricht nicht mehr den ideologischen Bedürfnissen der stalinistischen Bürokratie. Aus dem Widerspruch zwischen der Notwendigkeit, an der marxistischen Theorie festzuhalten und gleichzeitig eine ihr völlig entgegengesetzte bürokratische Ideolo-

dige Begleiterscheinung des Sozialismus darstellt. Diese Ansicht ist unhistorisch und schablonenhaft. Die Bürokratisierung der russischen Gesellschaft hatte ihren Grund in Mehrfachem, wovon wir hier nur das Wichtigste andeuten wollen: in der Rückständigkeit der östlichen Arbeiterschaft, die zur Selbstverwaltung unfähig war, in der zahlenmäßigen Schwäche der Arbeiterschaft, in der Schwächung der anfänglich außerordentlich starken Ausweitung der Demokratie durch die Passivität des noch durch keine demokratische Erziehung hindurchgegangenen Volkes (ähnlich Deutschland unter dem Faschismus), durch die Passivität der demokratischen Kräfte im Kampfe der Fraktionen, in dem Sichaufreiben und Zersplittern der demokratisch-sozialistischen Kräfte im Bürgerkriege, in der Übertragung der Polizeifunktion an die Bürokratie usw.

gie zu entwickeln, deren die Bürokratie zur Rechtfertigung ihrer Praxis bedarf, entstand die Verfälschung des Marxismus. Diese Verfälschung war allerdings durch den Umstand begünstigt worden, dass der marxistische Materialismus von Anfang an nicht bloß von vielen ihm zuneigenden Interpreten mechanistisch-naturalistisch und ökonomistisch gefasst wurde, sondern auch von seinen Gegnern, von denen hier nur [Rudolf] Stammler, [Werner] Sombart, [Tomas] Masaryk, [Hendrik] de Man, [Othmar] Spann, [Paul] Menzer als einige Beispiele angeführt seien. Die bürgerlichen Verfälscher der marxistischen Lehre haben damit ihren stalinistischen Verfälschern einen Bärendienst erwiesen.

Da aber die verfälschte marxistische Theorie aus der traditionellen Anschauung des Marxismus, dass Theorie und Praxis eine Einheit zu bilden haben, nicht allein zur Rechtfertigung der bürokratischen Praxis verwandt, sondern zur Leitlinie des Handelns überhaupt erhoben wird, kann der Anschein erweckt werden, als würde das Handeln in jeder Beziehung dem vorgefassten theoretischen Urteil unterworfen. Wäre dem aber so, dann müsste der Theorie Freiheit zur Ausgestaltung und Fortführung ihrer Ideen gewährt werden. Davon ist trotz allen Geredes von der Notwendigkeit der »schöpferischen« Fortführung der marxistischen Lehre keine Spur festzustellen. Die Erstarrung nicht nur der politischen Ansicht, sondern auch der Theorie zur »Linie« hat gerade den Sinn, die Theorie der Politik voll und ganz zu unterwerfen und zu verhindern, dass sie auf anderen als den von der Bürokratie selbst vorgezeichneten Wegen wandelt.

Dennoch ist es kein Zufall, dass die meisten stalinistischen Bürokraten sich mehr oder weniger mit theoretischen Fragen beschäftigen und in diesem Sinne tatsächlich »Theoretiker« sind. Andererseits sind sie dies nur zum Schein, denn sie sind im Wesentlichen praktische Politiker, und Politik treiben lässt sich nicht nach den Vorschriften einer wissenschaftlichen Theorie, die bestenfalls den politischen Trend vorzugeben in der Lage ist. Ihre Vorliebe für die Theorie resultiert aus dem gleichen Misstrauen und aus der gleichen Schwäche, die auch Napoleon die Theoretiker hassen und sie als »Ideologen« geringschätzig bewerten ließ. Sowohl das traditionelle Festhalten an der marxistischen Vorstellung von der überragenden Bedeutung der revolutionären Theorie für das revolutionäre Handeln wie auch das Bedürfnis nach Begründung und Rechtfertigung einer gegen die ganze alte Welt sich aufbäumenden Handlungsweise (alle bisherigen Revolutionen waren deshalb auch ideologische Revolutionen) veranlassten die Bürokratie der Sowjetunion und in der Folge auch die der übrigen Oststaaten, die wichtige Rolle der Theorie anzuerkennen und zu unterstreichen. Da aber die stalinistische Bürokratie aus ihrer mechanistisch-praktizistischen und damit antiintellektualistischen Haut nicht heraus kann, das heißt die Furcht, der Abscheu und das Misstrauen gegen die Intellektuellen und die Wissenschaft (mit einer gewissen Ausnahme der Naturwissenschaft, die die Bürokratie als wesentlich praktisch ansieht) zu tief verwurzelt sind, zieht sie die Intelligenz einerseits unter ihre unmittelbare Kontrolle und versucht anderseits, durch Aneignung der wichtigsten »wissenschaftlichen« Einsichten und Gemeinplätze sich selbst einen theoretischen Rang zu sichern, um auf diesem Wege eine Einmischung in die Belange der Wissenschaft erreichen zu können.

Sie geht hierbei mit erstaunlicher Geschicklichkeit vor. Vorerst entnervt, schwächt und diffamiert sie die Wissenschaft, indem sie diese mithilfe ständiger Einmischungen und Vorschriften in eine mechanistisch-bürokratische Zwangsjacke steckt und ihre Schaffenskraft lähmt, um dann mit blendender Sicherheit die so selbst verschuldeten Schwächen herauszufinden und ein zumeist vor aller Öffentlichkeit tagendes Strafgericht gegen sie zu inszenieren. Die stalinistische Bürokratie kann es sich einfach nicht erlauben, ihre »Liebe zur Theorie« ernst zu nehmen, denn sie misstraut der Wissenschaft von Grund auf als der Inkarnation der Freiheit des Geistes und damit der Freiheit überhaupt. Sie degradiert daher die Theorie zur Magd der praktizistisch-bürokratischen Bedürfnisse, zur Theologie einer nicht denkenden, sondern nur betenden Kirche, deren Priester die Bürokraten und deren Weihwasser die Wissenschaftler sind. Um mit den Intellektuellen, die sie nicht gänzlich entbehren kann, fertig zu werden, sorgt die Bürokratie für eine eigene und ihr willfährige »Intellektuellen«schicht, die die Eigenart hat, der Sphäre der politischen Tätigkeit zu entstammen, die die Nabelschnur zur Bürokratie nicht abgerissen hat und die die marxistische Theorie völlig nach dem Maß des bürokratischen Denkens zuschneidet. Diese Schicht ist die Geistesbürokratie des Stalinismus, die in ihrer Art einzig in der Geschichte dasteht. Die Geistesbürokraten sind die Spezialisten der Bürokratisierung des Marxismus. Es sind oft kluge und gerissene »Dialektiker« (dies im schlechtesten Sinne des Wortes), die aber ungeachtet ihrer dogmenhaften Beherrschung der marxistischen Thesen über ein Halbwissen nicht hinausgelangen. Dennoch sind sie in der Lage, die Wissenschaftler mit einer ihnen spezifischen Methode, die aus einem Gemisch von spitzfindigem Ermitteln einzelner Schwächen und Einschüchterung besteht, auf die gewünschte Bahn des ideologischen Bürokratismus zu drängen. Wie dies im Einzelnen auf den Gebieten der Philosophie, der Geschichtsbetrachtung, der Ökonomie und der politischen Theorie geschieht und was dabei herauskommt, welch ein Ergebnis erreicht wird, kann in diesem Rahmen nicht erläutert werden.

Vergleicht man die heutigen Träger der stalinistisch-bürokratischen Ideologie oder, was dasselbe ist, die an einer Theorie sich orientierenden Politiker des Stalinismus etwa mit solchen wirklich theoretisierenden Politikern wie den Girondisten der großen Französischen Revolution oder den Professoren des Frankfurter Parlaments von 1848, so wird der Unterschied offenbar. Sowohl die Girondisten als auch die Abgeordneten der Paulskirche schätzten die theoretische Überlegung, wenn auch nicht als bloßen Selbstzweck, so doch als ein Erkenntnismittel, das allem Handeln vorausgeht und unter keinen Umständen von der niederen Sphäre praktischer politischer Bedürfnisse verunreinigt werden darf. In dieser Haltung lag sowohl ihre Schwäche als auch ihre Stärke. Ihre Stärke, weil sie in ihrer Ansicht eine geistige Stütze fanden, deren sie sich in jedem Sturm und in allen Augenblicken der Verwirrung bedienen konnten. Ihre Schwäche hingegen lag darin, dass sie eben wegen der starren Orientierung an der Theorie nicht jene Beweglichkeit und Raffinesse aufbrachten, die nun einmal keine Politik entbehren kann und deren einzelne Elemente nicht aus einer fertigen Theorie, sondern aus den Notwendigkeiten des Augenblicks geboren werden. Man vergegenwärtige sich zum Vergleich so gegensätzliche Geister wie Cromwell und Richelieu. Dabei wird klar, dass große Politiker durchaus ihre weltanschaulichen und theoretischen Grundsätze besitzen, von diesen jedoch keineswegs irgendeine Wegweisung für jeden Schritt des politischen Handelns erwarten. Die Politiker des Stalinismus lassen sich daher eher mit den eben erwähnten Gestalten als mit den Girondisten und Frankfurtern vergleichen. Was sie indes sowohl von den Ersteren als auch von den Letzteren unterscheidet, ist ihre Dekadenz, die zu einer Verfälschung und Entseelung ihrer eigenen theoretischen Ausgangsposition zwingt. Dadurch sind sie noch weitaus mehr mit allen dekadenten und daher eine ähnliche Beziehung zur Theorie eingehenden Bewegungen der Geschichte vergleichbar als mit echten und großen politischen Bewegungen und Personen. Die stalinistische Politik liebt es, mit der Theorie des Marxismus zu plagiieren. Aber sie ist, da ihre historische Funktion nicht mehr mit der einst wirklich marxistischen Ausgangsposition des russischen Sozialismus übereinstimmt, auch nicht mehr in der Lage, die Reinheit der marxistischen Theorie zu bewahren. Durch diese Haltung zur eigenen theoretischen Anschauung unterscheidet sich die stalinistische Bürokratie ebenso von den Girondisten wie von Cromwell und Richelieu.

Das Verhältnis zwischen der stalinistischen Bürokratie und ihrer Ideologie gestaltet sich somit recht kompliziert und lässt sich nicht auf einen einfachen Nenner bringen. Diese Tatsache rechtfertigt keine Illusionen. Trotz ihrer Dekadenz sind die Wurzeln der theoretischen Ideologie der stalinistischen Bürokratie noch sehr stark und der erzieherische und den intellektuellen Habitus des Volkes gestaltende Einfluss dieser Ideologie noch nicht brüchig. Auch hier bestätigt sich die Erfahrung, dass je stärker eine Nation einem solchen Einfluss unterliegt, umso gewisser eine geistige Tradition entsteht, die, möge sie auch nur einige Jahrzehnte alt sein, nicht ohne erhebliche Schwierigkeiten überwunden werden kann. Dennoch ist die Annahme nicht von der Hand zu weisen (und alle Beobachtungen, die der Verfasser in der Sowjetzone machen konnte, bestätigen es), dass die breite Schicht der äußerlich sich zunächst unterwerfenden Intellektuellen das tiefe Becken bildet, in dem sich der kritisch-oppositionelle, wenn auch prinzipiell sozialistische Geist sammelt.[2] Eine innere Erschütterung des Regimes vorausgesetzt, kann dann in Verbindung mit internationalen Ereignissen die Entwicklung von heute in ihrer Form noch nicht vorhersehbaren Fraktionskämpfen erwartet werden, die letzten Endes zu einer Demokratisierung der gesellschaftlichen Lebensform führen muss.

Wie sich das im Einzelnen abspielen wird, ist ebenso wenig vorauszusehen, wie der Abfall Titos vorauszusehen war. Es ist aber anzunehmen, dass die Bürokratie und ihr Geist allmählich ermüden werden, da eine dekadente und marklose Ideologie auf die Dauer nicht die Kraft aufbringt, die Rolle eines festen und belebenden Glaubensdogmas zu spielen. Die Staatsführung mag sich dann noch so sehr gegen eine Schwächung ihrer Herrschaft wehren, eine Änderung der Verhältnisse, die sich vorerst in der Tiefe der Nation anbahnt, ist nicht zu verhindern. Welche konkrete politische Form diese Änderung annehmen wird, kann gleichfalls heute noch nicht vorausgesagt werden. Eines aber ist sicher: Eine einfache Wiederherstellung des Kapitalismus ist nicht möglich.

Erstveröffentlichung in: PZ-Archiv, Heft 11, Juni 1951. Ausführlich kritisiert hat Kofler den unmarxistischen Marxismus des Stalinismus in mehreren 1951 und 1952 erschienen Broschüren (von denen zwei in seinem 1970 veröffentlichten Buch »Stalinismus und Bürokratie. Zwei Aufsätze« neu publiziert wurden), sowie in einer Artikelreihe in der Deutschen Universitäts-Zeitung von 1954/55; nachgedruckt unter dem Titel »Marxistischer und stalinistischer Marxismus« in: Leo Kofler: Zur Kritik bürgerlicher Freiheit, Hamburg 2000.

2 Was z. B. die Sozialistische Einheitspartei (SED) betrifft, so kann von ihr etwa das Gleiche gelten, was ein italienischer Bericht (Der Monat, 3. Jg., Heft 31, S. 39) mitteilt: »Bei Kriegsende hatte die Kommunistische Partei Italiens Anspruch erheben können, die liberalste und toleranteste Europas zu sein. Aber ihr späteres Verhalten hat ihnen (den Kommunisten) besonders unter den Schriftstellern sehr geschadet.«

Arbeit und Selbstentfremdung

DER HEUTIGE WESTLICHE SOZIALISMUS hat es längst verlernt, sich über die anthropologischen Bedingungen menschlichen Seins den Kopf zu zerbrechen. Er versteht daher den Menschen weder in seiner ursprünglichen und eigentlichen Wesenheit (die Lehre davon ist die Anthropologie) noch in seinem jetzigen konkreten historischen Sein. Dieses Sein nicht abzugleichen mit dem, was Menschsein heißt und was der Mensch *eigentlich* ist, bedeutet, sich jeglichen Maßstabes zu begeben, der über die Schranken des beschränkten »gesunden Menschenverstandes« hinausweist. So gehört zur kritischen Begegnung mit diesem in Wahrheit sehr kranken Alltags- und Oberflächenverstande das Wissen darum, dass die unverrückbaren »Tatsachen«, mit denen dieser Verstand zu operieren pflegt, in Wahrheit nur »Tatsachen« *für ihn* sind, dagegen die wirklichen Tatsachen erst hinter dem »Tatsachen«schein herausgeholt werden müssen. Über diesen merkwürdigen Zusammenhang wurden Bücher geschrieben, die aber der »Sozialist« von heute nicht mehr liest, weil ja »die Tatsachen (für ihn) so offen zutage liegen«. Mit einer wirklich tatsächlichen Erscheinung wollen wir uns hier kurz beschäftigen, um einen kleinen Beitrag zu leisten zu dem, was von den »Sozialisten« heute nicht mehr diskutiert wird und die sich dann verwunderlicherweise darüber wundern, dass die sozialistischen Kader, von deren Wirksamkeit und Schlagkraft der Erfolg der sozialistischen Bewegung abhängt, so völlig machtlos sind gegenüber der Phraseologie der bürgerlichen Umwelt.

In der entwurfartigen Frühارbeit »Nationalökonomie und Philosophie« bemerkt Marx, das Große an der hegelschen »Phänomenologie« liege darin, dass Hegel das Wesen der Arbeit erfasst, indem er den gegenständlichen Menschen als Resultat seiner eigenen Arbeit begreift. Tatsächlich spricht Hegel mehrfach über die Arbeit. Dabei kommt er zu sehr bedeutsamen Einsichten. Sein Gedankengang ist ungefähr folgender: Anfänglich dient die Arbeit der Befriedigung des Bedarfs des Einzelnen, aber allmählich wird sie zur Tätigkeit, durch die nicht bloß individuelle Bedürfnisse des Augenblicks, sondern allgemeine Bedürfnisse, wie sie allein in der Allgemeinheit möglich sind, befriedigt werden. So entsteht eine allgemeine Abhängigkeit der Arbeitenden untereinander. Die dialektische Kehrseite dieser zur überindividuellen Allgemeinheit gewordenen Arbeit ist die Arbeitsteilung als unmittelbarer Ausdruck der gegenseitigen Abhängigkeit der Individuen. Damit verkompliziert sich aber auch die Beziehung der Menschen zu den Objekten ihrer Arbeit, zu den Gegenständen der Natur. Diese Verkomplizierung der Beziehung zwischen Mensch und Natur bewirkt, dass der Mensch sich zwar einerseits die Natur immer mehr unterwirft, er jedoch gleichzeitig in immer größere Abhängigkeit von ihr gerät, denn sie tritt ihm nunmehr nicht als Natur schlechthin entgegen, sondern als eine durch die Arbeitsteilung erzeugte Beziehung von Gegenständen, der sich der Einzelne unterordnen muss. Dies ungefähr ist die Quintessenz jener Stellen, in denen Hegel über die Arbeit spricht, was dreimal der Fall ist (wie uns Karl Löwith in seinem Buch »Von Hegel zu Nietzsche« [1950] mitteilt).

Man erkennt deutlich, wie bereits in der hegelschen Auffassung jenes Problem anklingt, das in der Lehre von Marx und Engels als das Problem der *Vernichtung der menschlichen Freiheit* durch eine verdinglichte, die arbeitsteilige Gesellschaft beherrschende Notwendigkeit erscheint. Es ist nun sehr interessant, zu verfolgen, wie Marx diesen von Hegel aufgezeigten Tatbestand der ständig steigenden Abhängigkeit des Menschen von überindividuellen, aus der Arbeitsteilung resultierenden Beziehungen mit einem anderen Begriff Hegels, nämlich dem der *Selbstentfremdung,* in eine sinnvolle Verbindung bringt und so zu neuen, erst heute in ihrer ganzen Tragweite erkannten Einsichten gelangt. Hegel verstand unter Selbstentfremdung die Fähigkeit des »absoluten Geistes«, sich in die konkreten historischen Erscheinungen auseinanderzulegen, sich in den Dingen selbst zu entfremden, und auf dem Wege der Wiederaufhebung des so entstandenen Gegensatzes sich auf einer höheren Stufe wiederzufinden. Dieser Prozess der Selbstentfremdung ist aber bei Hegel ein allgemeines Prinzip des Seins überhaupt und hat keinerlei kritische Bedeutung. Es kann jedoch mit gutem Grund gesagt werden, dass er dieses Prinzip, so abstrakt er es auch formuliert hat, der Wirklichkeit abgeschaut hat, und zwar der antagonistischen Wirklichkeit der Klassengesellschaft (womit bewiesen ist, welch merkwürdige Wege die Realität geht, um ins menschliche Bewusstsein zu dringen).

Feuerbach unternimmt es dann, die Selbstentfremdung *kritisch* aufzufassen. Bei ihm heißt nun Selbstentfremdung des Menschen so viel, wie *das Aufgeben seines Wesens zugunsten einer ihm fremden Macht,* so etwa die Religion. Aber Feuerbach fasst das Negative an der Selbstentfremdung noch sehr partiell auf. Noch sind es nur einzelne Momente des gesellschaftlichen Lebens, unter deren menschenfremde Gewalt der Mensch sich begibt und so *sein wahres menschliches Wesen aufopfert.* Das wichtigste dieser Momente ist für Feuerbach die Gottesvorstellung.

Erst Marx gelingt es, den sozialen Tatbestand der Selbstentfremdung als ein allgemeines Prinzip einer bestimmten Gesellschaftsformation nachzuweisen, und zwar der auf *Arbeitsteilung* beruhenden und auf deren Grundlage entstehenden Massengesellschaft. Unter der Bedingung der Arbeitsteilung und der Klassenspaltung spielt nicht mehr der Mensch »schlechthin« eine Rolle, das heißt nicht mehr der ganze, vollgestaltige oder, wie Schiller sagen würde, »naive« und mit »Spieltrieb« begabte Mensch, sondern der Mensch, der seine Individualität zu einer Teilfunktion macht, zu einem *passiven* Mittel einer rationell zerteilten Lebensform. In der rationalisierten und differenzierten Gesellschaft ist der Mensch auf eine ganz bestimmte, abgegrenzte und eingeengte Leistung fixiert, nicht zuletzt auf die Leistung des passiven, *unfreien* Dienens. Es geht ihm überdies sowohl die Sicht auf die Totalität der Zusammenhänge verloren, die letzten Endes immer menschliche Zusammenhänge sind, wie auch die Totalität seiner eigenen Individualität, die zu einer einseitigen und virtuosen Handhabung einer oder weniger Seiten der ursprünglichen moralischen und intellektuellen Kräfte verkümmert. Hierbei passiert ihm das denkbar Schlimmste, nämlich, dass er die *Sicht auf seine eigene Individualität verliert,* sich überhaupt nicht mehr versteht und *in einer Welt auf sich bezogener Illusionen, Lügen und Betrügereien lebt.* Die höchste Stufe der Entfremdung, die wir hier nur in ihren primären Grundlagen aufgezeigt haben, ist im Spätkapitalismus erreicht. Diesen Prozess des Abhängigwerdens des Menschen von objektiven, den Willen des Einzelnen und seinen gedanklichen Bereich überschreitenden, ihm die Freiheit raubenden Verhältnissen und der totalen Deformierung des Menschen als Folge nennt Marx Selbstentfremdung.

Im Gegensatz zu Hegel erhält dieser Begriff bei Marx durch seine Inbezugsetzung zum Begriff der Arbeit erstens eine sehr konkrete und zweitens eine sehr *kritische* Bedeutung. In ständigem Ringen mit diesem schwierigen Problem gibt er ihm schon als Vierundzwanzigjähriger eine bestimmte Form in seinem 1842 in der *Rheinischen Zeitung* erschienenen Artikel über das Holzdiebstahlgesetz, und dann im »Kapital«, wo »Warenstruktur« und »Fetischcharakter der Waren« herangezogen werden. Es geht ihm hier um das durch die kapitalistische Gesellschaft verschuldete Problem der Verdinglichung und Versachlichung der Verhältnisse und des dadurch hervorgerufenen menschlichen Leides. Bei dem seiner ursprünglichen Kräfte nicht mehr mächtigen Menschen nimmt dieses Leid sehr verschiedene Formen an. Marx stellt fest, dass der Mensch nicht allgemein gilt, sondern als Sache agiert, sowohl als Sache, als »Element« einer »Ordnung«, die sich ihn unter»ordnet«, wie auch als Sache in der Weise, dass er kein eigenes Denken, keinen eigenen Willen mehr besitzt, sondern stets wie eine Puppe im Puppenspiel gegängelt wird. Unter solchen Bedingungen wird die von Marx als Schritt in der gesellschaftlichen

Entwicklung so hochgeschätzte »politische Emanzipation«, das heißt die bürgerliche Demokratie, zur leeren Farce, weil der Demos genau das tut, was ihm andere, die selbst nur Exponenten einer versachlichten und entfremdeten »Ordnung« sind, vorschreiben, zudem aber nicht einmal weiß, was mit ihm geschieht. Die im Mittelalter sichtbare Gewalt wird ersetzt durch die unsichtbare, als offene nur noch in Anwendung gebracht gegen jene, die durchschauen und sich nicht unterwerfen.

Marx sagt: »Das Resultat aller unserer Erfindungen und unseres Fortschritts scheint zu sein, dass materielle Kräfte mit geistigem Leben ausgestattet werden und die menschliche Existenz zu einer materiellen Kraft verdummt.« Die Befreiung von diesem Zustand bezeichnet Marx als den »realen Humanismus«. Marx, der den Kampf um die materielle Besserstellung der arbeitenden Klassen in den Mittelpunkt seines politischen Denkens stellt, erkennt gleichzeitig (nur ein scheinbarer Widerspruch), dass es nicht vornehmlich darauf ankommt, diese oder jene materielle Verbesserung vorzunehmen und den Kapitalismus »zu reformieren«, denn dadurch wird der entfremdete, versachlichte und entgeistigende Charakter der bürgerlichen Gesellschaft keinesfalls aufgehoben. Es kommt sowohl beim theoretischen Verstehen wie bei der praktischen Überwindung der negativen Seiten der bürgerlichen Existenz nicht auf das Herauskehren dieser oder jener Momente an, sondern auf die Totalität und ihre innere Gesetzlichkeit. Deshalb nimmt Marx scharf Stellung gegen Proudhon, der nicht versteht, *dass selbst durch eine »gerechtere« Verteilung der materiellen Güter das Prinzip des »verworfenen Materialismus« nicht überwunden* werden kann. Es kann sich nicht darum handeln, etwa die Gleichheit des Besitzes herzustellen, was ohnehin nur utopisch wäre, sondern darum, den Menschen überhaupt »vom Eigentum zu befreien«, dies natürlich in einem wohlverstandenen Sinne, indem sich die Gesellschaft in den Besitz des *Eigentums an den Produktionsmitteln* setzt. Denn unter der Bedingung dieses Eigentums wird der Mensch im Zustand der geschilderten Entfremdung festgehalten, auch wenn dies historisch bereits überflüssig geworden ist!

Mit diesen wenigen Bemerkungen ist natürlich das Problem erst bezeichnet, noch nicht ausgeführt und am wenigsten gelöst. Aber es ist schon viel, wenn man seine Existenz und Wichtigkeit einsieht und diskutiert.

Erstveröffentlichung in: links. Frieden, Freiheit, Sozialismus, Juni 1952.

Fetischismus und Verdinglichung

DAS WESEN DER ENTFREMDUNG liegt nach Marx darin, dass das gesellschaftliche Geschehen sich dem Menschen gegenüber entfremdet, ihn beherrscht, statt von ihm beherrscht zu werden. Im Zustande der Entfremdung fallen der gesellschaftliche Prozess auf der einen Seite, das Denken, Handeln und Wollen auf der anderen Seite auseinander. Wie das Denken daher genötigt ist, sich dem Prozess gegenüber rein kontemplativ zu verhalten, sich damit selbst – natürlich nur scheinbar – aus dem Prozess ausschließt, so sieht sich das Handeln genötigt, den Prozess stets als etwas bereits Vollzogenes hinzunehmen. So verifiziert das Handeln, wenn auch auf widerspruchsvolle Weise, das aus der individualistischen Existenzweise des bürgerlichen Individuums resultierende Erlebnis der Freiheit ständig, indem es mithilfe der kalkulatorischen Errechnung der Chance sich der objektiven Gesetzlichkeit des Geschehens anzupassen versucht. Die Freiheit des bürgerlichen Individuums besteht also nur in der sehr beschränkten Freiheit, die Möglichkeiten auszunützen, die ihm die entfremdete Gesetzlichkeit lässt. Und das Denken ist nicht Element der Tätigkeit, sondern passives Spiegelbild fertiger Ergebnisse.

Die letzte Folge dieser Beziehungsform zwischen Denken und Sein im bürgerlichen Bewusstsein ist die Vernichtung jeglicher Möglichkeit, das Geschehen als Einheit von Subjekt und Objekt zu erkennen oder, was dasselbe ist, als Totalität. Entfremdetes und Totalitätsdenken sind also hier unvereinbare Gegensätze. Dass die vollendete Entfremdung des Bewusstseins notwendig das Resultat der kapitalistischen Arbeitsteilung ist, haben wir gezeigt. Es ist die Zerreißung des einheitlichen Prozesses in scheinbar voneinander unabhängige Teilfunktionen als Folge der Arbeitsteilung, durch die der Prozess dem Bewusstsein gegenüber sich entfremdet, naturhafte, dinghafte Gestalt annimmt und das Geschehen mystifiziert.

An einem konkreten Beispiel, dem Phänomen der Ware, zeigt Marx, auf welche Weise die Mystifizierung gesellschaftlicher Vorgänge, das heißt rein menschlicher Verhältnisse zwischen den Individuen, entsteht und damit diese Verhältnisse den Charakter verdinglichter, das heißt unmenschlicher Beziehungen zwischen Sachen erhalten. Schon die Alltagssprache verrät eine merkwürdige Vorstellungsweise wenn allgemein gesagt wird, dass die Waren auf dem Markte »sich« gegeneinander austauschen. Man könnte diese Ausdrucksweise für eine zufällige Floskel halten, wenn nicht eine genauere Untersuchung einen merkwürdigen Grund für deren Gebrauch erkennen ließe. Folgen wir Marx: »Eine Ware scheint«, sagt er, »auf den ersten Blick ein selbstverständliches, triviales Ding« zu sein. Aber »ihre Analyse ergibt, dass sie ein sehr vertracktes Ding ist, voll metaphysischer Spitzfindigkeit und theologischer Mucken«. Aber diese »Mucken« und »Grillen« beruhen schließlich nur auf der Täuschung der Menschen. Die Menschen der bürgerlichen Gesellschaft unterliegen nämlich der Täuschung, als ob die Äußerungen ihrer eigenen gesellschaftlichen Arbeit bloße Äußerungen der Gegenstände, die sie auf den Markt bringen, wären. Das heißt: Während die Art und Weise, wie sich die Dinge gleichsam selbstständig auf dem Markte benehmen, als in den Natureigenschaften der Dinge selbst begründet erscheint, ist sie in Wahrheit in der gesellschaftlichen Arbeit der bürgerlichen Produktionsweise begründet. Die Täuschung besteht also darin, dass das »gesellschaftliche Verhältnis der Produzenten zur Gesamtarbeit als ein außer ihnen existierendes gesellschaftliches Verhältnis von Gegenständen« erscheint. Durch diese täuschende Umkehrung im Kopfe der Menschen, eine Umkehrung, die durchaus in der Realität, nämlich in der rationell zerteilten und individualisierten Produktionsweise des Kapitalismus ihre Ursache hat, erhalten die Waren den Charakter einer gesellschaftlichen Eigenwilligkeit. Marx sagt kurz, die Waren werden »gesellschaftliche Dinge«.

Worin besteht nun diese ihre gesellschaftliche Selbstständigkeit? Darin, dass sie sich scheinbar wie gesellschaftliche Vereine selbst bewegen, sich, ohne den Menschen um seine Meinung zu fragen, gegen scheinbar naturhaft ihnen innewohnende Werte austauschen, dem Menschen, der um sie feilscht, damit ein Schnippchen schlagen, dass sie eigenwillig die Grenzen, innerhalb derer er feilschen kann, bestimmen, ein andermal im Preise plötzlich fallen oder steigen, Verluste erzeugen oder Gewinne spenden und schließlich das Entstehen und Vergehen von Konjunktur und Krise veranlassen, ohne dass der Mensch trotz aller Mühe dieser gespenstischen Bewegung Herr werden kann. Die Ware erscheint so gleichzeitig nicht nur als »gesellschaftliches«, sondern auch als übersinnliches Ding, vergleichbar dem Fetisch des Wilden, dem geisterhafte Kraft innewohnt, aber trotzdem auch als greifbares, dem alltäglichen Gebrauch dienendes, sinnliches und »profanes« Ding. Deshalb nennt Marx die Waren sinnlich-übersinnliche oder gesellschaftliche Dinge. »Gesellschaftlich« deshalb, weil, wie bereits bemerkt, die Dinge sich in ihrer sinnlichen Übersinnlichkeit als Dinge von eigenem gesellschaftlichem Leben geben. Marx spricht auch von einer phantasmagorischen Form. Aber bei Auflösung dieser Form, die die Wissenschaft vorzunehmen hat, stößt man auf nichts anderes als auf die gesellschaftlichen Verhältnisse der Menschen selbst. Die Mystifizierung des Warencharakters, der Fetischismus der Waren, wie Marx treffend sagt, ist nur ein ideologischer Ausdruck der Mystifizierung, Verdunkelung der menschlichen Verhältnisse selbst, wie sie in der bürgerlichen Gesellschaft herrschend sind. Die ideologische Mystifizierung der menschlichen Verhältnisse der bürgerlichen Gesellschaft findet Marx so merkwürdig, dass er wörtlich sagt: »Um daher eine Analogie zu finden, müssen wir in die Nebelregion der religiösen Welt flüchten. Hier scheinen die Produkte des menschlichen Kopfes mit eignem Leben begabte, untereinander und mit den Menschen in Verhältnis stehende selbstständige Gestalten.« Dies nenne ich den Fetischismus, fügt Marx hinzu.

Um die Besonderheit der kapitalistischen Austauschverhältnisse augenscheinlich zu machen, vergleicht sie Marx mit den mittelalterlichen. Im Mittelalter finden wir jedermann abhängig – Leibeigene und Grundherren, Vasallen und Lehngeber, Laien und Pfaffen. Persönliche Abhängigkeit charakterisiert ebenso sehr die gesellschaftlichen Verhältnisse der materiellen Produktion wie die auf ihr aufgebauten Lebenssphären. Aber gerade weil persönliche Abhängigkeitsverhältnisse die gegebene gesellschaftliche Grundlage bilden, brauchen Arbeiten und Produkte nicht eine von ihrer Realität verschiedene fantastische Gestalt anzunehmen. Sie gehen als Naturaldienste und Naturalleistungen in das gesellschaftliche Getriebe ein. Die Fronarbeit ist ebenso gut durch die Zeit gemessen wie die Waren produzierende Arbeit, aber jeder Leibeigene weiß, dass es ein bestimmtes Quantum seiner persönlichen Arbeitskraft ist, die er im Dienste seines Herrn verausgabt. Der dem Pfaffen zu leistende Zehnte ist klarer als der Segen des Pfaffen. Im Mittelalter erscheinen also noch die gesellschaftlichen Verhältnisse der Personen in ihren Arbeiten als ihre eigenen persönlichen Verhältnisse und sind nicht verkleidet in gesellschaftliche Verhältnisse der Sachen, der Arbeitsprodukte. Im Mittelalter ermöglicht also die Durchsichtigkeit der sozialen Verhältnisse die Erkenntnis der Wertverhältnisse der Dinge als in der aufgewendeten Arbeit und in der sie messenden Arbeitszeit begründet.

Anders in der bürgerlichen Gesellschaft. Hier herrscht nicht die einfache ökonomische Beziehung zwischen Ausbeutern und Ausgebeuteten, wie sie durch den Zwang festgelegt wird, sondern das in die Form der freien Beziehung von juristisch gleichberechtigten Warenbesitzern gegossene Ausbeutungsverhältnis. Aber diese Warenbesitzer werden erst dadurch zu Besitzern von Waren, dass sie nicht Besitzer von Gegenständen schlechthin sind. Wann werden aber diese Gegenstände zu Waren? Marx gibt die Antwort: »Gebrauchsgegenstände werden überhaupt nur Waren, weil sie Produkte voneinander unabhängig betriebner Privatarbeiten sind.« Das bedeutet: Indem in der bürgerlichen Gesellschaft die Gegenstände in unabhängig voneinander existierenden Produktionssphären und ohne Beziehung zueinander erzeugt werden, müssen sie nachträglich auf dem Markte in Beziehung zueinander gesetzt werden, wodurch sie zu Waren werden. Das Spezifische an diesem Vorgang ist zweierlei. Erstens: Dass im Kapitalismus die Gegenstände der bewussten Absicht nach nicht mehr wegen ihrer Gebrauchsfähigkeit erzeugt werden, sondern wegen ihrer Fähigkeit, ausgetauscht zu werden – durch Vermittlung des Geldes. Marx sagt ausdrücklich, dass bei der Produktion der Wertcharakter der Sachen (und nicht ihr Gebrauchscharakter) schon bei ihrer Produktion selbst in Betracht kommt, also maßgebend für ihre Herstellung ist. Es wird die Nützlichkeit der Dinge für die Produktion völlig gleichgültig. Im Gehirn des Privatproduzenten kommt die Ware nur insofern in Betracht, als sie eine Funktion nicht für den Menschen schlechthin erfüllt, sondern für den Markt.

Und weiter: Weil im bürgerlichen Bewusstsein der Markt das Primäre ist, erscheinen die Waren als Produkte, die sich in einer bestimmten Weise im Austausch als Werte gleichsetzen, ohne dass es dem Werte »auf der Stirn geschrieben« steht, »was er ist«, nämlich Wert der in die Ware hineingesteckten Arbeitskraft. Marx sagt, hier auf dem Markte verwandelt der Wert »jedes Arbeitsprodukt in eine gesellschaftliche Hieroglyphe«. Später versuchen die Menschen, den Sinn der Hieroglyphe zu entziffern, hinter das Geheimnis ihres eigenen gesellschaftlichen Produkts zu kommen. In einer glänzenden Zusammenfassung schildert Marx den Vorgang: Was die Produktenaustauscher zunächst praktisch interessiert, ist die Frage, wie viel fremde Produkte sie für das eigene Produkt erhalten, in welchen Proportionen sich also die Produkte austauschen. Sobald diese Proportionen zu einer gewissen gewohnheitsmäßigen Fertigkeit herangereift sind, scheinen sie aus der Natur der Arbeitsprodukte zu entspringen, sodass zum Beispiel eine Tonne Eisen und zwei Unzen Gold gleichwertig, wie ein Pfund Eisen und ein Pfund Gold trotz ihrer verschiedenen physikalischen und chemischen Eigenschaften gleich schwer sind. Die Bestimmung der Wertgröße durch die Arbeitszeit ist ein unter den erscheinenden Bewegungen der relativen Warenwerte verstecktes Geheimnis. Das Nachdenken über die Formen des menschlichen Lebens beginnt *post festum* und daher mit den fertigen Resultaten des Entwicklungsprozesses. Die Formen, welche die Arbeitsprodukte zu Waren stempeln und daher der Warenzirkulation vorausgesetzt sind, besitzen bereits die Festigkeit von Naturformen des gesellschaftlichen Lebens, bevor sich die Menschen Rechenschaft zu geben versuchen über den Gehalt dieser ihnen unwandelbar scheinenden Formen.

So erweisen sich in der Gesellschaft der kapitalistischen Arbeitsteilung schon die scheinbar einfachsten Bewusstseinsphänomene als komplizierte, weil aus der Entfremdung und Verdinglichung des bürgerlichen Sinnes erfließende Gebilde.

Erstveröffentlichung (anonym) in: links. Frieden, Freiheit, Sozialismus, September 1953

Staat und Gesellschaft in der marxistischen Theorie

MAN HAT SCHON ÖFTER BEMERKT, dass die Unterscheidung zwischen Staat und Gesellschaft zu den bedeutendsten Entdeckungen Hegels gehört. Ich weiß nicht, ob es ganz zutrifft zu sagen, dass vor Hegel niemals die Vorstellung eines begrifflichen Unterschiedes zwischen Staat und Gesellschaft aufgetreten sei. Man müsste die Sache einmal genauer untersuchen. [Heinrich] Cunow zählt eine Reihe englischer Denker auf, die diesen Unterschied bereits entwickelt haben sollen. Wie dem auch sei, so steht doch fest, dass Hegel aufgrund seiner dialektischen Betrachtungsweise zu einer umfassenderen und tieferen Auffassung des genannten Problems gelangt ist, als es je zuvor möglich war. Marx und Engels haben die gewaltige Bedeutung des Ringens der großen Vertreter der idealistischen Philosophie anerkannt (auch Kant hat mit dem Problem der Gesellschaft gerungen) und in kritischer Weise an die Ergebnisse angeknüpft. Bei Hegel ist der Grundwiderspruch in allem gesellschaftlichen Sein zwischen der individuell-egoistischen und der überindividuell-vernünftigen Wesenheit des Menschen bereits mit großer Klarheit erkannt. Das aus dem rein individuellen Wesen des Menschen sich ergebende Beziehungssystem nennt Hegel die bürgerliche Gesellschaft, das der allgemeinen Vernunft entsprechende den Staat. Allerdings weiß Hegel schon ahnungsweise um die historische Beschränktheit des Staates, wenn er wie Fichte zwischen dem Notstaat und dem Vernunftstaat unterscheidet.

In welcher Weise führt nun Marx diesen Gedanken fort? Die kritische Untersuchung, die Marx der ganzen hegelschen Gedankenführung angedeihen lässt, hat ein doppeltes Ergebnis. Erstens erkennt Marx, dass der Widerspruch zwischen dem individuell-egoistischen und dem, wie er nunmehr sagt, gattungsmäßigen Verhalten des Menschen ein Grundwiderspruch aller Gesellschaft ist. Zweitens, dass historisch zwei Hauptformen der konkreten Äußerungsweise dieses strukturellen Grundwiderspruchs möglich sind. Entweder es befinden sich das individuelle und das gattungsmäßige Prinzip in Übereinstimmung miteinander, dann haben wir die solidarische Gesellschaftsform vor uns. Diese kennt kein Privateigentum an den Produktionsmitteln, daher keine Klassenspaltung, und erscheint historisch entweder als Urkommunismus oder als höchste Stufe für uns denkbarer Entwicklung, als Sozialismus. Oder aber das individuelle und das gattungsmäßige Prinzip geraten in Widerspruch zueinander, dann entsteht die Klassengesellschaft in allen ihren Formen.

Während also die aufgezeigte widersprüchliche Grundstruktur aller gesellschaftlichen Existenz eine überhistorische Form des gesellschaftlichen Seins überhaupt ausmacht, sind seine konkreten Gestaltungen als solidarische oder unsolidarische Sozialordnungen der historische, veränderliche Inhalt, der jene Form erfüllt. Dem entspricht, dass die historische Verkörperung der verschiedenen geschichtlich sich entwickelnden Sozialordnungen verschiedene sein müssen. Der solidarischen Gesellschaft entspricht die Regelung der gesellschaftlichen Beziehungen durch den Menschen selbst, in der nichtsolidarischen Gesellschaft dagegen durch den Staat. Der Staat ist also nach Marx' Auffassung nicht der Ausdruck einer mehr oder weniger vollendeten Sittlichkeit, sondern gerade umgekehrt der historische und daher auch vergängliche Ausdruck der Herrschaft des Prinzips des Individuell-Gegensätzlichen unter Zurückdrängung des Gattungsmäßigen. Die Formen dieser Herrschaft wechseln beständig, und die Wurzel ihrer Existenz ist zu suchen in der konkreten Beziehung, die die Menschen im Bereiche des Ökonomischen miteinander eingehen.

In der Schrift »Zur Judenfrage« weist Marx erstmals in der geistvollsten und umfassendsten Weise nach, worin das wahre Wesen des Staates besteht. Der feudale Staat ist noch der Staat des politischen Vorrechts, gestützt auf das Christentum, es ist der christliche Ständestaat. Der politisch emanzipierte, das ist der bürgerliche Staat, kennt kein politisches Vorrecht mehr, denn die politische Gleichheit der Staatsbürger ist anerkannt. Aber die äußere, politische, »himmlische« Gleichheit lässt die innere soziale, reale Ungleichheit in Besitz und sozialer Stellung, die Beziehung von Ausbeutung und Ausgebeutetwerden völlig unangetastet. In dieser höchsten Vollendung, die der Staat erreichen kann, ist er gleichzeitig, wie Marx sinnreich sagt, die höchste Vollendung des klassenmäßig die Besitzenden bevorrechtenden Staates. Wie ist das möglich und wie lässt sich dieser Widerspruch verstehen?

Er löst sich auf die folgende Weise: Indem der bürgerliche Staat die infolge der privaten Aneignung der Produktionsmittel in ausgebeutete und ausbeutende Klassen gespaltene Gesellschaft sich selbst überlässt, das Sichausleben ihrer egoistischen Triebe nicht zu regeln versucht, sondern nur auf politische Weise die Unantastbarkeit ihrer Grundlagen garantiert, erweist er sich unversehens als ein vollendetes Werkzeug der Klassenordnung und der Ausbeutung. Dem äußeren Bilde nach erscheint die politische Garantie der Grundlagen der bürgerlichen Gesellschaft als allgemeinste Garantie der Freiheit überhaupt. In der Gestalt der sogenannten Menschenrechte oder der Grundrechte der bürgerlichen Verfassungen scheint sie keinem anderen Interesse zu dienen als dem der uneingeschränktesten Freiheit. Aber in Wahrheit, sagt Marx, sind die sogenannten Menschenrechte »nichts anderes als die Rechte des Mitglieds der bürgerlichen Gesellschaft, das heißt des egoistischen Menschen, des vom Menschen und dem Gemeinwesen getrennten Menschen«. Marx führt als Beweis die radikalste Verfassung der Französischen Revolution, die Konstitution von 1793, an. Die natürlichen und unübertragbaren Rechte, heißt es dort, sind die Gleichheit, die Freiheit, die Sicherheit und das Eigentum. In der Verfassung von 1795 wird die Gleichheit näher bestimmt: Gleichheit heißt die gleiche Geltung des Gesetzes für alle, aber keineswegs die wirkliche Gleichheit. Wäre doch eine wirkliche Gleichheit unvereinbar mit dem vierten unantastbaren Menschenrecht, nämlich mit dem Eigentum. Garantie des Eigentums bedeutet aber die Garantie eines Eigentums, wie es gerade besteht, das heißt der Ungleichheit des Eigentums. Eine solche Garantie des Eigentums setzt auch schon seinen freien Gebrauch voraus, denn das Eigentum ist nach bürgerlichem Begriff nicht garantiert, wenn man es nicht nach freiem Willen gebrauchen kann. Das zweite Grundrecht der Freiheit bezieht sich also durchaus nicht bloß auf die Freiheiten des Gewissens, des Gedankens, der Rede und so weiter. Vielmehr steht in seinem Zentrum die Freiheit des Eigentumsgebrauchs, und das heißt in der Klassengesellschaft die Freiheit der Ausbeutung und des Sichausbeutenlassens.

Schließlich die Sicherheit: Bedarf es noch einer eigenen Ausführung, dass sie nichts garantiert als die Unantastbarkeit der die Ungleichheit garantierenden Gleichheit vor dem Gesetz und der die Ausbeutung garantierenden Freiheit des Eigentums? Und wie sich Freiheit und Gleichheit unter der Bedingung des Eigentums in ihr Gegenteil verwandeln, so wird die Sicherheit unversehens unter der gleichen Bedingung zum Zwang, denn wie das Eigentum das beschworene Prinzip der Gleichheit aufhebt, so hebt die Sicherheit die heilig erklärte Freiheit auf. Wir zitieren einen Satz von Marx: »Die Sicherheit ist der höchste soziale Begriff der bürgerlichen Gesellschaft, der Begriff der Polizei, dass die ganze Gesellschaft nur da ist, um jedem ihrer Glieder die Erhaltung seiner Person, seiner Rechte und seines Eigentums zu garantieren (…). Durch den Begriff der Sicherheit erhebt sich die bürgerliche Gesellschaft nicht über ihren Egoismus. Die Sicherheit ist vielmehr die Versicherung des Egoismus.«

Da der bürgerliche Staat, in dessen ureigenster Sphäre jedes Vorrecht des einen Individuums vor dem anderen, der einen Klasse vor der anderen vernichtet und die volle politische Gleichberechtigung hergestellt ist, es sich nicht nehmen lässt (auch in seiner liberalsten, in seiner manchesterlichsten Gestalt nicht), die Grundrechte der bürgerlichen Gesellschaft zu garantieren, wird er unversehens zu einem Garanten der bürgerlichen Klassenordnung. Freilich darf man die Sache nicht so verstehen, als ob der Staat rein zufällig, rein aus Unkenntnis der praktischen Wirkung seiner Garantien in diese Rolle hineingekommen wäre. Nicht der Staat hat die bürgerliche Gesellschaft erschaffen, sondern diese hat sich den politisch emanzipierten Staat zu ihrem Werkzeug erkoren, mit dessen Hilfe verhindert wird, dass Freiheit, Gleichheit, Sicherheit und Eigentum die ihnen von der bürgerlichen Gesellschaft gesetzten Fesseln sprengen und ihre eigenen Wege gehen. So lässt sich die in der vollendeten bürgerlichen Gesellschaft zum höchsten gesteigerte Zügellosigkeit des Egoismus einen wohltätigen staatlichen Zwang insofern gefallen, als dieser Zwang dazu angetan ist, das grenzenlose Sichausleben des Egoismus nicht nur zu garantieren, sondern noch weiter zu steigern. Schien es zuerst, als ob ein unüberbrückbarer Gegensatz zwischen der »himmlischen« Sphäre des Staates, in der jeder Bürger dem anderen wirklich gleich sei, und der egoistischen Sphäre der bürgerlichen Gesellschaft bestünde, stellt sich bei einer dialektischen Analyse der Gesamtheit der Erscheinungen bald heraus, dass Staat und Klassengesellschaft eine untrennbare Einheit bilden. Während der feudal-christliche Staat durch seinen politischen, das heißt die Stände nach ideellen Gesichtspunkten bevorrechtenden Charakter sein dem Ökonomischen untergeordnetes Wesen noch einigermaßen zu verdecken vermag, tritt die ganze Nacktheit des egoistischen Motivs unter der Herrschaft des politisch emanzipierten, bürgerlichen Staates ungeschminkt hervor. In diesem Sinne ist der bürgerliche Staat zugleich ein den christlichen Staat überwindender wie ihn in besonderer Weise vollendender Staat.

Wenn richtig gesagt wird, dass unter der Herrschaft des bürgerlichen Staates die ganze Nacktheit des egoistischen Motivs ungeschminkt hervortritt, so ist das keinesfalls so zu verstehen, als ob der Staat selbst und seine Funktionäre sich ihrer Dienstbarkeit diesem Egoismus gegenüber stets bewusst wären oder sie gar offen zugeben würden. Vielmehr ist dies nur relativ, das heißt im Vergleich zum christlich-feudalen Staat zu verstehen. Während der christlich-feudale Staat zwar seine Macht direkt und offen in den Dienst des feudalen Klassenegoismus stellt, aber diesem Egoismus durch Berufung auf das Christentum eine religiöse Weihe gibt, ihn als Egoismus verleugnet und ihm das Gewand einer höheren Bestimmung umhängt, verhält es sich beim bürgerlichen Staat genau umgekehrt. Gerade weil sich der bürgerliche Staat von jeder direkten Einmischung in die private Sphäre der Beziehung der Individuen und Klassen zueinander fernhält, überlässt er den Klassenegoismus sich selbst, gibt er ihn auch als Egoismus offen zu. Aber aus dem gleichen Grunde vermag er sich gleichzeitig den Schein zu geben, über den Klassen zu stehen, das allgemeine Interesse zu vertreten und die Gegensätze auszugleichen. Er verleugnet zwar nicht wie der feudale Staat den Klassenegoismus, er gibt ihm keine besondere Weihe, aber er erweckt dafür im Gegensatz zu dem sich offen mithilfe der Religion in den Dienst der Klassenherrschaft stellenden, feudalen Staat den Schein, selbst keinem Klasseninteresse zu dienen. Tritt also in der bürgerlichen Gesellschaft das egoistische Verhältnis der Klassenindividualitäten offener hervor, so scheint doch der bürgerliche Staat, wie Marx in der »Deutschen Ideologie« sagt, als »illusorische Gemeinschaftlichkeit«, das heißt unter der Form der Illusion, der falschen Behauptung, nichts als das Gesamtinteresse zu vertreten.

Erstveröffentlichung in: pro und contra. Diskussionsblätter für demokratischen Sozialismus, März/April 1953.

Über einen der vielen Gründe der Wahlniederlage der SPD

MAN ERKENNT DEN NIEDERGANG einer politischen Bewegung unter anderem daran, dass sie einerseits die sie tragende theoretische Grundansicht bis zur Nichtigkeit nivelliert, um andererseits in leerer Geschäftigkeit ihre praktische »Arbeit« ins Endlose zu komplizieren. Der Inhaltslosigkeit der auf das Grundsätzliche gerichteten Aussagen steht hier eine organisatorische Maschinerie gegenüber, die in ihrem komplizierten Leerlauf ein dichtes Netz von Funktionen, Organisationen, Ressorts, Berichterstattungen, Beratungen usw. schafft, ohne dass ein sichtbarer Erfolg zustande käme. Sieht man näher zu, enthüllt sich für den Beobachter in beschämender Weise die Tatsache, dass sich im Grunde nichts ändert (im Gegenteil alles verschlechtert): In »ewigem Gleichmaß« werden die mehr oder weniger ideenlos durchgeführten Distriktabende, die Bildungsgemeinschaften, die Sitzungen abgehaspelt, die Broschüren, die wegen ihrer Langweiligkeit niemand liest, »an den Mann gebracht«, das stets gegenwärtige Missbehagen, das dieses Einerlei erzeugt, mit bittersaurer Miene als »Schicksal der Zeit« deklariert. Der offensichtliche Misserfolg all dieser »Arbeit« wird auf das große »Es« geschoben, das Über-Individuelle, objektiv Geschehende – sofern nicht im Zuge der Selbstentlastung von aller Schuld Hitler und die Marxisten als die persönlich Verantwortlichen »entdeckt« werden.

Nur eines erweckt den »Funktionär« zu echter Aktivität: die »Opposition«, die es wagt, Kritik an diesem blindwütigen Nichtstun zu üben, auf die guten Traditionen hinzuweisen, Vorschläge zu unterbreiten, bessere theoretische Schulung und größere innerparteiliche Demokratie zu fordern. [Willi] Eichler durfte dazu sagen, die sozialistischen Bildungsgemeinschaften seien nicht zuletzt auch dazu gut, dass sich hier die Meckerer wirkungslos austoben dürfen. In den Ausstellungen sozialistischer Literatur werden die weitgehend anerkannten Werke sozialistischer Theoretiker nicht aufgenommen, weil sie den in Denkweise und Praxis völlig verbürokratisierten »Ethikern« in der SPD nicht passen, die Verfasser selbst (obgleich sie in seltenen Exemplaren noch unter uns wandeln und sich trotz der Behandlungsweise, die man ihnen zuteilwerden lässt, bei guter Gesundheit befinden) werden von allen kulturellen Veranstaltungen ferngehalten. In der Theorie vertritt man den Standpunkt der unbedingten individuellen Verantwortlichkeit, passiert aber ein »Unglücksfall«, dann muss wiederum das große »Es« herhalten, obgleich die Masse der Parteimitglieder anderer Meinung ist. Und so ins Endlose fort – bis zum völligen Ruin der sozialistischen Bewegung (das Partei»programm« ist der klarste Ausdruck davon).

Marx definiert einmal den »Pauperismus« als den Zustand des Individuums, in welchem dieses sich seiner wahren menschlichen Existenz unter den Bedingungen des Kapitalismus nicht bewusst wird und der auch durch eine bloß ökonomische Veränderung nicht aufgehoben werden kann (im Gegenteil kann im Kapitalismus ein höherer Lohn zur gesteigerten Vermaterialisierung des Menschen und damit zu einer vermehrten Pauperisierung führen). Versteht Marx also unter diesem Begriff des Pauperismus so viel wie Armseligkeit des Bewusstseins und damit der es tragenden Individualität, so ist zu sagen: Die heutige Gesellschaft, ganz besonders Deutschlands und Amerikas, ist einem steigenden Prozess der Pauperisierung unterworfen. Der Pauperismus ist das harte Pflaster, auf dem keine sozialistische Idee gedeihen kann. Adenauers Sieg ist wesentlich ein Sieg der Vermaterialisierung und des Pauperismus.

Aber der Zustand des Pauperismus ist nicht dazu da, um sich mit ihm abzufinden. In jeder Gesellschaft bieten sich zahllose Möglichkeiten, um an das Bewusstsein der Massen heranzukommen. Die französischen Ideologen des 18. Jahrhunderts zum Beispiel haben unter weitaus schwierigeren Bedingungen ihre Ideen verbreitet und die junge sozialistische Bewegung unseres Jahrhunderts bekam auch nichts geschenkt. Redet man schon von bürgerlicher Freiheit (natürlich nur im Vergleich zu den vorangegangenen Epochen oder zur terroristischen Diktatur), dann muss man auch verstehen, dass Freiheit selbst in eingeschränktem Maße nur heißen kann Bewegungsfreiheit in einem geistigen Raume, in welchem die Individuen zwischen den existierenden Meinungen und Ideen frei wählen können. Werden aber bestimmte Meinungen und Ideen isoliert, das heißt dem Bewusstwerden entzogen und damit aus dem Bereiche der individuellen Entscheidungsmöglichkeit ausgeschieden, dann herrscht jene Form der Demokratie, die aus ihr eine Scheindemokratie macht oder, was dasselbe ist, eine demokratisch verschleierte Form der Diktatur. Es ist nicht zu leugnen, dass mehr oder weniger jede bürgerliche Demokratie kraft des gewaltigen Übergewichts der herrschenden Klasse in der Einflussnahme auf die Bewusstseinsbildung der Massen stark scheindemokratische Züge zeigt. Aber auf den wirklichen Grad der scheindemokratischen Verwässerung kommt es gerade an – und er ist besonders in Deutschland sehr hoch!

Die Schuld daran trifft nun keineswegs die bürgerliche Klasse allein, die naturgemäß alle ihr gebotenen Möglichkeiten ausnutzt. Sagten wir bereits, dass jede gute sozialistische Bewegung sich kennzeichnet durch ein Mindestmaß an Bürokratisierung, so heißt das unter anderem, dass eine durch äußerste Vereinfachung des Apparates erzielte Straffung der praktischen Arbeit einhergeht mit jenem Drang nach »missionarischer« Aktivität, die sich bewusst ist, dass es wesentlich auf die geistige Durchdringung des Massenbewusstseins auf dem Wege der Ausnutzung auch noch der geringsten Möglichkeit ankommt. Die frühere und trotz aller Hemmnisse und Unzulänglichkeiten weitaus erfolgreichere Arbeiterbewegung Deutschlands hat noch verstanden, dass Organisation, Politik und Taktik nur zur Wirkung kommen können, wenn das sozialistische Ideengut zu einem zentralen Problem der zur politischen Entscheidung aufgerufenen Massen wird, wenn also die Entscheidung zwischen Sozialismus und Kapitalismus zu einer echten Alternative des demokratischen Bewusstseins wird und nicht (wie glänzend demonstriert bei den letzten Wahlen) zu einer scheinhaften.

Man komme uns nicht mit der Ausrede, die faktischen Möglichkeiten für eine solche »missionarische« Arbeit seien zu gering. In Wahrheit hat der Pauperismus als geistige Macht gerade die Masse der parteiamtlichen Funktionäre selbst ergriffen, sodass sie meinen, ihre eigene Hilflosigkeit in der Verteidigung des sozialistischen Gedankengutes sei objektiv bedingt. Der geistig nicht Widerstandsfähige soll nicht Funktionär sein (mit Ausnahme rein technischer Funktionen wie Kassierer usw.), den Nur-Organisator kann es nur in einer Hosenknopffabrik, aber nicht in einer sozialistischen Bewegung geben. Der wirkliche, gute Funktionär ist auch »Missionar«. Er wartet nicht, bis die Mitglieder, besonders die jungen, »eintreten«, sondern er holt sie sich, wo sie eben gerade sind. Er verlässt sich nicht darauf, dass zum Beispiel in den Sozialakademien oder den Gewerkschaftsschulen »auch« Sozialisten anwesend sein werden, die sich »schon« rühren, er überlässt also die Einflussnahme auf die Hörer nicht der hierin sehr aktiven katholischen und reaktionären Jugend, sondern er sorgt dafür, dass in allen Kursen dem demokratischen Gleichgewicht und dem demokratischen Anstand durch bewusst sozialistische Elemente Nachdruck verliehen wird. Er weicht nicht vor jedem Furz der »christlichen« Neutralitätshascher in der Gewerkschaft zurück (die wohl wissen, dass hier ihre Auffassung von »Neutralität« nur bedeutet die Erhaltung des Menschen in jener geistigen Fessel, die ihm der bürgerliche Alltag auferlegt), sondern er macht klar, dass demokratische Neutralität allein heißen kann das Zu-Wort-kommen-Lassen und die offene Diskussion zwischen Gleichberechtigten. Er muss sich daran erinnern, dass einst die Gewerkschaft jener Ort war, wo der Arbeiter erfuhr, was Sozialismus eigentlich heißt, während es heute einen solchen Ort faktisch überhaupt nicht mehr gibt. Er muss vor allem jene Feigheit ablegen, die ihn oft den einfachsten Weg gehen lässt (und das ist der verräterische), und wenn er dies aus Eigenem nicht vermag, so muss die Partei, der er verantwortlich ist, dafür sorgen. Und wenn die Partei dies nicht tut, dann, ja dann ist sie verloren!!

Ja, wird man sagen, woher nehmen, wenn nicht stehlen?! Die Partei ist nun einmal bürokratisiert, und die Parteibürokratie wird sich durch schöne Worte nicht aus der Ruhe bringen lassen. (Es ist bezeichnend, dass es der führenden Funktionärsschicht vollkommen an Neigung zur Selbstkritik anlässlich der Wahlniederlage[1] fehlt, dass vielmehr diejenigen, die »oben« Kritik geübt haben, die Schuld in der allzu großen Opposition gegen den Regierungskurs – besonders in der Außenpolitik – suchen, also jene sind, die den Sozialismus für ein paar Mandate mehr ganz der Reaktion opfern wollen!) Die bürokratische Blindheit, wird man mit Recht sagen, wird sich nicht ablegen lassen wie ein Kleid, das man für einen Tag angelegt hat. Ganz besonders die deutsche Sozialdemokratie, wird man einwenden, leidet an einem großen Mangel an wirkungsvollen Persönlichkeiten, der unerlässlichen subjektiven Voraussetzung für einen wirklichen Masseneinfluss. Man wird darauf hinweisen, dass es im Gegensatz zu anderen Ländern in Deutschland keinen einzigen parteilich »anerkannten« Redner von wirklichem Format, keinen einzigen parteilich »anerkannten« Lehrer, Journalisten, Parlamentarier, Propagandisten von überragendem Format gibt.[2] Gegen die eigenen Parteigenossen, mit denen man in kameradschaftlicher Weise diskutieren und um die Probleme ringen sollte, wird jedes Maß von Schlauheit aufgebracht, wenn sie »unschädlich« gemacht werden sollen. Gegen den Klassengegner ist man »fein«, »konziliant« und entgegenkommend; hier, wo politische Schlauheit am Platze ist, ja allein am Platze ist, versagt sie. Die Presse (mit einer imponierenden Überlegenheit der bürgerlichen, weil die vorhandenen sozialistischen Journalisten von Begabung der Bürokratie ein Dorn im Auge sind), Hochschule, Oberschule, Volksschule, Akademie, Gewerkschaftsschule, Film usw. liegen überwiegend in den Händen der (oft getarnten) bürgerlichen Kräfte, weil die Bürokratie in der Partei den Anpassern, den Rückgratlosen und Nachschwätzern den Vorzug gibt. Als Schumacher starb, sagte ein maßgeblicher Funktionär: »Schade um ihn, aber er hat uns auch große Schwierigkeiten gemacht. So zum Beispiel, als er die Kirche die vierte Besatzungsmacht nannte.« Nun, es kommt uns hier nicht darauf an, die Bezeichnung von Schumacher auf ihre Richtig-

1 [Anfang September 1953 erlitt die deutsche Sozialdemokratie bei der zweiten Bundestagswahl eine weitere herbe Wahlniederlage gegen die CDU unter Konrad Adenauer und Ludwig Erhard.]

2 Die »christliche« Kölnische Rundschau vom 10. September 1953 bemerkt nicht ohne Recht: »Merkwürdig, dass die SPD gar nicht empfindet, dass die großen pathetischen Worte, mit denen sie um sich wirft, in so unangemessenem Verhältnis zu ihren Leistungen stehen. Der verstorbene Dr. Schumacher war sicher ein Mann von ätzender, manchmal sogar undisziplinierter Schärfe. Doch dass er Format hatte, muss auch der politische Gegner anerkennen. Als Ollenhauer die Schuhe von Schumacher anzog, merkte er gar nicht, dass ihm dessen Schuhnummer viel zu groß war. Was Wunder, dass er sich bei jedem Schritt selbst auf die Füße tritt.«

keit zu prüfen, aber wir haben während des ganzen Wahlkampfs nach einem solchen Wort gelechzt, stattdessen wurden der Öffentlichkeit »geistvolle« Dummheiten von theoretischen Schwätzern geboten.

Gewiss, das alles und noch viel mehr wird man einwenden. Aber man hat dabei noch eines übersehen. Es gibt in der Partei und in der Gewerkschaft die Kräfte, die jetzt, in der Stimmung der Niederlage vordrängend, eine Besserung erzwingen könnten: Es sind dies jene zahlreichen Kräfte, die sich der großen sozialistischen Tradition der deutschen Arbeiterbewegung bewusst sind, jedoch gerade deshalb von der Parteibürokratie unterdrückt wurden. Es wird nicht leicht sein, gegen die Mauer der Apparatschiki anzurennen. Aber die offene Kritik in den Mitgliederversammlungen und anderen Zusammenkünften kann in diesem Augenblick, da sich viele der Unzulänglichkeit der Partei bewusst werden, viel bewirken. Und vor allem erinnere man sich an das, was der Verfasser dieser Zeilen von den »missionarischen« Aufgaben gesagt hat, die überall unserer harren. Kein Parteiapparat kann uns daran hindern, überall dabei zu sein, zu diskutieren, den Sozialismus plausibel zu machen, die Richtungen des Sozialismus in demokratischer Breite zu explizieren, Schulungszirkel zu organisieren und junge Menschen der Partei zuzuführen, die des Weiteren berufen sind, die sozialistische Idee gegen die einseitige Herrschaft der bürgerlichen Ideologien zu verbreiten.

An dieser Stelle soll gar nicht davon geredet werden, wie nötig es wäre, die für ungelesene Broschüren und einen leerlaufenden Apparat usw. verschwendeten Gelder der Mitglieder für Besseres zu verwenden: für die Gründung eines interessanten und schlagkräftigen Diskussionsorgans, eines populären und doch ernst zu nehmenden Schrifttums über den Sozialismus (wobei wiederum alle namhaften Richtungen zu Wort kommen müssten) und für den Aufbau einer neuen sozialistischen Jugendbewegung unter Anwendung neuer wirksamer Methoden. Es müssten alle sich zur Verfügung stellenden intellektuellen Kräfte für die zu organisierende sozialistische »Missionsarbeit« karteimäßig erfasst und ohne Ansehung der Person, das heißt allein nach dem Gesichtspunkt der propagandistischen, erzieherischen Befähigung und nachgewiesenem Erfolg auf dem Gebiet der geistigen Arbeit, gleichmäßig eingesetzt werden (nach dem Vorbild der Wiener Bildungszentrale). Geschieht aber nichts, um dem deutschen Sozialismus neue Bedeutung im Bewusstsein der Öffentlichkeit zu verschaffen, dann wird Deutschland bald ein Land ohne eine sozialistische Bewegung sein – das Weitervegetieren einer »sozialdemokratischen Partei« wird daran nichts ändern.

Jetzt ist der Augenblick für die zahlreichen, aber bisher unter einem schweren Druck der Parteibürokratie stehenden einsichtigeren, auf das Wohl des Sozialismus bedachten Genossen, ohne Rücksicht auf die für sie persönlich entstehenden Folgen die in diesem Brief bezeichneten Forderungen mit aller Energie zu stellen. Die Auseinandersetzung kann, wenn sie sich vor dem Hintergrund neuer und größerer sozialer Kämpfe und getragen von einer wiedererwachenden Aktivität der Arbeiterschaft vollzieht, zu einem reinigenden Gewitter werden, das auch in Deutschland wieder den Sozialismus zur echten und einzigen Alternative macht.

Erstveröffentlichung (unter dem Pseudonym Hans Killian) in: pro und contra. Diskussionsblätter für demokratischen Sozialismus, 11. November 1953.

Ethisch-sozialistischer Antimarxismus

MIT AUSDRÜCKLICHER BERUFUNG AUF das Berliner Aktionsprogramm der Sozialdemokratischen Partei (SPD) fasst das Mitglied der wissenschaftlichen Kommission der SPD Prof. Gerhard Weisser den nunmehr zur theoretischen Grundlage der Partei erhobenen Standpunkt in einem Beitrag des »Handwörterbuchs der Sozialwissenschaften« zusammen. Er beginnt – man verzeihe mir die Offenheit – mit purem Unsinn. So heißt es gleich im ersten Abschnitt: »Die Stellungnahme für den Sozialismus ist primär nicht eine ›Entdeckung‹, sondern eine Entscheidung.« Jahrtausende träumten die Menschen von gerechten Zuständen, die sie oft in sozialistische Formen kleideten; unter dem Druck der jeweiligen Klassenverhältnisse »entschieden« sie sich für zukunftstüchtige Visionen. Aber dass der Sozialismus aufgrund der heutigen Entwicklungshöhe der Gesellschaft zum ersten Male überhaupt möglich geworden ist und dass es darauf ankommt, diese Möglichkeit zu studieren, zu verstehen und auszunützen, das ist doch eine Entdeckung und keine Entscheidung, und zwar eine der wichtigsten Entdeckungen der menschlichen Geschichte. Zu sagen, dass es nicht auf diese Entdeckung ankomme, sondern auf die Entscheidung, bedeutet, die Wissenschaft durch eine Phrase ersetzen. Wer *versteht*, worum es geht, der wird sich auch richtig entscheiden. Mit der Propagierung richtiger »missionarischer« Formen des Verstehens der eigenen menschlichen und gesellschaftlichen Situation ist mehr getan als mit dem leeren Aufruf zur Entscheidung, der bei den »ethischen Sozialisten« immer mehr zu einem mythologisch verklärten Dogma wird, das überdies blind macht gegen die Tatsache, dass es noch niemals eine sozialistische Lehre gegeben hat, die wirksamer zur Entscheidung aufgerufen hat als die marxistische.

Aber sieht man näher zu, stellt sich heraus, dass die aufgeblasene Phrase von der Entscheidung etwas anderes verhüllen soll, nämlich die völlige Verneinung des Sozialismus. Man höre und staune: Die »Prognosen«, dass es möglich sein muss, »eine allgemeine Überführung des Produktivvermögens in die Hand der Allgemeinheit« und damit die klassenlose Gesellschaft zu errichten, nennt Weisser (wohlgemerkt unterstützt von führenden Gremien der Sozialdemokratischen Partei!) »ein verklärtes, aber nur aufdämmerndes Zukunftsland« von nur chiliastischer Bedeutung. Schön, aber was will er an seine Stelle setzen? Folgendes: Diese falschen »Prognosen« werden ersetzt durch – wörtlich! – »das Bekenntnis zu einer bestimmten gewollten Gestalt der Gesellschaft (...), deren Verwirklichung *heute und hier* zu beginnen habe«, welche großartige Proklamierung neuer sozialistischer Einsichten der Verfasser die »Erneuerung des voluntaristischen Elements der Bewegung« nennt. Später erfahren wir, dass »Sozialisierung (...) aber nur für eine begrenzte Anzahl von Wirtschaftszweigen gefordert« wird. Damit manifestiert sich die Vertauschung der aus der klarsten Kenntnis der gewaltigen Entwicklungshöhe unserer Gesellschaft gewonnenen Erkenntnis der *Möglichkeit* einer noch höheren mit der Unterwerfung unter die gegebenen klassenmäßigen Macht- und Herrschaftsverhältnisse, des »Hier und Jetzt«, die allein noch den Sozialismus verhindern. Hier ist die »Entscheidung« Weissers und seiner Freunde gefallen, und zwar für das »Hier und Jetzt« und gegen den Sozialismus. Das kommt, weil man sich auf Leonard Nelson beruft, der gelehrt habe, »dass wer sich zum Sozialismus bekennt, in erster Linie eine Entscheidung trifft und nicht einfach eine empirische Lehre akzeptiert«. Man bekennt sich eben drauf los und unversehens ist man »empirisch« beim »Heute und Jetzt« gelandet.

Doch Weisser gibt eine geistvolle Begründung, mit der er leider nicht alleinsteht: »Das entscheidende logische Argument liefert Nelson: Der Marxismus will im Grunde aus dem Verlauf der Geschichte unmittelbar darauf schließen, welche Gestalt die Gesellschaft haben sollte. Dieser Schluss aber ist unmöglich. Wir können nicht daraus, dass etwas die Tendenz hat, eine Gestalt anzunehmen, unmittelbar darauf schließen, dass es sein soll.« Das logische und erkenntnistheoretische Auseinanderfallen von Sein und Sollen hat aber nicht Nelson entdeckt, sondern es ist ein uralter Grundsatz der Erkenntnistheorie. Wenn etwas kausal so und so ist, dann kann daraus nicht geschlossen werden, wie es sein soll. Dies habe ich bereits vor einem Jahrzehnt in meiner (unter dem Pseudonym Warynski erschienenen) methodologischen Arbeit [»Die Wissenschaft von der Gesellschaft«, Bern 1944] zum Anlass genommen, um sehr ausführlich zu zeigen, dass im konkreten gesellschaftlichen Raume sich dieses Verhältnis verkehrt, weil der Mensch unter ganz bestimmten (günstigen!) Bedingungen sehr wohl aus der Erkenntnis dessen, was ist, schließen kann auf das, was sein soll. Das ist eben der Unterschied zwischen der erkenntnistheoretisch-prinzipiellen und der gesellschaftlich-konkreten Form in der Beziehung von Sein und Sollen. Der Mensch denkt eben nicht »erkenntnistheoretisch«, sondern konkret, das heißt, er stellt sich stets die Frage: Wie habe ich mich mit meinem Willen unter ganz bestimmten Umständen so zu entscheiden, dass die Entscheidung für mein Leben sinnvoll wird. Er fragt in dieser konkreten Form nach dem Sollen und stellt die Verbindung zwischen Sein und Sollen durchaus her.

Zu wissen, was dann wissenschaftlich und *objektiv* sein soll, darüber kann sehr wohl mithilfe der Wissenschaft (Anthropologie, Gesellschaftslehre, Wirtschaftstheorie usw.) entschieden werden. Man braucht nur darüber möglichst umfassend (wenigstens innerhalb des Sozialismus) zu diskutieren. Irren wir uns, wird uns die Geschichte darüber belehren. Aber mit der Behauptung, dass man aus dem Sein nicht auf das Sollen schließen kann, die ganze Diskussion und das Ringen um die Erkenntnis des für die sozialistische Bewegung Erstrebenswerten, also dessen, was sein soll, vollkommen auf ein antisozialistisches Gleis zu schieben, das kann doch nicht die wirkliche Absicht von Nelson gewesen sein.

Und schließlich: Worin besteht denn die von Weisser so sehr gefürchtete »Tendenz«, die uns verbietet, aus ihr zu schließen, was sein soll? Sie besteht in nichts anderem als im gewaltigsten materiellen und wissenschaftlichen Reichtum, die beide etwas möglich machen, das eben Sozialismus heißt. Die Argumentationsweise des »ethischen Sozialismus« ist doch im Grunde nicht ernst zu nehmen. Sie wirft dem Marxismus vor, aus den gegebenen *Möglichkeiten* (»Tendenzen«) Wirklichkeit machen zu wollen. Aber was will denn der »ethische Sozialist« eigentlich? Will er nicht aus den Möglichkeiten, die er vorfindet, aus den Tendenzen zu etwas anderem und Besserem den Sozialismus bauen, wenn auch nur so, wie er ihn versteht? Will er etwa ganz ohne Rücksicht auf das, was er *aufgrund der Sachlage* als möglich, das heißt tendenzmäßig verwirklichbar erkennt, sich bloß etwas zusammenfantasieren und sich dann kraft seiner Fähigkeit zur »Entscheidung« für dieses Fantasiegebilde einsetzen? Das wäre doch Irrsinn!

Wo liegt also der *methodische* Unterschied zwischen dem marxistischen und dem »ethischen Sozialismus«? In nichts, in leerem Gerede. Wenn es trotzdem ein solches Gerede gibt, dann ist in Wahrheit der marxistische Gesetzesbegriff daran schuld, der von Nelson und seinen Schülern mechanistisch missverstanden wird, wobei mitgedacht ist, dass das »Gesetz«, die »historische Gesetzmäßigkeit«, keinen Raum für die subjektive Entscheidung lassen. In meiner demnächst erscheinenden Schrift »Marxistischer oder ethischer Sozialismus?« zeige ich, dass es die vulgäre und mechanistische Schranke Nelsons und seiner Schüler selbst ist, die dieses Missverständnis verschuldet.

Erstveröffentlichung (unter dem Titel: »Sozialistischer Antimarxismus?«) in: Die Andere Zeitung, 3. November 1955. Ausführlicher kritisiert hat Kofler den sozialdemokratischen »ethischen Sozialismus« in seinem Aufsatz: »Ethischer oder marxistischer Sozialismus?« (in: Die Neue Gesellschaft, Heft 1, Januar/Februar 1955), in seinem Buch »Marxistischer oder ethischer Sozialismus?« (Bovenden 1955) sowie (in überarbeiteter Form) in: Der proletarische Bürger. Marxistischer oder ethischer Sozialismus?, Wien 1964.

Freiheit und Fortschritt

IN VARIATION EINES HEGELSCHEN Ausspruchs könnte man sagen, Weltgeschichte ist die Verwirklichung der Freiheit auf dem Wege des Fortschritts. Man kann diesen Gedanken annehmen oder ablehnen, aber man muss sich dessen bewusst bleiben, dass bei Leugnung der Möglichkeit des Fortschritts in der Geschichte, bei dessen Ersetzung durch einen »einfachen« Entwicklungsgedanken, auch der Standpunkt der Freiheit unhaltbar wird. Denn wenn man von Freiheit spricht und damit ihre Existenz bejaht, dann muss man auch die Frage nach dem historischen Woher dieser Freiheit aufwerfen und beantworten. Und es wird sich dabei herausstellen, dass sie das notwendige Resultat einer Reihe geschichtlicher Kämpfe ist, die auf einer stets höheren Stufe geschichtlichen Seins ausgefochten wurden. Selbst die Epochen der Rückfälle erweisen sich in diesem Zusammenhange als notwendige Durchgangspunkte im widerspruchsvollen Prozess der Geschichte. Freiheit ist somit das Ergebnis des Fortschritts, und bei Leugnung des Fortschritts von Freiheit zu sprechen hieße, den widersinnigen Gedanken setzen, dass der Mensch von Anbeginn seiner Existenz her und seitdem ohne Unterbrechung ein vollendet freies Wesen gewesen sei.

In der Zeit des bürgerlichen Aufstiegs, etwa im 18. Jahrhundert, wäre es keinem Ideologen des Bürgertums eingefallen, die Idee der Freiheit von der Idee des Fortschritts zu trennen. Die vielfach behauptete Dekadenz der heutigen Welt ist gerade durch einen solchen Versuch der Trennung gekennzeichnet. Aber auch die Tragik der im Niedergang befindlichen bürgerlichen Klassen findet hierin ihren Ausdruck. Diese Tragik besteht unter anderem darin, dass das Bürgertum entsprechend dem individualistischen Gepräge der kapitalistischen Klassengesellschaft einerseits genötigt ist, die »Freiheit des Individuums« gegen alle drohenden Durchbrüche zu verteidigen, andererseits jedoch gerade wiederum gegen die Gefahr solcher Durchbrüche seitens sozial fortschrittlicher Kräfte die Tatsache des Fortschreitens der menschlichen Geschichte zu immer höheren Stufen ihrer Existenz zu verneinen. In dem Dilemma zwischen dem himmelstürmenden individualistischen Freiheitsglauben und der düsteren pessimistischen Fortschrittsfeindlichkeit befangen, schwankt die bürgerliche Ideologie wie ein Rohr im Winde hin und her, sich jeweils selbst betrügend, wenn sie gegen die humanistische »Gläubigkeit« des Sozialismus einmal auf den »Utopismus des Fortschritts« und ein andermal auf die Notwendigkeit der Verteidigung der »historisch höchsten Stufe der Freiheit«, nämlich der bürgerlichen, hinweist.

Die individuelle Freiheit in der bürgerlichen Gesellschaft, die zweifellos die höchste Freiheitsstufe *innerhalb der Klassengesellschaft* darstellt, ist eine widerspruchsvolle: Sie geht einher mit dem Mangel an sozialer Selbstbestimmung eines großen Teils der Gesellschaft kraft der Tatsache, dass die sozialen Machtmittel sich in den Händen derjenigen befinden, die über den ökonomischen Blutkreislauf der Gesellschaft verfügen, über die Produktion. Die Aufhebung des Widerspruchs zwischen der formalen Freiheit eines jeden und der sozialen Unfreiheit der Mehrheit würde die Aufhebung der bürgerlichen Gesellschaft überhaupt bedeuten. Diese Aufhebung vollzieht erst der Sozialismus. Aber es wäre verhängnisvoll zu glauben, dass mit der Bestimmung der Freiheit als der Freiheit des Individuums von Bindungen, durch die es sich anderen Individuen oder objektiven Mächten ökonomisch oder rechtlich unterworfen sieht, auch die letzte Bestimmung des Freiheitsbegriffs gewonnen wäre.

So sehr es wahr und verständlich ist, dass in aller Klassengesellschaft die Sehnsucht nach dem Abschütteln solcher Bindungen die Menschen in einer mehr oder weniger bewussten Form beherrscht, das heißt das einfache Nichtvorhandensein dieser Bindungen, also etwas bloß Negatives, mit Freiheit schlechthin gleichgesetzt wird, so berechtigt ist es auch, einem solchen bloß negativen Freiheitsbegriff mit Misstrauen zu begegnen. Dieses Misstrauen hat nichts zu tun mit jener reaktionären Verleumdung des Menschen (die übrigens nur den vulgärmaterialistischen Pferdefuß des heute herrschenden theoretischen Idealismus sichtbar werden lässt), wonach die der vollen Freiheit teilhaftig gewordenen Individuen sich nur noch der Faulenzerei, Fresssucht und Fleischeslust hingeben und der Entartung anheimfallen werden. Nicht nur ist die Arbeit ein natürliches Bedürfnis, eine Art »Trieb«, und kann in der von allem menschenfeindlichen Zwang befreiten Gestalt ebenso zur Lust werden wie viele andere Betätigungen, die selbst der deformierte Mensch unserer Zeit heute schon freiwillig und wiederum aus einem tiefen Bedürfnis auf sich nimmt. Es kommt noch wesentlich hinzu, dass der Mensch unter der Aufsicht und Erziehung einer ausschließlich in den Dienst des Menschen gestellten gesellschaftlichen Organisation ohne Beschränkung der individuellen Freiheit angeleitet werden kann, seine Kräfte und Anlagen fruchtbringend zu nutzen.

Unser Misstrauen gegen den bloß negativen Freiheitsbegriff resultiert aus der Überzeugung von der allseitigen und stets fortschreitenden Entfaltungs- und Entwicklungsmöglichkeit. Wie schon der alte bürgerliche

Humanismus weiß auch der moderne Sozialismus um die Qual, der der Mensch unterliegt, wenn er seiner Kräfte und Gaben nicht umfassend mächtig ist, sondern sie im »Beruf« verkümmern sieht. Nach Schiller zum Beispiel hat die Arbeitsteilung die Schuld an der Deformation des Menschen, der der »Kultur« unterworfen ist und sich dem Zustande der »Natur«, wie er nach Schillers Meinung in der griechischen Antike eine schöne Vollendung fand, entfremdet hat. Damit ist der *ganze* Mensch verlorengegangen. Das wesentlichste Merkmal im Verhalten des seiner »Totalität« mächtigen Menschen ist der »Spieltrieb«. Marx und Engels kritisieren ebenso die die Persönlichkeit zerteilende und deformierende Wirkung der kapitalistischen Arbeitsteilung und fordern die Wiederherstellung des ganzen Menschen. Wie Schiller hat auch Marx den »Spieltrieb« im Auge, wenn er im »Kapital« nicht weniger als zweimal sich in ähnlicher Weise ausdrückt, so zum Beispiel, wenn er einmal vom »freien Spiel der geistigen und physischen Kräfte« spricht. Es ist höchst bezeichnend für die Einengung des Sozialismus auf einen »Glücks«- und Wurstzipfelsozialismus, dass diese wichtige Stelle bei Marx kaum bemerkt und noch weniger in ihrer theoretischen und praktischen Bedeutung erkannt wurde.

Stattdessen spielen heutige Sozialisten mit »human relations« (Herstellung guter menschlicher Beziehungen) und ähnlichen betrügerischen Formeln. Betrügerisch, weil man dem arbeitenden Menschen nur zu seinem Schaden einreden möchte, er habe heute schon alle Möglichkeit, sich in der Arbeit menschlich wohlzufühlen. Das heißt, man versucht, ihn mit allen Mitteln der »Wissenschaft« über seine unmenschliche Situation hinwegzutäuschen, ihn damit, ohne etwas wesentlich zu ändern, noch härter an die kapitalistische Arbeitsfron zu fesseln. Stuart Chase, der sich in den USA und bei den europäischen Nachbetern einer gewissen Berühmtheit erfreuende Verfasser solcher Schriften wie »Menschen bei der Arbeit« und »Die Wissenschaft vom Menschen«, schildert die »Veränderung«, die mit dem Arbeiter dank der modernen Methoden der Menschenbehandlung in den Betrieben vor sich geht, folgendermaßen: »Ich ziehe Schrauben fest, sagte der Arbeiter früher mit Bitterkeit. – Wir bauen Flugzeuge, sagt er jetzt. Sie nehmen ihren Flug nach allen Kontinenten (...) Von der Werkstatt aus, von der ich arbeite, laufen die Fäden zu den wissenschaftlichen Forschungsinstituten (...). – Gewiss, mein Platz ist bescheiden. Und dennoch, wäre ich nicht hier und erfüllte die mir zufallende Aufgabe, dann geschähe keines der großen Dinge. Ich bin unentbehrlich, ich bin bedeutend.« Großartig, wie man eine Gesellschaft reformieren kann, ohne sie im Geringsten zu reformieren! Begreiflich, wenn man sieht, dass Stuart Chase, hier nur als Exponent einer ganzen Schule genannt, in dem erwähnten Buche »Die Wissenschaft vom Menschen« an vielen Stellen über Marx redet wie ein Ureinwohner Afrikas über die Relativitätstheorie.

Dem aufmerksamen Leser wird aus dem Bisherigen bereits klar geworden sein, welche weitere Bestimmung des Freiheitsbegriffes wir vom sozialistischen Standpunkt aus für unerlässlich halten. Zu den beiden negativen, weil auf die bloße Überwindung von historisch entstandenen gesellschaftlichen Bindungen und Schranken gerichteten Bestimmungen der persönlichen oder formalen und der ökonomischen oder sozialen Freiheit kommt die dritte positive Bestimmung hinzu. In ihr begreift sich die Tatsache, dass der Mensch nur dann voll und ganz in den Genuss der Freiheit gelangt, wenn er auf jener Höhe der gesellschaftlichen Entwicklung angekommen ist, auf der die freie Entwicklung seiner Persönlichkeit zu Ganzheit und Harmonie praktische Möglichkeit geworden ist. Dieser Tatbestand lässt sich verkürzt mit den Worten ausdrücken: Freiheit ist Persönlichkeit! Dies ist so sehr wahr, dass selbst in dieser Welt der direkten oder indirekten, offenen oder gerissen-versteckten, mit Mitteln der Angst und der Existenzbedrohung arbeitenden Unterdrückung der Freiheit des Geistes allein jener Mensch sich eines gewissen Maßes von Freiheit erfreut, der im Bewusstsein seines Persönlichkeitswertes seine Fähigkeiten trotzdem zur Geltung bringt. Der seiner Kräfte nicht bewusste, seine Begabungen im Schlummerzustande erhaltende und sie nicht produktiv betätigende Mensch ist niemals wirklich frei, möge ihm auch in der Klassengesellschaft die Sehnsucht nach der Herstellung jener Freiheiten, die wir die negativen genannt haben, als die Verkörperung der Freiheit überhaupt erscheinen.

Es bleibt noch in diesem Zusammenhange die Frage zu beantworten, in welchem Verhältnis die negativen Bestimmungen der Freiheit zu ihrer positiven Bestimmung stehen. Die Antwort lautet: in dem Verhältnis der unerlässlichen Voraussetzungen zur Verwirklichung der Freiheit. Dabei sind diese Voraussetzungen gleichzeitig nur im Hinblick auf das endgültige Ziel der sozialistischen Freiheit bloße Voraussetzungen; im historischen Prozess selbst sind sie zu verwirklichende Ziele und daher ihrerseits Stufen der Verwirklichung der Freiheit. Die dialektische Bezüglichkeit und Widersprüchlichkeit im historisch-konkreten Begriff der Freiheit nicht erkannt oder nicht genügend beachtet zu haben ist der gemeinsame Mangel zahlreicher sonst völlig verschiedener Ansichten über die Freiheit, angefangen von den bürgerlichen Ideologen über die Vulgär-»Ethiker« reformistischer Prägung bis zu den Vulgarisatoren des Marxismus, die alle das Gemeinsame haben, die Freiheit aus dem Fehlen der Unfreiheit zu erklären, ähnlich wie manche Ökonomen nach einem Worte von Marx die Armut aus der *pauverté* erklärt haben.

Erstveröffentlichung in: Die Andere Zeitung, 10. November 1955.

Bürgertum und Demokratie

IN SEINER REVOLUTIONÄREN AUFSTIEGSZEIT haben die großen Ideologen des Bürgertums stets unter Freiheit die Möglichkeit zur allseitigen Entwicklung und Wiederherstellung der Totalität der Persönlichkeit verstanden, die sich auf der Grundlage des *Laisser-faire* und der daraus entstehenden gesellschaftlichen Harmonie entfalten sollte. Beim heutigen Bürgertum ist von diesem einstigen Ideal sehr wenig zu spüren. Was übrig geblieben ist, ist ein leerer Konkurrenz-Individualismus, durchtränkt von einem pessimistisch-dekadenten Menschenbild, das der Vorstellung von Hobbes, die Menschen seien von Natur aus Raubtiere, die nur ihr eigenes Interesse verfolgen, wieder recht nahekommt. Das Bürgertum pflegt von seiner Demokratie zu sprechen. Bis zu einem gewissen Grade mit gutem Recht, denn die konkreten Formen des heutigen demokratischen Lebens beweisen weitgehend die bürgerliche Einseitigkeit und in gewissem Sinne die undemokratische Äußerungsweise dieser selben Demokratie. Aber von einer anderen Seite besehen, hat das Bürgertum unrecht, von seiner Demokratie zu sprechen, denn diese ist zwar ein gesellschaftliches Produkt der bürgerlich-kapitalistischen Welt, jedoch nicht das Werk des Bürgertums, sondern das Werk der nachdrängenden unteren Klassen. Daran wollen wir mit einigen historischen Hinweisen »erinnern«.

Die Geschichte der Entstehung der bürgerlichen Demokratie ist von dem Widerspruch belastet, dass einerseits die Idee der Volkssouveränität auf die Fahnen der revolutionären Bourgeoisie geschrieben wird, andererseits aber dieselbe Bourgeoisie ständig erklärt, die Volkssouveränität sei nicht als die Souveränität des ganzen Volkes aufzufassen, sondern nur als die Souveränität der Besitzenden. Im »Kommunistischen Manifest« drückt das Marx so aus, dass er sagt, für die Bourgeoisie ist die Person der Eigentümer. Nach der Auffassung, die dieser Gleichsetzung im bürgerlichen Bewusstsein zugrunde liegt, ist der Eigentumslose im letzten Sinne nicht Person, deshalb auch nicht vollwertiges Rechtssubjekt und des vollen Gebrauchs der Freiheitsrechte nicht fähig. John Locke zum Beispiel bemerkt in seinen »Zwei Versuchen«, dass die Eigentumslosen als nicht zur Gesellschaft gehörig anzusehen sind. Ganz ähnlich argumentiert Cromwell in seiner Diskussion mit den Soldatenräten. Er erklärt, dass den Besitzlosen nicht das Wahlrecht gewährt werden könne, weil sie kein Interesse am Staate hätten. Mit einer ganz ähnlichen Begründung wird in der ersten Nationalversammlung der großen Französischen Revolution von einem Anhänger der physiokratischen Anschauung, Pierre Samuel du Pont de Nemours, also einem konsequenten Vertreter der bürgerlichen Gesellschaftsauffassung, der Antrag gestellt, den Besitzlosen nicht das Wahlrecht zu gewähren, weil sie »nicht zur Gesellschaft« gehören. Selbst in der zweiten, radikaleren Fassung des »Volksvertrages« von John Lilburn (Führer der Leveller in der großen englischen Revolution), in der zum ersten Mal ein Programm der bürgerlichen Demokratie aufgestellt worden ist, wird den Besitzlosen das Wahlrecht entzogen. Bis zu Kant und dessen Schüler Theodor Schön und selbstverständlich darüber hinaus wird dieser Standpunkt der Nichtzulassung der Besitzlosen zum vollen Genuss der bürgerlichen Freiheitsrechte von den bürgerlichen Ideologen beibehalten.

Das Bild ist heute gerade umgekehrt. Während in den früheren Jahrhunderten der humanistische Glaube an die künftige Entwicklung der Gesellschaft zu einem harmonischen Zustande und die damit verbundene Entfaltung der menschlichen Persönlichkeit aller Gesellschaftsmitglieder noch einherging mit einem tiefen Misstrauen gegen den Eigentumslosen (z. B. schon bei John Milton, der gleichfalls das Wahlrecht beschränkt sehen wollte), geht in der Zeit der stabilisierten demokratischen Herrschaft der Bourgeoisie ein tiefer menschenfeindlicher Pessimismus Hand in Hand mit dem auf Erfahrung beruhenden Wissen, dass die bürgerlich-demokratischen Herrschaftsmethoden vollauf ausreichen, um dem Wahlrecht, das man den Volksmassen gewährt, die revolutionäre Spitze abzubrechen, also Hand in Hand mit einem reaktionären Vertrauen zu den Besitzlosen.

Die Durchbrechung der Volkssouveränitätsidee, also der programmatischen Grundidee der bürgerlichen Demokratie, durch die alten revolutionären Vorkämpfer der bürgerlichen Demokratie hat man mit der Furcht zu erklären versucht, die unwissenden und vielfach im Dienste des feudalen Adels stehenden Knechte, Diener und Arbeiter würden ihren Herren die Stimme geben. Aber gegen diese Auffassung, die nur ein Hereinfallen auf die Argumente und Ausreden der Ideologen der Vergangenheit ist, spricht dreierlei.

Erstens: Dieses Argument wird keineswegs immer und nicht einmal in der Mehrzahl der Fälle gebraucht. Vielmehr wird vielfach offen von der Unfähigkeit des Besitzlosen gesprochen, sein Interesse der Gesellschaft, die stets als eine Gesellschaft der »Eigentümer« aufgefasst wird, zu unterwerfen.

Zweitens: Es fällt auf, dass man niemals daran denkt, etwa jenen, die man in offenen Feldschlachten bekämpft und die man zu Hunderten auf das Schafott schickt, nämlich den Adligen, das Wahlrecht zu entziehen. Wir haben hier einen Beweis dafür, dass der Besitzende immer als des Gebrauchs der Freiheitsrechte fähig beurteilt wird, vorausgesetzt, dass er sich gegen diese Freiheitsrechte selbst nicht stellt. Der Adlige also, der sich der bürgerlichen Gesellschaft und ihren Gesetzen unterwirft, ist Besitzender, Person, Staatsbürger wie jeder andere, der Besitz hat, daher von vornherein zum Gebrauch des Wahlrechts fähig.

Drittens: Selbst zu einer Zeit, als längst bewiesen war, dass die Volksmassen revolutionär gesinnt sind, und als dann die feudale Reaktion keine ernste Gefahr mehr darstellte, hat die Bourgeoisie sich geweigert, die Besitzlosen zum Wahlrecht zuzulassen. 1793 waren es die Volksmassen unter der Führung proletarischer Elemente gewesen, die die demokratische Verfassung erzwungen hatten, in der ausnahmslos allen das Recht zu wählen gegeben wurde. Es stand von diesem Augenblick an fest, dass das Volk ebenso antifeudal gesinnt ist, wie die Bourgeoisie. Aber 1794, nach dem Sturze Robespierres, war es dieselbe Bourgeoisie, die den Besitzlosen das Wahlrecht wieder entzog.

Demgegenüber pflegt man sich auf England und seine »liberalen« Wahlreformen zu berufen. Es sei dies, sagt man, das England der alten freiheitlichen Traditionen, der altehrwürdigen parlamentarischen Regierungsform und der Habeas-Corpus-Akte. Es ist aber auch das England, unter dessen parlamentarischer Regierungsform das größte Bauernlegen der neuzeitlichen Geschichte, das selbst das preußische in den Schatten stellt, stattgefunden hat (die »Enclosures«, die Einhegungen des 18. Jahrhunderts, die Marx als »parlamentarischen Raub« bezeichnet). Im Übrigen waren die englischen Parlamente durchwegs feudaler als die französischen *Etats Généreaux*, in denen das Bürgertum für sich beriet, während in England der Ritter-Adel dem Bürgertum zugesellt war und (wie alle ehrlichen Historiker von Hatschek bis Trevelyan zugeben) es immer verstand, seine feudalen Belange durchzusetzen. Wir können in diesem Rahmen nicht den Nachweis führen, dass es mit den übrigen »freiheitlichen« Einrichtungen und Dokumenten Englands (Mapualharta, Common Law, Selbstverwaltung usw.) ebenso bestellt war. Nur über die Habeas-Corpus-Akte sei ein Wort gesagt, weil ihr Schicksal beweist, wie wenig man zu einer Zeit, als das Bürgertum schon ein gewichtiges Wörtchen mitzureden hatte, geneigt war, das in diesem Dokument verwirklichte Stück demokratischer Volkssouveränität ernst zu nehmen. Schon zwischen 1688 und 1723 hatte man die Habeas-Corpus-Akte nicht weniger als siebenmal aufgehoben. Das war jedoch noch eine »mittelalterliche« Zeit. Aber selbst als die englische Gesellschaft so weit entwickelt war, dass die ersten Schritte zur bürgerlichen Demokratie gemacht werden konnten, hat der jüngere Pitt, der gewiss nicht als ein Vertreter des Feudalismus betrachtet werden kann, sie im Jahre 1794 suspendiert, und dieser

Zustand währte bis 1802. Eine weitere Suspendierung erfolgte 1817 bis 1818, gefolgt von den berüchtigten Ausnahme- und Verfolgungsgesetzen von 1819. Der Grund lag stets in der Furcht vor der Wahlrechtsbewegung, der Demokratie.

Und die berühmten »liberalen« Wahlreformen Englands im 19. Jahrhundert? Um es kurz zu sagen: Selbst da, wo sie eine äußerst gemäßigte und das heißt in undemokratischer Weise gegen das Volk gerichtete Form annahmen, musste die Volksbewegung kräftig nachhelfen, so sehr fürchtete sich die liberale Bourgeoisie vor einer allzu großen Ausweitung des Kreises der Wahlberechtigten. 1794, 1815 und zur Zeit des Chartismus, der in den zwanziger Jahren seinen radikalen Höhepunkt erlebt, haben wir Höhepunkte des Kampfes für das allgemeine und gleiche Wahlrecht. Hier überall ist nicht etwa das »liberale« Bürgertum führend, sondern proletarische und kleinbürgerliche Elemente. Als infolge der Julirevolution in Frankreich und der belgischen Revolution von 1830 das reaktionäre Ministerium Wellington gestürzt wird, bequemt sich die Bourgeoisie in ihrem eigenen Interesse zu einer Wahlreform, die allem ins Gesicht schlägt, was unter dem Begriff der Volkssouveränität verstanden wurde. Die Wahlreform von 1832 ist eine Reform unter vollem Ausschluss der Besitzlosen. Dabei sind es wieder diese Besitzlosen, die durch eine Straßenbewegung (besonders in Bristol und Manchester) den Widerstand des Oberhauses gegen die Wahlreform brechen. Die zweite Wahlreform von 1867, die von Gladstone in einer sehr gemäßigten Form geplant war, wurde den Besitzlosen infolge der reaktionären Ängstlichkeit der Liberalen geschickt aus der Hand genommen und vom konservativen Disraeli durchgeführt. Aber auch sie ist, obwohl Disraeli weit über die Vorschläge Gladstones hinausgeht, noch wesentlich undemokratisch. Von da ab (1884) geht es besser, denn das Proletariat zeigt immer mehr Anzeichen dafür, dass es den Glauben an seine eigene Kraft verloren hat und sich zum bürgerlichen Liberalismus hinwendet. 1864 spricht Marx in der »Inauguraladresse« von der Entartung der englischen Arbeiterschaft. 1868 endet die Unterhaus-Wahl mit einer völligen Niederlage der Arbeiterkandidaten. Die Bourgeoisie erkennt, dass es möglich, klüger und leichter ist, sich mithilfe der Volksmassen als gegen sie an der Herrschaft zu halten. Sie macht die Erfahrung, dass eine relative Monopolisierung der öffentlichen Einrichtungen ein weitaus zuverlässigeres Herrschaftsmittel darstellt als die bloße Gewalt.

Aber ungeachtet der Widersprüche, von denen die Ideologie und Praxis des revolutionären bürgerlichen Humanismus durchzogen ist, wird der Historiker angesichts der völligen Dekadenz der heutigen bürgerlichen Ideologie nicht umhinkönnen, von jenem großen Menschheitsideal, das trotz aller Gehemmtheit dem alten bürgerlich-humanistischen Denken vorschwebte, mit Achtung zu sprechen. Und noch viel mehr:

Sofern die Ideale der großen bürgerlichen Ideologen Ideale der Freiheit waren, bilden sie auf einer höheren und wissenschaftlich begründeten Grundlage ein wichtiges Element, an das der Sozialismus, wenn auch nicht unkritisch, weiterbauend anknüpfen kann. Das Übersehen des positiven Elements in der bürgerlich-fortschrittlichen Freiheitsidee birgt die Gefahr der Ökonomisierung und Vulgarisierung des sozialistischen Freiheitsbegriffs in sich. Ihr zu begegnen, muss eine der Hauptaufgaben der sozialistischen theoretischen Arbeit sein. Erst wenn es gelingt zu beweisen, dass der Sozialismus die Verwirklichung aller großen Menschheitsideale möglich macht, erst dann dürfen wir hoffen, jenen Glauben an ihn im Volke zu wecken, dessen das Volk im Kampf um seine Freiheit bedarf.

Erstveröffentlichung in: Die Andere Zeitung, 1. Dezember 1955. Eine Langfassung dieses Beitrages findet sich in dem 1951 veröffentlichten Aufsatz »Über die Freiheit«; nachgedruckt in: Leo Kofler: Zur Kritik bürgerlicher Freiheit, Hamburg 2000.

Bürokratismus und Sowjetliteratur

ES GIBT NICHTS, DAS nicht mitverantwortlich wäre für das Funktionieren einer gesellschaftlichen Ordnung: Die Fabrik ist es ebenso wie das Theater, das Büro ebenso wie die Literaturtheorie. Das Wort Schillers, dass mit der Nahrung und der Kleidung sich die Würde von selbst einstellt, hat sich nicht bewahrheitet. Die Würde des Menschen muss mit den vielfältigsten Mitteln realisiert werden, Wissen und Ideal sind die Grundlagen. In Variation eines kantschen Ausspruchs könnte man sagen: Wissen ohne Ideal ist blind, Ideal ohne Wissen ist leer. Es gibt aber auch ein Wissen, das zwar an einem Ideal sich orientiert, sogar an einem höchst fortschrittlichen, am Ideal des Sozialismus, aber leer bleibt, weil es nicht über eine genügende Konkretisierung verfügt. Selbst die richtigen Einsichten erhalten hier den Charakter einer unbewiesenen Behauptung, und ihre ständige Wiederholung wirkt auf die Dauer umso schaler, je heftiger ihr Subjekt, der Theoretiker, auf seinem Standpunkt beharrt.

Wir haben in diesem Zusammenhang besonders die sowjetische Literaturtheorie, die von Marx und Engels übernommene und hervorragend von Georg Lukács zu Ende gedachte Theorie des »künstlerischen Realismus« im Auge. Man blicke nur gelegentlich in den schmalen Band von Lukács »Goethe und seine Zeit«, und man wird nicht nur über den Reichtum der Gedanken staunen, sondern vor allem über die Wucht der Beweise, die sich auf die marxistische Realismus-Theorie gründen. Vergleicht man damit aber die ins Deutsche übersetzten Beiträge des 1954 erschienenen zweiten Bandes der ostzonalen *Sowjetwissenschaft*, der den Titel »Kunst und Literatur« trägt, dann erschrickt man nicht wenig. Es wird einem mit einem Schlage klar, warum es wichtig ist, eine mit Formeln vollgestopfte und inhaltlich entleerte Untersuchung als Ausdruck der Bürokratisierung des Bewusstseins zu beurteilen. Natürlich hat diese Bürokratisierung auch in der Sowjetunion ihre gesellschaftlichen und historischen Gründe. Wir können sie hier nicht analysieren. Es ist immerhin erfreulich, dass man heute in Russland mehr denn je den Bürokratismus der Praxis wie des Geistes zu bekämpfen versucht (ein in der Schweiz gezeigter sowjetischer Film, der die Bürokratie heftig angreift, beweist dies), aber wir fürchten, noch mit sehr unzulänglichen, weil selbst bürokratischen Mitteln.

Das bürokratische Bewusstsein geht notwendig an der komplizierten Beziehung zwischen Individuum und Gesellschaft, Subjektivem und Objektivem, individueller Tätigkeit, individuellem Denken und Wollen und allgemeinem Prozess vorbei, und ganz besonders ist es unfähig, die in dem Raume zwischen dem Individuellen und dem Allgemeinen sich abspielenden zwischenindividuellen Vorgänge in ihrer Komplexität wie Feinheit zu verstehen. Es verkennt und übersieht die konkreten und fein gesponnenen Erscheinungsformen der seelischen Prozesse, die Ausdruck der individuellen Auseinandersetzung des Menschen mit seiner Umgebung sind. Es ist blind für die tragischen Schwierigkeiten und geistigen Kämpfe, die zumeist verborgen hinter dem äußeren Gehabe der Individuen liegen. Es unterschätzt die Momente der individuellen Selbsttäuschung, der Missverständnisse und Irrtümer gerade auch als Momente des Durchgangs zur Läuterung und Erhöhung des individuellen Lebens. In seiner charakteristischen Neigung zur mechanistisch-rationalistischen Vereinfachung des Geschehens verdächtigt das bürokratische Denken jeden, der nicht entschieden genug auf seinem Boden steht. In der bürokratisierten Kunst äußert sich das zum Beispiel darin, dass in mechanischer Weise zwischen den guten und bösen Individuen geschieden wird und sich der Kampf zwischen beiden Lagern zu einem starren und lebensfremden Puppenspiel verengt. Weil das bürokratische Bewusstsein das Individuum und seine Probleme nicht wahrhaft zu begreifen vermag, dichtet es ihm eine seelische und geistige Entwicklung an, die sich schablonenhaft nach einer vorgefassten Meinung richtet. Daher vereinfacht und schematisiert die bürokratisierte Literatur die wichtige marxistische Lehre von der Entwicklung zum Klassenbewusstsein, indem sie diese Entwicklung zu einer unkompliziert verlaufenden Linie deformiert, deren Ziel als ein mehr oder weniger mechanisches Resultat einer »naturnotwendigen Gesetzlichkeit« erscheint.

Die Entleerung des »schicksalhaften« menschlichen Lebens zur Schablone ist unvereinbar mit der grundsätzlich optimistischen Auffassung, die sich der Marxismus hinsichtlich des Menschen seiner Entwicklung und seiner Geschichte macht. Der Optimismus resultiert gerade aus der Beachtung und dem Verständnis der tiefen und komplizierten Widersprüche im menschlichen Leben, aus der Erkenntnis des aus diesen Widersprüchen erfließenden Dranges nach ihrer Lösung. Wo die Kunst die widerspruchsvollen Probleme menschlichen Seins zu einem allzu durchsichtigen Aufguss verdünnt, da unterliegt sie leicht der scheinhaften »Faktizität« dieses Seins, das heißt dem verzerrten und düsteren Bilde vom Menschen, wie es jede Zeit in ihrer Art an der Oberfläche des Geschehens spiegelt. Deshalb kann es aber geschehen, dass sie da, wo sie aus grundsätzlichen (sozialistischen) Erwägungen sich zum Optimismus bekennt, diesen Optimismus als äußere Etikette fasst. Es entsteht ein verfälschter und karikierter Optimismus, der sich nicht aus der Sache selbst erschließt, sondern mechanisch aus der »Theorie« übernommen wird. Um zur Geltung zu kommen, überdeckt dann dieser »Optimismus« ebenso mechanisch die wirklichen menschlichen und künstlerischen Probleme, wie es der dahinterstehende Bürokratismus tut. Oft ist daher eine leere romantische Ekstase zu beobachten, eine Art hysterisch-optimistischer Proklamation der »Lebensfreude«, die die Pathetik an die Stelle der Problematik setzt. Die Leere ist hier unverkennbar.

Wenn zum Beispiel auf Seite 224 des erwähnten Bandes »Kunst und Literatur« die Rede ist von den »Mängeln und Fehlern, die es in der sowjetischen Gesellschaft noch gibt« und davon, dass »die sowjetische Satire (...) im Kampfe gegen alles Alte, Konservative, Rückständige« Hilfe leisten soll, so sind diese Fehler nicht zuletzt auch in dem aufgezeigten Zusammenhang von Bürokratismus und einem Teil der Kunst und der Kunsttheorie zu suchen. Proklamationen und Eingeständnisse wie die eben zitierten reichen nicht aus, um die Mängel zu beseitigen. Im Gegenteil: Bleibt man bei ihnen stehen oder räumt man ihnen auch nur einen zu großen Raum ein, sodass sie sich in ungebührlicher Weise vordrängen und der gesamten Untersuchung mehr den Charakter einer Propagandaschrift als den einer wissenschaftlichen Analyse verleihen, dann verfällt man in dieselbe bürokratische Phrasenhaftigkeit, die man zu bekämpfen vorgibt.

Natürlich gibt es auch allerlei Gutes und Interessantes in den insgesamt 336 Seiten des Bandes. Aber bezeichnenderweise sehr wenig Originelles, sodass sich Leer-Pathetisches und Wiederholung von bereits Bekanntem auf der einen Seite und Lesenswertes auf der anderen bestenfalls die Waage halten. Eine Gesellschaft jedoch, die von sich behauptet, sich im Aufstieg zu befinden, braucht mehr, weitaus mehr. Der Bürokratismus ist ihr gefährlichster Feind. Gewiss wird das offen zugegeben, so etwa auf Seite 247 (in einem übrigens durchaus lesenswerten Beitrag von G. Alexandrow): »Sie (die sowjetischen Komödiendichter) zeigen und verspotten in ihren Komödien nicht den Bürokratismus als Erscheinung, sondern einzelne Bürokraten (...) Die Bürokraten schneiden übrigens ganz besonders gut ab.«

Aber kann der Bürokratismus allein auf dem Wege guter Lehren und gediegener Theaterstücke bekämpft werden? Das zu glauben wäre doch reinste Illusion. Ernsthaft kann die Bürokratisierung der Praxis und des Geistes nur da bekämpft werden, wo es wirklich freie Diskussion, keine bürokratisch-hysterische Furcht vor falschen Meinungen gibt, die sich gerade in der Diskussion als solche herausstellen, wo das Gefühl der Freiheit an die Stelle des Gefühls der Furcht tritt, wo um das echte Vertrauen des Volkes geworben wird und nicht Methoden angewendet werden, durch die man es verspielt, und schließlich, wo auch der Bürokrat, der in allen Poren der Gesellschaft sitzt, der Bürokrat der Praxis wie auch der Bürokrat des Geistes, gezwungen wird, mit Geduld und Ausdauer, Verständnis und Zuvorkommenheit für die Ideen und Ideale des Sozialismus zu werben, statt sie mit Gewalt aufzuzwingen. Demokratie ist die Voraussetzung für die Entbürokratisierung des Geistes, von dem die Kunst und Literatur ein sehr bedeutender und für das Gedeihen der ganzen Gesellschaft entscheidender Teil ist. Und wir meinen hier wiederum nicht Demokratie als Proklamation, sondern als eine bis in die letzten Winkel des öffentlichen und geistigen Lebens wirkende, sich überall realisierende Kraft.

Erstveröffentlichung in: Die Andere Zeitung, 15. Dezember 1955.

Die Arbeiterpriester und der Sozialismus

DAS BERÜHMTE WORT VON Marx, »Religion ist Opium für das Volk«, stammt gar nicht von Marx und ist eine fälschende Unterstellung. Vielmehr waren es die vormarxistischen Materialisten bürgerlicher Provenienz, die in Kampfstellung gegen den Feudalismus und das feudale Christentum die Religion als reinen Pfaffenbetrug, als eine zum Zwecke der Einschläferung und Irreführung des Volkes von den Priestern in Anwendung gebrachte Erfindung, erklärten. Diese primitive Anschauung, die ein so kompliziertes ideologisches Gebilde wie die Religion als ein rein zweckrationales Erzeugnis eines praktisch-berechnenden und darüber hinaus bewusst betrügerischen Verhaltens erklären wollte, steht in vollem Widerspruch zur subtilen Ideologietheorie von Karl Marx, in der die Beziehung zwischen dem gesellschaftlichen Sein und dem gesellschaftlichen Bewusstsein als ein komplizierter und niemals rein rational sich vollziehender Prozess verstanden wird.

Schlagen wir in der »Einleitung zur Kritik der Hegelschen Rechtsphilosophie« nach, so finden wir eine der Sache nachgerade entgegengesetzte Formulierung. Hier erklärt nämlich Marx die Religion als ein Produkt einer komplizierten Seinslage des Menschen in seiner gesellschaftlichen Totalität, des »Volkes« selbst, das ihm keineswegs von außen aufgedrängt wurde. Da heißt es nämlich wörtlich: »Religion ist der Seufzer der bedrängten Kreatur. Sie ist das Opium des Volks.« Also »des« Volkes statt »für« das Volk – das ist ein sehr wesentlicher Unterschied. Natürlich wusste Marx, dass die Religion wie jedes geistige Gebilde von bestimmten gesellschaftlichen Mächten missbraucht werden kann. Doch diese allgemein bekannte und leicht durchschaubare Tatsache war für seine Theorie von keiner weiteren Bedeutung. Das Begreifen der Religion als einen »Seufzer der bedrängten Kreatur« stand nicht einmal gewissen theologischen Auffassungen so fern, die den Menschen als im (dialektischen) Spannungsfeld zwischen Sünde und Erlösung stehend verstanden, nur dass für Marx »die bedrängte Kreatur« die Kreatur der Klassengesellschaft ist und in der neuen Situation künftiger Ordnung (ungeachtet einer heute nicht voraussehbaren Problematik, die es für den Menschen immer geben wird) dieses religiösen Seufzers, der sich hoffend dem Überirdischen zuwendet, nicht mehr bedürfen wird.

Gerade in Berücksichtigung der marxschen Ansicht über die Funktion des Religiösen in der Klassengesellschaft (und natürlich auch in der noch klassenlosen, aber die Bedrohungen des menschlichen Lebens in anderer Form erfahrenden Urgesellschaft) stellt sich die Frage, woher denn eigentlich der zu beachtende breite Strom irreligiösen oder nur noch traditionell und interessenmäßig bestimmten scheinreligiösen Denkens in unserer Zeit kommt. Darüber ließe sich viel sagen. Für unseren Zusammenhang genügt es auf drei zusammenwirkende Faktoren hinzuweisen: die *Rationalisierung* des modernen Bewusstseins und die damit zusammenhängende Vernaturwissenschaftlichung des heute anerkannten Weltbildes; die durch die kapitalistische Lebensform, Erziehung und die Bedürfnisse der kapitalistischen Ökonomie veranlasste *Vermaterialisierung* des Menschen; und schließlich das *Versagen der Kirche* in der sozialen Frage. Während in früheren Epochen die soziale Unzufriedenheit mit der Haltung der Kirche sich in einer Transformation des religiösen Bewusstseins selbst äußerte (z. B. in der großen ketzerischen Sektenbewegung), nimmt es im Zusammenhang mit Rationalismus und Vermaterialisierung in den am meisten enttäuschten Schichten unserer Gesellschaft, besonders in der Arbeiterschaft, nicht selten die Gestalt der völligen Gleichgültigkeit gegen die Religion an, wenn auch verhältnismäßig selten der bewussten Opposition. Diese bezeichnende Zwischenstellung, dieses Schwanken zwischen Gleichgültigkeit und Opposition, gibt sehr oft der Kritik die ideologisch unbestimmte Gestalt des passiven Hinnehmens des Christentums als eines traditionellen Faktums bei gleichzeitiger Angriffslust auf die Kirche, der vorgeworfen wird, dass sie den arbeitenden Menschen in seiner Bedrängnis verlasse und das religiöse Bewusstsein gegen ihn auszuspielen versuche.

In tiefer Sorge über diese Haltung der Arbeitenden haben zahlreiche Kommissionen der beiden großen christlichen Kirchen sich mit der Frage des Arbeiters beschäftigt, haben zahlreiche Theologen die Kirche zu einer grundlegenden Änderung ihrer Auffassung und Haltung aufgefordert, und nicht wenige unter ihnen haben sogar aus der Not ihres Herzens den Weg zu Marx gefunden, dem sie ihr *modernes* Verständnis des Menschen verdanken.

In Frankreich war es die katholische Kirche, die Arbeiterpriester in die Betriebe entsandte mit dem Auftrag, zu lernen und zu wirken. Hier lernten sie aber mehr, als den Auftraggebern lieb war. Was der marxistischen Lehre längst bekannt ist, wurde ihnen aus der Sicht der Praxis zur Offenbarung. Sie erkannten, im Gegensatz zu vielen Vulgärsozialisten, dass jene platt materialistische und kapitalistische Urteilsweise, die das Sein des Proletariers oder angeblichen Nichtmehr-Proletariers an der Lohnhöhe, dem Motorrad und der Zahl der geleerten Biergläser misst, nichts, aber wirklich gar nichts von dem begreift, was das Wesen des arbeitenden Menschen ausmacht.[1] Relativ unabhängig davon, ob es sich um die noch großen, sozial unbefriedigten oder die besser bezahlten Schichten handelt, beobachten die Arbeiterpriester ein tief verwurzeltes *Gefühl des Unbehagens*, das oft ins Unbewusste verdrängt wird, doch stets bei günstiger Gelegenheit ausbricht und in spontanen Aktionen des Streiks, der Wahl radikaler Betriebsräte und Parteien, aber auch der individuellen Renitenz, im Alkoholismus und der Verzweiflungstat Befriedigung sucht. Zuerst war den nicht genügend vorbereiteten Arbeiterpriestern diese Verhaltensweise der Arbeiter ein Rätsel. Doch bald merkten sie, als sie die Wirkung des Arbeiterlebens in seiner Eintönigkeit, Vereinseitigung, Härte und Gebundenheit an die seelenzerstörende Atmosphäre des Arbeitsplatzes, des Arbeiterviertels und der Vergnügungsstätten an sich selbst erfuhren, dass der Kapitalismus den arbeitenden Menschen zur *menschlichen Inferiorität* verurteilt und ihn niemals daraus entlässt. Dieser Zustand der menschlichen und gesellschaftlichen Inferiorität, dieser ununterbrochene Raubbau an den körperlichen, seelischen, nervlichen und geistigen Kräften, dieses aussichtslose Hinabgeworfensein in das düstere Dasein des zum unmenschlichen Verzicht auf alles wirklich Menschliche herabgewürdigten Roboters beeindruckte die Arbeiterpriester auf das Tiefste. Einer von ihnen soll gesagt haben, auf jedem Tore zu einer Kohlengrube, einer Fabrik oder einem Bahnhofsgebäude sollte Dantes Inschrift am Eingang der Hölle stehen: »Ihr, die ihr hier eintretet, lasset alle Hoffnung fahren!«

Es ist nur zu verständlich, dass die Arbeiterpriester ihre neuen Erfahrungen und Erkenntnisse mit ihren religiösen Vorstellungen verknüpften. Bei der Lektüre der Dokumente, die über die Tätigkeit und die Meinungen der Arbeiterpriester vorliegen (herausgegeben von Ludwig Zimmerer, Düsseldorf, Kruppstr. 18), erschütterte mich am meisten und beschäftigte mich tagelang die Feststellung eines Arbeiterpriesters, dass der Arbeiter von heute die Passion Christi täglich durchmache: »Wir leben die Passion Christi zusammen mit unseren Arbeitsbrüdern. Sie selbst wissen nicht, dass sie diese Passion leben in dem Maße, als sie in der Tiefe ihres Gewissens vorwärtsstreben; sie wissen nicht, dass sie ihren Ostern entgegengehen.«

Der sozial, gesellschaftlich und menschlich pauperisierte Arbeitsmensch unserer Zeit drückt seinen »Seufzer der bedrängten Kreatur« in der vielleicht zeitweilig verschütteten oder missleiteten, aber niemals versiegenden Sehnsucht nach Erlösung aus. Das haben die französischen Arbeiterpriester wohl erkannt und ihre Kirche gewarnt vor dem todbringenden Irrtum, die Arbeiter strebten nur nach »irdischem Wohlergehen«. Der Schein, als ob sie sich tatsächlich so verhielten, resultiert aus jenem

1 Vgl. meinen Beitrag »Armseligkeit und Entmaterialisierung« in der Anderen Zeitung, 20. Oktober 1955.

Zustande der Enttäuschung und der Resignation, der nicht zuletzt von der Kirche selbst verschuldet ist. Was hat die Kirche zum Beispiel aus der in wohlverstandenem Sinne großartigen Lehre des Hineingestelltseins des Menschen in das dialektische Spannungsfeld zwischen Sünde und Erlösung gemacht? Sie hat die Befangenheit im Sündenzustand (der Anthropologe würde sagen: im Zustand der vom Leben aufgegebenen Notwendigkeiten der Qual und des Opfers, z. B. in der Arbeit) zu einem Mittel der Rechtfertigung der irdischen Ungerechtigkeiten degradiert und die Erlösung in sinnentleertem Gegensatz dazu zu einem rein jenseitigen Postulat hypostasiert. Die Überbetonung des Sündenzustandes gegenüber dem Streben des Menschen nach schrittweiser Erlösung im Bereiche des irdischen Lebens (möge diese Erlösung selbst sich für das religiöse Bewusstsein begrifflich und seinem letzten Sinn nach aus dem Transzendenten ergeben) hat mitgeholfen, ihm die Hoffnung zu nehmen. Wo die Hoffnung aber wie beim Arbeiter zum Element seines Lebens gehört, weil sie hier im extremsten Verzicht, in der extremsten Selbstentfremdung wurzelt, da gibt es für das zeitweilige Erlöschen oder Zurückgedrängtsein dieser Hoffnung auf »Erlösung« keinen Ersatz. Das Surrogat wirkt schal und fordert zum Hohn heraus. Wen wundert es da, wenn die Arbeiter nur noch selten in die Kirche gehen?

Es ist das Verdienst der Arbeiterpriester, diese dem Sozialismus längst bekannten Zusammenhänge in der Erfahrung ihres Arbeiterlebens erkannt und bestätigt zu haben. So sagen sie zum Beispiel: »Das Mysterium der Armut steht im Mittelpunkt unseres Evangeliums. Wie kommt es, dass wir es heute nicht mehr ohne Hemmung wagen, uns darauf zu berufen, und befürchten müssen, dass das christliche Vokabular als ein scheinheiliges Alibi oder als eine Beleidigung von denen angeprangert wird, die für uns die Armen bleiben, aber diesen Namen nicht mehr führen wollen?« Gegenüber dieser Haltung einer »Christenheit ohne Christentum«, geben die Arbeiterpriester zur Antwort, »haben sich die Armen erhoben und fordern ihre Menschenehre, ihre volle Würde, entschlossen sich, da es nicht anders geht, die politische Macht zu sichern«. Und mit einem Weitblick, der nur in Erstaunen versetzen kann, heißt es dann: »Diese Ablehnung der Armut, dieser Wille, das Geschick der Menschheit auf sich zu nehmen und es auf die Grenzen des Irdischen zu beschränken, bringen einen De-facto-Atheismus mit sich, dem man seine historische und menschliche Rechtfertigung nicht absprechen kann (...). Die Welt der Armen ist nicht mehr nur eine Welt von Opfern, denen man Hilfe bringen muss; sie hat Verteidigungsstellung eingenommen und beabsichtigt, auf eigene Faust den Aufstieg durchzusetzen, den man ihr versagt.«

Am klarsten wird die Sicht der Arbeiterpriester da, wo sie erkennen, dass es der Arbeiterbewegung nicht allein um das materielle Wohlbefinden geht, sondern um die Totalität des Menschen, um seine Selbstverwirklichung: »Organisiert, fest zusammengeschlossen, strebt sie nicht, wie ein Kardinal es zu sagen wagt, nach ›irdischem Wohlergehen‹, sondern nach der einem jeden zuzubilligenden Anerkennung seiner Eigenschaften als Mensch.« Die Arbeiterpriester reichen dem Sozialismus die Hand.

Erstveröffentlichung (unter dem Titel »Arbeiterpriester und Sozialismus«) in: Die Andere Zeitung, 9. Februar 1956. Eine spätere, redaktionell überarbeitete Fassung findet sich (unter dem Titel »Das Problem des Arbeiters und die Arbeiterpriester«) in: WISO. Korrespondenz für Wirtschafts- und Sozialwissenschaften, 1. September 1957.

Ist der Marxismus ein System?

ES IST OFT SCHON VOR dem »System« gewarnt worden, weil es zumeist den Anspruch erhebt, die letzte Wahrheit zu bieten, über die nicht mehr hinausgegangen werden kann.[1] Aber einer solchen Proklamierung einer letzten Wahrheit haben sich eigentlich nicht viele Systeme schuldig gemacht – Hegel ist ein Extrem. Nichtsdestoweniger hat die Warnung vor der Dogmatisierung der Erkenntnis zum endgültig geschlossenen System ihren guten Grund: einen positiven und einen negativen. Der positive Grund meint das Offenbleiben für das schöpferische Fortführen der Erkenntnis, der negative wurzelt im irrationalistisch und relativistisch gewandelten bürgerlichen Bewusstsein. Indem dort vor dem »System« gewarnt wird, wird in Wahrheit vor dem »rationalistischen Irrglauben« an die Möglichkeit einer objektiven Wahrheitserkenntnis gewarnt. Irrationalismus und Mystik, intuitives »Verstehen« und »Gefühl« sollen sich gedanklich der Welt bemächtigen, aber ohne Aussicht auf irgendeine wissenschaftliche Endgültigkeit. Die Relativität aller Wahrheit entpflichtet von aller Verantwortung vor dem menschlichen Sein, das versubjektiviert und verinnerlicht wird, womit sich dieses Sein selbst gedanklich auflöst und seinerseits völlig irrational wird. Die dekadent-bürgerliche Warnung vor dem System meint die Warnung vor der objektiven Erkenntnis.

Wenn ein Marxist von System spricht, meint er etwas anderes. Die »Systemwut« ist ihm kein Schrecken, denn je systematischer ein Gedanke abgeleitet und begriffen ist, je rationeller er durchleuchtet wird, desto besser. (Um Missverständnisse zu vermeiden: Die dialektische Rationalität ist etwas sehr anderes, ja entgegengesetztes als die bürgerlich-undialektische oder undialektisch-»verstandesmäßige« Rationalität.) Unter System versteht der sich wissenschaftlicher Verantwortung bewusste Marxist nichts anderes als die gedanklich fortschreitende Ableitung zu einem geordneten Ganzen aus bestimmten, ihrerseits als richtig nachgewiesenen Prämissen. Im historischen Materialismus sind solche Prämissen die Begabtheit des Menschen mit Bewusstsein, die Tätigkeit/Arbeit als Grundvoraussetzung des menschlich-gesellschaftlichen Seins, dass

1 [Leo Kofler antwortet hier auf zwei kritische Leserbriefe zu seinen Artikeln, die *Die Andere Zeitung* am 16. Februar und 1. März 1956 veröffentlicht hatte.]

»die Wurzel für den Menschen der Mensch selbst ist« usw. Alle diese Prämissen sind ihrer Natur nach, wie alle echten Prämissen, sehr einfach und unkompliziert. Entscheidend für ein »System« bleibt, welche Prämissen man aus der gegebenen Vielfalt auswählt, als geltend nachweist und welche Schlüsse man im immer komplizierter werdenden Fortgang der Ableitung aus ihnen zieht. Wir wissen, dass aus der Tatsache der Bewusstseinsbegabtheit des Menschen bürgerliche Autoren genau entgegengesetzte Schlüsse gezogen haben wie Marx.

Wenn nun Ihnen, lieber Arnold Prigge, das Wort System zu belastet erscheint, darauf soll es nicht ankommen, dann können wir einfach von der systematischen Ordnung und Untersuchung der marxistischen Lehre sprechen. Gerade eine solche wirklich systematische Untersuchung haben die von mir genannten Autoren von Mehring bis Stalin tatsächlich nicht geliefert. Dabei hatten sie durchaus in Marx selbst ein Beispiel, vor allem in seinem Werk »Das Kapital«, das sehr wohl eine streng systematische, das heißt die Lehrsätze scharf auseinander ableitende Untersuchung darstellt. Die Bejahung der Notwendigkeit einer möglichst streng systematischen Darstellung wissenschaftlicher Theorien schließt keinesfalls, wie Sie zu unterstellen scheinen, ihre Erstarrung und Dogmatisierung ein. Im Gegenteil: In der traditionellen, mehr oder weniger unsystematisch das vorhandene Gedankengut immer nur beschreibend-darstellenden Form ergab sich sogar mit einer gewissen Zwangsläufigkeit die Tendenz, die Ansprüche von Marx und Engels zu sammeln, nach mehr oder weniger äußerlichen Gesichtspunkten »logisch« zusammenzustellen und möglichst haargetreu wiederzukäuen. Wer abwich, verstieß gegen den Geist, wobei noch gar nicht entschieden war, wer wem mit Recht den Vorwurf des Abweichens machte, weil es der systematischen Beweise ermangelte. Was als einziger Maßstab verblieb, war der Wortlaut, die »Bibel«, auch wenn man sie, eben in Ermangelung einer systematischen Ableitung der zur Diskussion stehenden Ideen, nicht verstand.

Erst wenn man sich entschließt, in autonomer Denkarbeit (die eine strenge Betrachtung dessen, was Marx und Engels selbst zur Verfügung gestellt haben, nicht ausschließt, sondern einschließt) das theoretische Lehrgebäude stets von Neuem und immer gründlicher von Anfang an, das heißt aus den anerkannten und überprüften Prämissen abzuleiten, erst wenn man somit darauf verzichtet, Lehrmeinungen in der überlieferten Form einfach hinzunehmen und blind abzuschreiben, erst dann wirft die Theorie das dogmatische Kleid ab, gerät sie in Fluss, wird sie zu einem lebendigen Gebilde, das leitet, widerlegt, überzeugt und diskutiert, erst dann bewährt sie sich im lebendigen Raume des geistigen Kampfes, erst dann gestaltet sie sich schöpferisch.

Das bedeutet nicht, dass deshalb die ursprünglichen Ansichten aufgegeben werden müssen zugunsten neuer. Das kann natürlich passieren.

Aber dies scheint mir im Großen und Ganzen gerade im Hinblick auf das von Marx und Engels Geleistete innerhalb des Marxismus ausgeschlossen. Das Schöpferische besteht nun darin, dass im Laufe der Bemühungen um eine streng systematische Ableitung, die allein erst das Verständnis jedes einzelnen Moments der Theorie wirklich möglich macht (ohne Verständnis die zur Phrase wird), neue Seiten und neue Tiefen, die bis dahin verborgen geblieben sind, zutage treten und ihrerseits alle übrigen Seiten des »Systems« erhellen. Ja noch mehr als das: Es ist durchaus möglich, dass diese neuen Einsichten zwar in der Denkweise der Meister angelegt waren, von ihnen selbst jedoch noch gar nicht in ihrer wahren Bedeutung erkannt wurden oder vielleicht sogar überhaupt nicht in ihren Gesichtskreis getreten sind, hauptsächlich eben deshalb, weil sie keine Zeit fanden, die infrage stehende Theorie umfassend systematisch darzustellen. Sie sehen also, lieber Arnold Prigge, dass meine Forderung, bestimmte Ansichten des Marxismus systematisch darzustellen, gerade der Forderung des marxistischen Schöpfertums entspricht und nicht widerspricht. (Darf ich Sie in aller Unbescheidenheit auf meine beiden Bücher »Die Wissenschaft von der Gesellschaft«, Francke-Verlag Bern, und »Geschichte und Dialektik«, Kogge-Verlag Hamburg, aufmerksam machen, damit Sie sich einen Begriff davon bilden können, was ich konkret, das heißt im Gegensatz zu älteren Schriften, über den historischen Materialismus meine?)

Ganz ebenso steht es mit der von Ihnen dankenswerterweise angeschnittenen Frage der Beziehung von marxistischer Theorie und Praxis. Ich befürchte stark, dass in der Geschichte der KPdSU gerade nicht eben Beweglichkeit und Geschicklichkeit geherrscht haben, wie Sie meinen. Natürlich ist es in diesem Rahmen unmöglich, ausführlich auf diesen Punkt einzugehen. Sie beziehen sich auf die Vergangenheit, sprechen wir daher von der Zeit bis zum Tode Stalins. Gewiss kann man nicht für alles, ja nicht einmal primär die Theorie verantwortlich machen: Der Gründe gab es viele, und vornehmlich blieben solche wirksam, die der gesellschaftlichen Praxis entstammten. Aber zweifellos hat der in der Kommunistischen Partei herrschende theoretische Dogmatismus den starren Dogmatismus der Praxis gefördert.

Worin bestand er? Er bestand darin, dass man in vollkommener Erstarrung in einer mechanisch-bürokratischen Handhabung aller Fragen des gesellschaftlichen, geistigen und politischen Lebens in Russland und der Bruderparteien im Auslande im Falle des unvermeidlichen Versagens seine Zuflucht zu ständig sich ändernden taktischen Winkelzügen und Mätzchen nahm. Anstatt durch Ausbildung der inneren Demokratie, durch rechtzeitigen Abbau des Terrors usw. jenen Einfluss auf die arbeitenden Massen und fortschrittlichen Intellektuellen der Welt zu gewinnen, der allein in der Lage ist, den Sozialismus als überlegenes System plausibel zu machen, wollte man einerseits alle bürokratischen Dummheiten beibehalten, andererseits durch »Taktik« die Weltgeschichte beschwindeln. Die äußerliche Labilität hatte nicht zuletzt auch die Aufgabe, die starre Stabilität des stalinistischen Bürokratismus zu vertuschen. Der 20. Kongress der KPdSU [Februar 1956] hat dies mehr oder weniger offen zugegeben. Ich hoffe, dass dieses Eingeständnis wiederum nicht bloße Taktik ist, sondern den längst fälligen Prozess einer ernstlichen Demokratisierung einleitet. Erst wenn dies geschieht, haben wir Aussicht, auch im Westen den Sozialismus auf eine breitere Grundlage, als dies bisher möglich war, zu stellen. Die theoretische Erstarrung war in der Vergangenheit Ausdruck dieser bürokratischen Erstarrung. Einmal vorhanden, hat diese Theorie geholfen, die unsozialistische Mechanik des Bürokratismus zu festigen. Die niemals bis ins Letzte systematisch durchdachte, niemals bis zu den letzten humanistischen Wurzeln hinabdringende und deshalb auch niemals die humanistischen Folgerungen ernst nehmende, sondern stets nur mechanisch rezipierte Theorie bildete ein wirksames Bollwerk des Bürokratismus. Deshalb wurde jeder rücksichtslos verfolgt, der den Versuch unternahm, die marxistische Theorie neu zu durchdenken, zu verlebendigen und ihr dort den Rang eines systematischen Gebildes zu verleihen, wo dies noch nicht zureichend der Fall war. Ein schöpferisches »System« ist aber auf jeden Fall besser als dogmatische Systemlosigkeit.

Erstveröffentlichung in: Die Andere Zeitung, 15. März 1956 (leicht gekürzt).

Das Experiment des perfekten Kapitalismus

ES GIBT EINIGE LÄNDER mit einem relativ gut funktionierenden oder, wie Apologeten der bürgerlichen Ordnung gelegentlich sagen, mit einem mehr oder weniger perfekten Kapitalismus. Nicht nur wird gerne auf die USA hingewiesen, sondern vor allem ziehen kleinere, abgerundetere, durch einen langen Frieden vor anderen bevorzugte Länder, wie zum Beispiel die Schweiz und Schweden, die Aufmerksamkeit auf sich. Letztere sind kleinen Präzisionswerken vergleichbar, die zwar sehr empfindlich sind, aber im Großen und Ganzen reibungslos funktionieren. Es ist offensichtlich, dass sie ihre Vorzugsstellung einem besonderen, durch glückliche historische Umstände und durch geschickte Ausnützung dieser Umstände errungenen Vorsprung auf dem internationalen Markte zu verdanken haben.

Betrachten wir die Schweiz etwas näher, das nach dieser Richtung interessanteste unter den erwähnten Länder, so bemerken wir, dass hier mehrere glückliche Umstände zusammengewirkt haben: die frühzeitige Entwicklung einer den teuren Transportwegen der Berggegend angepassten und sich der Konkurrenz auf den ausländischen Märkten als weit überlegen erweisenden Feinindustrie; die lange Friedenszeit, die das Vertrauen des Auslands steigerte und fremde Kapitalien in größtem Maße in das Land zog (internationaler Kundendienst der Banken, Versicherungsgesellschaften usw.); die erstaunlich großen Investitionen in anderen Ländern, was nichts anderes bedeutet als die Ausnützung fremder Arbeitskraft und die Ansammlung der auf diese Weise gewonnenen Profite im eigenen Lande (nicht ohne Grund bezeichnet man die Schweiz als »Kolonialland ohne Kolonien«); die durch die Extraprofite ermöglichte großartige Technisierung und Rationalisierung, die den Vorsprung vor dem Auslande noch vergrößern; die ebenfalls mithilfe dieser Extraprofite hervorragend ausgebildete Facharbeiterschicht; und schließlich ist noch zu erwähnen die grenzenlose Auspressung der Arbeitskraft der arbeitenden Klassen (in keinem Lande wird so schwer gearbeitet wie in der Schweiz), welcher Umstand einigermaßen verdeckt wird durch die Tatsache, dass die Arbeitenden, besonders die relativ breite Schicht der Arbeiteraristokraten, teilhaben an den Extraprofiten, wodurch der relative Wohlstand ihnen das Bewusstsein gibt, dass die dargebrachten Opfer ihren guten Sinn haben.

Der Unterschied zwischen der Schweiz und Schweden ist unter anderem der, dass dort eine sozialdemokratische Regierung darauf bedacht ist, die Errungenschaften der *bürgerlichen* Demokratie nicht nur zu sichern, sondern auch fortzuführen und auszubauen. Man denke etwa an die im Vergleich zu anderen Ländern gesteigerte Einflussnahme der schwedischen Gewerkschaften auf alle Fragen des Landes und die wenn auch nicht restlos beseitigte, so doch weitaus stärker als anderswo gelockerte Beeinflussung und Lenkung der Presse seitens kapitalistischer Interessen- und Machtgruppen, die es auch in Schweden gibt. Es darf hierbei nicht übersehen werden, dass Schweden trotz seiner »sozialistischen« Regierung keinerlei grundlegende Veränderungen seiner gesellschaftlichen Struktur erfahren hat und deshalb ein in jeder Hinsicht *kapitalistisches* Land geblieben ist.

Das Studium der bezeichneten drei hochkapitalistischen, in ihrer ökonomischen Stellung bevorzugten und an der Spitze marschierenden Länder erscheint uns deshalb besonders interessant, weil sich an ihnen die Frage eingehend studieren lässt, wie sich im Kapitalismus die menschliche Situation des Menschen, seine spezifisch menschlichen Probleme gestalten unter der Voraussetzung, dass seine ökonomischen Probleme (wenigstens im Vergleich zu anderen Ländern) einer relativen Lösung zugeführt sind, das heißt ein relativ hoher Grad der Bedürfnisbefriedigung und der wirtschaftlichen Sättigung erreicht ist. Diese Frage ist veranlasst durch die vielen »rätselhaft« erscheinende Tatsache, dass ebendiese Länder geradezu in Konkurrenz miteinander stehen, was ihre Weltrekorde an Ehescheidungen, Selbstmorden und Geisteskranken, aber ebenso die Ausbreitung des Alkoholismus, der Rauschgiftsucht und der Prostitution betrifft. Die neueste Meldung dieser Art beschäftigt sich mit der erschreckenden Zunahme der polizeilich registrierten (also nicht aller) Rauschgiftsüchtigen in den USA. Mit einer Höchstzahl unter allen Ländern des Westens sind heute in den USA 60 000 registriert. 1945 entfiel eine rauschgiftsüchtige Person auf 10 000 Einwohner. Es ist hierbei zu beachten, dass in dieser Zahl alle Säuglinge und Kinder mitgezählt sind, das heißt die Zahl der Erwachsenen, die für den Genuss von Rauschgift hauptsächlich infrage kommen, auf etwa die Hälfte der Gesamtzahl angesetzt werden muss. Sagt also die Statistik weiter, dass es 1956 nur noch 3000 Personen sind, auf die ein Rauschgiftsüchtiger kommt, was eine Verdreifachung in zehn Jahren bedeutet, so muss in Wahrheit das Verhältnis 1 zu 1500, bestenfalls 1 zu 2000 angenommen werden. Besonders bedenklich ist, dass 13 Prozent aller registrierten Personen unter 21 Jahre alt sind. Überhaupt greift die Entartung auf die Jugend über, was besonders in dem bekannten Problem der Halbstarken sichtbar wird.

Alle diese Erscheinungen sind veranlasst durch eine tiefer liegende Ursache, nämlich durch ein vornehmlich im Bereiche des individuellen Lebens sich äußerndes und quälendes *Missbehagen*, das natürlich seinerseits noch erklärt werden muss. Die Schweizer bezeichnen dieses allgemeine und von ihnen offen eingestandene Gefühl des Missbehagens als »Malaise«. Über die eigentlichen und letzten Gründe dieser seelischen und geistigen Pest zerbrechen sie sich seit Langem vergeblich den Kopf. Besonders seit Kriegsende entwickelte sich eine breit angelegte, fast die gesamte Presse durchziehende öffentliche Diskussion, an der sich zahlreiche angesehene Persönlichkeiten des wissenschaftlichen, religiösen und politischen Lebens beteiligten. Die unmittelbare Veranlassung gab eine Erklärung der ersten englischen Lehrerdelegation, die die Schweiz nach dem Kriege wieder besuchte. Diese Erklärung ging dahin, dass der Schweizer auf den Ausländer den Eindruck eines hyperindividualisierten, egozentrischen und alles weniger als glücklichen Menschen mache. Trotz mancherlei geistvoller Analysen war das Resultat der Diskussion kläglich, womit wieder einmal bewiesen ist, dass die gesellschaftlich bedingte Befangenheit im ideologischen Oberflächenschein keine Wahrheitserkenntnis zulässt, besonders nicht, wenn diese geeignet ist, die Fundamente der kapitalistischen Klassengesellschaft in das Licht der Kritik zu ziehen.

Die beliebteste Erklärung für das weitverbreitete und tief sitzende Missbehagen mit allen seinen Folgen der menschlichen Unzulänglichkeiten in den ökonomisch bevorzugten Ländern geht dahin, dass die Menschen zu fett und zu sorglos leben, ihnen daher der Stachel zu ernster Besinnung fehle und sie daher allzu leicht »auf dumme Gedanken« kämen. Doch ist diese Erklärung unhaltbar. Seit jeher waren Wohlhabenheit und Sattheit die Voraussetzung für die Entwicklung der Kultur und der Individualität ihrer Träger. Seit jeher waren es die herrschenden und satten Klassen, aus denen sich überwiegend die Heroen des Geistes, der Kultur und des Ethos rekrutierten, und in Zeiten des Aufstiegs und der Blüte nahmen die Angehörigen der wohlhabenden Klassen in ihrer Masse geistig und menschlich an dem Hochstand ihrer Klasse teil. Die klassischen Beispiele sind die griechische Antike und die Zeit der Renaissance, über deren Bürgertum sich Engels anerkennend äußerte. Nicht zufällig gibt es zum Beispiel unter den Religions-, Ordens- und Sektenstiftern zahlreiche Söhne reicher Kaufleute (hier sei nur verwiesen auf Buddha, Mohammed, Augustinus, Petrus Waldus, Dominikus, Franziskus, Ignatius von Loyola). Das »Fett«, dass die herrschenden den arbeitenden Klassen abnahmen, gab ihnen die Freiheit, sich ungebunden zu betätigen und ihre Persönlichkeitswerte zu entwickeln. Haben auch die herrschenden Klassen aller gesellschaftlichen Epochen ihre Zeiten der Dekadenz und der Verkommenheit gehabt und waren auch in den

Augenblicken des Hochstandes nicht alle ihre Angehörigen gleichermaßen Exponenten dieses Hochstandes, so ist doch die kurzschlüssige Behauptung, Sattheit sei an sich lebenshemmend und erzeuge notwendig Missbehagen, eine voreilige Folgerung. Alles kommt auf die konkreten gesellschaftlichen Bedingungen an, die allein darüber entscheiden, wohin das ökonomische Wohlbefinden ausschlägt.

Überprüfen wir diese Bedingungen in den Ländern des höchstentwickelten Kapitalismus, so erweist es sich zunächst, dass eine durchschnittliche oder (bei bestimmten Schichten) weitgehende Verbesserung des Einkommens nicht, wie zu erwarten, spontan das Individuum veranlasst, die nunmehr zur Verfügung stehenden reichhaltigeren materiellen Mittel in den Dienst einer sinnvollen Lebensgestaltung und hochwertigen Betätigung in der Freizeit zu stellen, sondern eher das Gegenteil zutrifft. Dafür lassen sich weder psychologische noch anthropologische noch sonstige außergesellschaftliche Gründe anführen. Eindeutig entscheidend bleiben für dieses merkwürdige und »verkehrte« Verhältnis zwischen ökonomischem Besserbefinden und individuellem Missbehagen solche Momente, die sich organisch aus dem individuell ausweglosen Unterworfensein der Menschen unter die spezifischen Lebensnormen des Kapitalismus ergeben. Nur wenn wir von diesen Normen, denen letztlich niemand entfliehen kann, ausgehen, wird verständlich, weshalb in der hochkapitalistischen Gesellschaft die Verfügbarkeit über größere materielle Mittel und die damit verbundene grundsätzliche Möglichkeit einer vermehrten individuellen Bewegungsfreiheit durchschnittlich mit Notwendigkeit in eine noch größere Fessel umzuschlagen pflegt und das Individuum in eine noch trostlosere Situation drängt.

Betrachten wir die wichtigsten dieser Momente in der erforderlichen Reihenfolge, obgleich sie in der Realität einander durchdringen und in ihrer Gesamtheit ein kompliziertes Gebilde der Verquickung von materiellen, sozialen, seelischen und geistigen Elementen darstellen.

Es besteht kein Zweifel, dass an die Spitze dieser Betrachtung die *extreme Individualisierung* des gesellschaftlichen Kontakts zu stellen ist. Dass diese extreme Individualisierung, ja Pulverisierung unter der Bedingung der kapitalistischen Eigentums- und Klassenverhältnisse, die unter der Parole der »freien Konkurrenz« den bestialischen Kampf aller gegen alle zur Folge haben, unvermeidlich in eine ebenso extreme Entindividualisierung und Vermassung umschlagen muss, kann hier im Einzelnen nicht dargestellt werden.[1]

Dieser interessante und für das Verständnis der menschlichen Situation im Kapitalismus grundlegende Zusammenhang von Verwandlung

1 Ich habe diesen Punkt in meiner Schrift »Marxistischer oder ethischer Sozialismus?« (Bovenden 1955) ausführlich besprochen [weitgehend übernommen in Leo Kofler: Der proletarische Bürger. Marxistischer oder ethischer Sozialismus?, Wien 1964].

der Individuen in seelisch und geistig isolierte, egozentrische Teilchen und ihrer gleichzeitigen Unterwerfung unter einen die individuelle Entfaltung behindernden Prozess der Vermassung, erhält einen verschärften Akzent durch die ebenso extreme Vermaterialisierung, die ihrerseits hauptsächlich aus zwei Wurzeln gespeist wird. Erstens aus dem Zwang des Einzelnen, in den Mittelpunkt seines Strebens die im Kapitalismus stets bedrohte materielle Lebenssicherung zu stellen, der gegenüber die übrigen Interessen sekundär, oft sogar als nichtig erscheinen. Die zweite Wurzel sind die Konkurrenz-, Produktivitäts- und Absatzbedürfnisse der kapitalistischen Ökonomie, die sich genötigt sieht, mithilfe aller zur Verfügung stehenden Beeinflussungsmittel sich das Individuum bis in die seelische Sphäre hinein zu unterwerfen und es glauben zu machen, dass sein Glück und sein Wohlbefinden ausschließlich von der steigenden Befriedigung der an sich unbegrenzten materiellen Bedürfnisse abhängen. Der naturgemäße Drang nach Befriedigung der materiellen Bedürfnisse schlägt unter der Bedingung der egoistischen Vermaterialisierung des Einzelnen in die unstillbare Sucht um, der auf das Materielle ausgerichteten Seite in der menschlichen Existenz alles zu unterwerfen. Alle übrigen Regungen und Bedürfnisse werden überdeckt oder verdrängt, und es setzt sich eine Lebensauffassung durch, die die endlose Jagd nach materiellen Gütern zum beherrschenden Moment erhebt. Eine solche Lebensauffassung deutet bewusstseinsmäßig den für das einzelne Individuum bei Strafe des Untergangs bestehenden Zwang zur Unterwerfung unter das vermaterialisierte Massendasein als Freiwilligkeit und macht so die Entmenschlichung vollkommen.

In die Tretmühle des kapitalistischen Massendaseins eingespannt, bleibt dem einzelnen Individuum in seiner großen Zahl (beim Intellektuellen variiert die Sachlage etwas, aber nicht wesentlich) bestenfalls nur die Möglichkeit, sich noch mehr auf sein Ich, seine Isolierung zurückzuziehen und so zu versuchen, sich individuell über die »Masse« zu erheben. Möge ein solcher Versuch mit den Mitteln der Steigerung der materiellen »Behaglichkeit« oder mit jenen der Kultivierung und »Verfeinerung des subjektiven Innenlebens« vorgenommen werden (meist geht beides zusammen), die Folge ist selbstverständlich eine noch größere Verengung des Umkreises echten menschlichen Sichauslebens, echten Betätigens und echter Entfaltung der Persönlichkeit bis zu jener Höhe, auf welcher man »das Bewusstsein seiner selbst gewinnt« und jenen exklusiven Raum menschlichen Seins betritt, in welchem allein der Mensch als Mensch frei zu atmen vermag, und zu wahrer, auch innerer Freiheit gelangt und das gesuchte Glück findet. Die Folge ist eine noch größere Vereinsamung und Verzweiflung.

Das Vermögen zur tätigen und erfüllten Geselligkeit bildet ein zentrales und tragendes Moment dessen, was wirklich menschliches (und nicht deformiertes) Leben ist, und der unglückliche Zustand des Menschen setzt am ehesten da an, wo der Mensch glaubt, der Gemeinschaft und all dem, was sie aufgibt, den Rücken kehren zu müssen. Der Widerspruch des unglücklichen Zustandes wird immer offenbarer: Je mehr das der kapitalistischen Lebensform wehrlos ausgelieferte hyperindividualisierte Individuum die Überzeugung gewinnt, dass es sein Glück nur in sich selbst finden kann und bestrebt ist, sich auf sich selbst zurückzuziehen, je mehr es glaubt, in sich selbst jenen Ruhepunkt zu finden, den es in der menschenfeindlichen Atmosphäre des Kampfes aller gegen alle nicht zu finden vermag, desto mehr verliert es sich, desto mehr entfremdet es sich seinen eigentlichen Bedürfnissen. Diesen wird es sich allerdings niemals voll bewusst wird, weil man ihm im kapitalistischen Kulturbetrieb das Bewusstsein davon raubt. Auch der Kulturbetrieb zeigt zudem seine besondere Dialektik. Vom geselligen Wirtshaus bis zum Karneval entpuppen sich diese Institutionen als letzte Residuen der menschlichen Gemeinschaftlichkeit, der der Mensch seiner Natur gemäß letztlich doch nicht ganz zu entfliehen vermag, wenngleich diese Gemeinschaftlichkeit unter der Bedingung der kapitalistischen Entfremdung und Entmenschlichung wiederum nur die Form einer *schlechten* Gemeinschaftlichkeit annehmen kann. Hält es der Mensch, wenigstens in seiner großen Masse, im Zustand der Isolierung nicht auf Dauer aus, so flieht er zwar in die Institute der Geselligkeit, aber indem er sie dem kapitalistischen »Kultur«betrieb überlässt, gibt er den geschilderten Tendenzen zur Vermassung und Vermaterialisierung des Menschen nur ein neues Mittel in die Hand, den Menschen menschlich nicht zu sich kommen zu lassen. Das Surrogat vergiftet noch mehr und steigert noch das Gefühl des seelischen und geistigen Alleinseins, statt es zu beheben.

Möge die Sehnsucht nach menschlicher Freiheit ihre Befriedigung im versubjektivierten Bereiche des geheiligten Ich oder im Bereiche des kulturbetrieblichen Sichauslebens der Pseudogeselligkeit suchen: In beiden Fällen, die gleichzeitig eng miteinander verschlungen sind, erweist sich die vermeintlich gewonnene Freiheit erst recht als ein Kerker. Er bleibt es, auch wenn man selbst an ihm mitbaut. Die aus der kapitalistischen Ökonomie erfließende sachliche Gewalt über den Menschen, die die proklamierte Freiheit zur Farce macht, ergreift fortschreitend alle Bereiche und Äußerungsformen des menschlichen Lebens, das sich unterwirft, weil die bürgerliche Freiheit zum sichersten Mittel der Unfreiheit geworden ist. In diesem Zusammenhang erscheint ein Ausspruch von Marx besonders interessant: »In der Vorstellung sind die Individuen unter der Bourgeoisherrschaft freier als früher, weil ihnen ihre Lebensbedingungen zufällig erscheinen. In der Wirklichkeit sind sie natürlich unfreier, weil mehr unter sachliche Gewalt subsumiert.«

Diese sachliche Gewalt bleibt nicht beim Ökonomischen stehen, sondern ergreift den ganzen Menschen. Indem er sie aber nicht erkennt, weil ihr das bürgerlich formale Bewusstsein der individuellen Freiheit widerspricht, erscheint das menschliche Versagen dann als eigene Schuld und niemals als Schuld der Ordnung: Niemand hat einem etwas getan, man hat es sich selbst verdorben. Dieser Schein sichert die Gesellschaft und ihre Klassenordnung vor der Rache des unglücklichen Einzelnen, der sein Missbehagen zunächst verdrängt, um es bei Gelegenheit an anderen oder sich auszulassen. Er lässt es an der Familie durch Renitenz und Trennung aus, an sich selbst durch Rausch und Selbstmord und an der Gemeinschaft durch Verbrechen oder Flucht in den Irrsinn. Hier suche man die wahren Gründe für die Rekorde an Ehescheidungen, Selbstmorden, Rauschgiftsüchtigen und Geisteskranken in den perfekten Ländern des Kapitalismus. Die materielle Verbesserung des Lebens hebt auf dem weiterbestehenden Boden der kapitalistischen Klassenstruktur die Entmenschlichung des Menschen nicht auf, sondern gibt dem Individuum gerade erst die Möglichkeit, diese Entmenschlichung zu forcieren und zu vollenden.

Der »verworfene Materialismus« entsteht also nicht erst, wie Marx einmal zeigt, im schlechten Sozialismus, wo der »Neid« regiert und »die alte Scheiße« fortwirkt, sondern er gelangt zur höchsten Blüte in der reifsten Epoche des Kapitalismus. Der so belastete Mensch wird damit zu einem schwierigen Problem der künftigen sozialistischen Ordnung. Nur wo die Interessen des Einzelnen und die Interessen der Gemeinschaft in der Wirklichkeit und nicht nur im falschen Bewusstsein harmonisieren, nur da kann die Gesellschaft etwas wollen und tun, das das Individuum befreit und menschlich erhöht. Sich selbst kann das Individuum nicht am Schopfe aus dem Sumpf ziehen. Deshalb ist die Lösung der menschlichen Probleme im Kapitalismus nicht möglich. Diese Erkenntnis sei jenen Sozialisten eine Warnung, die wie die schwedischen meinen, mit traditionellen bürgerlich-demokratischen Methoden die soziale Frage, die nicht nur eine Magenfrage, sondern ebenso eine Menschenfrage in toto ist, einer Lösung zuführen zu können. Die USA, die Schweiz und das »sozialistische« Schweden sind die Beweise. Es ist das ein Gesetz jeglicher kapitalistischen Ordnung: Wo der Mensch materiell unbefriedigt ist, lebt er in Elend und kann menschlich nicht zu sich kommen; wo er materiell über eine bestimmte Grenze hinausgelangt, da kommt er erst recht menschlich nicht zu sich, weil er unter dem Druck der jedem Kapitalismus eigenen Lebensbedingungen die ihm zur Verfügung stehenden Mittel nur so zu gebrauchen vermag, dass seine menschliche Missbildung nicht gemildert, sondern im Gegenteil noch gesteigert wird. Er erkauft seine bessere materielle Versorgung mit einer vertieften Unbefriedigtheit seiner menschlichen Existenz.

Schon der junge Marx übte Kritik an der kleinbürgerlichen (heute sozialdemokratischen) Forderung nach einer gerechteren Verteilung der Güter. Marx nimmt scharf Stellung gegen Proudhon, der nicht versteht, dass selbst durch eine gerechtere Verteilung der materiellen Güter das Prinzip des »verworfenen Materialismus«, wie Marx die versachlichende und entmenschlichende Dynamik des Kapitalismus nennt, nicht überwunden werden kann. Es kann sich nicht darum handeln, etwa eine »ungefähre Gleichheit des Besitzes« herzustellen, was ohnehin utopisch wäre, sondern nur darum, den Menschen überhaupt von der knechtenden Wirkung des Eigentums zu befreien. Diese Befreiung kann ihrerseits nur vollzogen werden, wenn sich die Gesellschaft als Organisation freier Individuen, das heißt als demokratisch-freiheitliche Gesellschaft in den Besitz der Produktionsmittel setzt. (Entgegengesetzte Wirkungen der Vergesellschaftung der Produktionsmittel in östlichen Ländern hängen vornehmlich mit der ökonomischen und gesellschaftlichen Unentwickeltheit dieser Länder zusammen.) Man darf nicht vergessen, dass der Gedanke der gerechteren Verteilung des Eigentums ohne Änderung der strukturellen Bedingungen gar kein sozialistischer Gedanke ist, sondern ein kleinbürgerlicher, und dass ihn auch wohlmeinende bürgerliche Denker vertreten haben, so etwa, abgesehen vom 18. Jahrhundert, Carlyle, Lorenz von Stein und einige Kathedersozialisten. Kein Sozialist wird sich der Verbesserung des Einkommens im Kapitalismus verschließen, wenn er sich auch dessen bewusst bleiben wird, dass einer solchen Verbesserung nur in Ausnahmefällen ein größerer Raum zur Verfügung stehen kann. Der Gedanke aber wird ihn stets beschäftigen, dass unter den unveränderten kapitalistischen Bedingungen das Individuum sein Sinnen und Trachten nicht auf die Vermenschlichung seines Daseins richten kann, sondern nur auf die nackte Ausnutzung des vorhandenen Zustandes, nämlich der Unterworfenheit unter eine durch Privateigentum an den Produktionsmitteln, Klassenherrschaft, Arbeitsteilung und Spezialistentum entfremdete und unmenschliche Welt.

Zu den oben geschilderten Momenten der Pulverisierung, Vermassung und Vermaterialisierung kommt noch das Unterworfensein des Individuums unter die seine Persönlichkeit deformierende Wirkung der kapitalistischen Arbeitsteilung, die Degradation des Menschen zu einer mehr oder weniger mechanischen Funktion im Dienste des kapitalistischen »Realitätsprinzips« hinzu. Je stärker die Arbeitsteilung und die damit verbundene Notwendigkeit, wertvolle und echt menschliche Züge des Menschen zugunsten einer ökonomisch geforderten Funktion zu vernachlässigen oder zu unterdrücken, gestaltend in das Leben eingreift, desto weniger besitzt dieser Mensch die Fähigkeit und die Kraft, der Entfremdung kritisch zu begegnen und ihr Widerstand zu leisten.

Herbert Marcuse, der bekannte Philosoph und Soziologe, hat in geistvoller Weise gezeigt, wie die komplizierte und von bestimmten Herrschaftsinteressen durchwirkte Verflochtenheit des gesellschaftlichen

Prozesses es zustande bringt, sich den Menschen in der Weise zu unterwerfen, dass es ihn in das Bewusstsein zwängt, seinen eigenen Zielen und Interessen, seinem eigenen Glücke nachzustreben, während er in Wahrheit niemals an diese Ziele gelangt und niemals dieses Glück erreicht. Auf diese Weise wird er bewusstlos dazu getrieben, jenen Aufgaben zu dienen, die ihm das menschenfeindliche Realitätsprinzip aufgibt. Es ist also im perfekten Kapitalismus nicht nur die Unmenschlichkeit perfekt, sondern auch die *Unfähigkeit, sie gedanklich zu reflektieren*, auch die Unbewusstheit ist perfekt. Das Grauen läuft heute selbst den Verantwortlichen (die es sind, weil sie an den Grundlagen nichts ändern wollen) kalt über den Rücken. Daher mahnt neuerdings ein Hirtenbrief zur Besinnung und Abkehr »vom praktischen und dialektischen Materialismus«. Aber die Täuschung ist offenbar, wenn der praktische Materialismus des bürgerlichen Menschen mit dem dialektischen Materialismus, also einer Denkform, die diesen Materialismus von der Wurzel her bekämpft und daher umwälzt, gekoppelt wird. Daran ändert der Hinweis auf den Osten nichts, denn die Versäumnisse der östlichen Marxisten machen den Marxismus nicht unwahrer, als die Versäumnisse der Kirche das Christentum unwahr machen. Die Attacke auf den gefürchteten Gegner soll die eigene Schwäche und Ohnmacht gegenüber den unmenschlichen Problemen der bestehenden Ordnung verdecken, gegen die man kein Wort findet.

Will man den wahren Gegensatz der Auffassungen klar bezeichnen, so genügt es, die falsche Dialektik solcher Hirtenbriefe mit der echten Dialektik des Sozialismus zu konfrontieren: Es ergibt sich hierbei der Unterschied zwischen einer jesuitischen und einer dialektischen Dialektik. Die Erstere vertritt trotz allen Jammers das Prinzip des »praktischen Materialismus«, die Letztere den Humanismus. Die Erstere wird es daher miterleben müssen, dass die den Menschen zerstörenden Tendenzen in unserer Gesellschaft sich in den folgenden Jahren noch verstärken werden. Die Letztere wird allem pseudokritischen Gejammer zum Trotz beweisen können, dass sie als einzige Richtung im modernen Denken die wahren Wurzeln des praktischen kapitalistischen Materialismus aufzudecken vermochte und rechtzeitig gewarnt hat.

Erstveröffentlichung in: Die Andere Zeitung, 5. April 1956; nachgedruckt in: Leo Kofler: Zur Kritik bürgerlicher Freiheit, Hamburg 2000.

Die Doppelgestalt des Bürgers: Bourgeois und Citoyen

ES IST IM LAGER DES Sozialismus seit Marx traditionell geworden, das Gegensatzpaar Citoyen–Bourgeois zur Grundlage der soziologisch-politischen Beurteilung zu nehmen. Speziell in der »Judenfrage« hat Marx »die Zersetzung des Menschen in den öffentlichen Bürger und in den Privatbürger«, die aus dem »Widerstreit zwischen dem allgemeinen Interesse und dem Privatinteresse« entspringt, geistvoll analysiert. Marx zeigt, wie das öffentliche Interesse den am öffentlichen Wohl interessierten Bürger, den Citoyen, und das Privatinteresse gleichzeitig und in derselben Person den egoistischen Privatbürger, den Bourgeois, erzeugt. Die dialektische Spannung zwischen dem Citoyen und dem Bourgeois in der Brust des modernen Bürgers hat aber, wie die modernsten Erfahrungen lehren, je nach den konkreten historischen und gesellschaftlichen Situationen verschiedene Verhaltensweisen zur Folge, die stets von Neuem analysiert werden müssen. Siegte bereits in der Aufstiegszeit des Bürgertums ebenso oft der Bourgeois über den Citoyen (z. B. in der Frage der Gewährung des Wahlrechts an die Arbeitenden) wie der Citoyen über den Bourgeois (z. B. im Kampfe gegen den Feudalismus), so hat sich seit dem Siege des Bürgertums manches geändert.

Trotz der unauflösbaren, weil auf der Klassenspaltung der Gesellschaft beruhenden inneren Widersprüchlichkeit in der Natur des Bürgers erkennt Marx den historischen Fortschritt an, der mit der bürgerlichen Gesellschaft verbunden ist. Deshalb kann er sagen: »Die politische Emanzipation (d. h. die rein politisch-formale Befreiung des Menschen) ist allerdings ein großer Fortschritt, sie ist zwar nicht die letzte Form der menschlichen Emanzipation überhaupt, aber sie ist die letzte Form der menschlichen Emanzipation *innerhalb* der bisherigen Weltordnung«, nämlich der klassengespaltenen. Aber mit der Vollendung dieser politischen, das heißt formaldemokratischen Emanzipation, die dadurch in das Stadium gerät, in welchem sich die ersten Anzeichen dafür einstellen, dass sie einer anderen, nämlich höheren, das heißt über die *formale* Emanzipation hinausweisenden *sozialen* Emanzipation weichen muss, verliert das Bürgertum das Interesse an der *menschlichen* Emanzipation überhaupt. In der Zeit des bürgerlichen Aufstiegs und Kampfes war stets das Ideal einer auf Freiheit beruhenden ökonomischen Ordnung leitend geblieben, in der nicht nur jeder zu ausreichendem Eigentum gelangen soll, sondern darüber hinaus seine Kräfte, Anlagen und Gaben bis zur Höhe jener wahrhaft menschlichen Existenz zu entwickeln Gelegenheit haben soll, die die harmonische, im gleichmäßigen Gebrauch ihrer seelischen und geistigen Kräfte geübte Persönlichkeit ergibt. Dieses Ziel hat sich heute der Sozialismus gesetzt, der erkannt hat, dass es nur in der klassenlosen Gesellschaft (relativ) verwirklichbar ist, weil in der Klassengesellschaft die Vermenschlichung, die Humanisierung, des Menschen ein ewiger Widerspruch in sich selbst bleiben muss.

Der beste Beweis für die Richtigkeit dieser Ansicht ist das Verhalten des Bürgertums selbst. Indem es resigniert, seine ursprünglichen Ideale fallen lässt, sich dem Pessimismus und der Fortschrittsfeindlichkeit in die Arme wirft, gibt es ungewollt zu, dass die Verwirklichung der humanistischen Ziele innerhalb der bürgerlichen Ordnung unmöglich ist. Der »bescheidene« Verzicht entlarvt das hektisch-anspruchsvolle Gebaren. Die Welt ist für das Bürgertum nur noch »nützlich«, Profit schaffend, sonst ist sie leer und sinnlos geworden. Die übrig gebliebene »Freiheit« ist nicht mehr die Freiheit, Ideale zu verwirklichen und den Menschen zu erhöhen (wer dies noch will, wird verdächtig!), sondern die Freiheit der Konkurrenz, des Urwalds. Im Grunde ist alles erreicht, es hat Geschichte gegeben, aber es gibt in Zukunft keine mehr. Das Problem des öffentlichen Wohls, das dem Citoyen vor Augen stand, wird von allen humanistischen und optimistischen Wesenheiten gereinigt; es wird zu einem rein technischen Problem, das der »Ordnung« halber ebenso »gelöst« werden muss, wie man etwa das Problem der Abwässer lösen muss. Die »Lösung« bedeutet letztlich die Entschärfung und »Einordnung«, das heißt Unterwerfung des Menschen. Die Sehnsüchte des alten Liberalismus werden als vulgär verhöhnt ([Wilhelm] Röpke, [Heinrich] Weinstock u. a.) und die Freiheit jenen überlassen, die ihrer fähig sind (Existenzialismus). Ihrer fähig sind aber in dieser Gesellschaft nur die Starken – wie im Urwald. Fragt man, *wofür* und *für wen* diese Freiheit gut sein soll, wird philosophisch-verschämt zugegeben: für das *Ego* des Starken. Damit ist alle Demokratie offen verraten, denn Demokratie ist ihrem Urwesen nach stets fortschreitende Möglichkeit zur Freiheit *für alle*.

So siegt also innerhalb des Widerspruchs zwischen dem Citoyen und dem Bourgeois dieser über jenen. Die Verachtung, die der starke Bourgeois dem träumerischen Citoyen spendet, findet sich bestärkt durch die neueste Entwicklung, in welcher sich der einst bürgerlich-demokratische Citoyen als Gewerkschafter und Sozialist wiederfindet. Er hat sich bei den Arbeitenden und ökonomisch und menschlich Leidenden niedergelassen. Dabei bleibt die tiefe Kluft, die sich in unserem Jahrhundert zwischen dem Citoyen und dem Bourgeois aufgetan hat, nicht ohne Wirkung auf beide. Sowohl die positive, weil humanistische, als auch die negative, weil zu bürgerlich verwässernden Illusionen führende Wirkung auf die Vertreter des citoyenhaften Bewusstseins in der gewerkschaftlichen und sozialistischen Bewegung habe ich anderweitig ausführlich geschildert in meiner Schrift »Marxistischer oder ethischer Sozialismus?« (1955). Die Wirkung auf den Bourgeois ist noch zu untersuchen. Es geht hierbei vor allem um jenen Typ des Bourgeois, wie ihn Marx zu seiner Zeit nur zum Teil, nur am Rande vor Augen hatte, um den völlig vom Citoyenhaften »gereinigten« Bourgeois, um den völligen Egoisten, der heute herrschend geworden ist.

Bevor wir ihn schildern, sei noch bemerkt, dass der herrschende Bürger von der Renaissance bis zur Gegenwart (mit der einzigen Ausnahme des calvinistischen Bürgers, wofür es sehr eindeutige Gründe gibt) immer gottlos war. Aber die bourgeoise Gottlosigkeit von heute ist eine andere geworden. Der liberale Fortschrittler des 19. Jahrhunderts überließ den Glauben dem Volke; als naturwissenschaftlich und philosophisch gebildeter und optimistisch-diesseits gerichteter Bürger hatte er keine Sparte für Metaphysisch-Jenseitiges übrig, wenn er auch, um den Schein zu wahren und dem Volke die Religion zu erhalten, gelegentlich in die Kirche ging. Der ideallose Pessimist von heute ist (gleichgültig ob er Christlichkeit mimt oder nicht) gottlos, weil er in der Welt keinen Sinn mehr erkennt, diese Welt für ihn keinen Gott mehr hat. Die gelöste Beziehung zwischen Ego und Gott versetzt ihn in die Lage, sich gerade dieser sinnleer gewordenen Welt genießerisch anzupassen, wie sie dem Teufel erlaubt, sich in der Hölle genießerisch wohlzufühlen. Die Gottlosigkeit hat hier andere Wurzeln: im Gegensatz zum einstigen naturwissenschaftlichen Optimismus den heutigen dekadenten Nihilismus. Ist es richtig, mit Marx zu sagen, »Religion ist der Seufzer der bedrängten Kreatur«, so hat weder der herrschende optimistische Liberale von einst noch der herrschende nihilistische Pessimist von heute diesen Seufzer nötig.

Der Zustand, in welchem sich der vom Citoyen gelöste Bourgeois gegenwärtig befindet, ist der für alle Dekadenz bezeichnende Zustand des *behaglich-genießerischen Ekels*, das heißt der Zustand der gleichzeitigen Verneinung der Welt und der Anpassung an sie. Aber die ausschließlich durch den Ekel vermittelte Beziehung zur Welt ist auf die Dauer nicht zu ertragen. Denn die letzte Konsequenz wäre der Selbstmord. Es ist kein Zufall, dass in den Reihen der Existenzialisten viel über den Selbstmord philosophiert wird (z. B. Camus im »Sisyphos«). Deshalb vollzieht sich gerade in den obersten Schichten unserer Gesellschaft, in der bürgerlichen Elite, die dem Ekel am nächsten ist, eine Art Flucht in der Form der Rückwendung zur Innerlichkeit: Die genießerische Anpassung an die leer und sinnlos gewordene Welt, an die Welt des nützlichen Sumpfes, schlägt unter der Bedingung des extremen bürgerlichen Individualismus an einem bestimmten Punkte um in die »Kunst« der individuellen Selbstvollendung, die das Bewusstsein der Erhöhung der eigenen Person und der Überlegenheit über andere, über den »Massenmenschen« verleihen soll. Die Form dieser Vollendung ist die »Verfeinerung« des individuellen Lebensstils auf der Grundlage der Entgegensetzung zur sinnlosen Welt und der Pflege der inneren Erlebnisfähigkeit. Die »Innerlichkeit« wird zu Gott verklärt und ihr metaphysisches Training erhöht ständig den Wert des Ich. Aber indem gerade infolge dieser Entgegensetzung zur Welt dem Ich keine echten Aufgaben gestellt sind, degeneriert die Pflege der Innerlichkeit zur leeren Ekstase, die sich im Kreise dreht und niemals zu echter Befriedigung gelangt. So wird der Ekel nur noch gesteigert, bestenfalls ins Unbewusste verdrängt, um den Schein des Höhenflugs zu wahren. Der tote Citoyen täuscht Leben vor.

Der widerspruchsvolle Prozess ergreift den ganzen Menschen und vollzieht sich etwa in der folgenden Weise. Auf dem Boden des zur Innerlichkeit hingewendeten, verfeinerten Lebensstils der dekadenten Bourgeoisie drängt sich die leer-ekstatische Geschäftigkeit des *Gefühls*, das »seelische Tiefe« vortäuschen soll (im Gegensatz zu verstandesmäßiger Oberflächlichkeit), immer mehr vor und gerät unter die völlige Herrschaft des Irrationalismus. Es entsteht eine Art religiöser Ekstase ohne Christentum; die religiöse Gläubigkeit weicht der Gläubigkeit an »innere Werte«, die in ihrer Unbestimmtheit gleichzeitig alles und nichts bedeuten. Im gleichsam rein privaten Bereiche der Innerlichkeit überdeckt der Irrationalismus in steigendem Maße die Funktion der rationalen Vernunft. Andererseits verschwindet das rationale Denken jedoch, wegen des gleichzeitigen Weiterbestehens der ökonomischen Rolle dieser Schichten – man muss ja leben –, durchaus nicht, sondern es trennt sich nur von der Sphäre der »Kultur« ab und beschränkt sich auf die »äußeren«, profanen Betätigungen, auf die Sorge um die Erhaltung der materiellen Lebensgrundlage, auf das Geschäft. Aber gerade wegen dieser scharfen Trennung von innerer und äußerer Welt, von Kultur und Geschäft, kann im Bereiche der Letzteren die Kunst der Handhabung des rationalen Verstandes bis ins Extrem entwickelt werden, wird sie von allen Einflüssen des Gefühls isoliert, bleibt der Verstand von einer eisigen Kälte umweht und darf er sich erlauben, unmenschlich hart seine Ziele zu verfolgen. Er wird zu dem, was man in der bourgeoisen Gesellschaft als »Klugheit« bezeichnet. Dass die »philosophische« Verachtung der historischen und gesellschaftlichen Welt (glänzend widergespiegelt im Denken Heideggers), der Nihilismus, ihrerseits diese extreme Rationalisierung und »Entgötterung« fördert, ist selbstverständlich.

So entsteht ein bei vielen Vertretern der bürgerlichen Klasse, besonders aber ihrer Elite, zu beobachtender Bruch zwischen dem rücksichtslos sich auslebenden kapitalistisch-egoistischen Individualismus, der gewissenlosen Anpassung an die im Grunde verachtete Welt der materialistischen Nützlichkeit auf der einen Seite und einer mit hohen seelischen Zäunen gegen die Außenwelt abgeriegelten Welt der Empfindsamkeit und gefühlvollen Begeisterung auf der anderen Seite. Wie die gegenseitige Entfremdung dieser beiden Seiten im Leben des heutigen Bourgeois die extreme Rationalisierung der täglichen Praxis erlaubt, so hat derselbe ideologische Prozess gleichzeitig zur Folge, dass wegen der ebenso extremen Überbetonung der irrationalen Innerlichkeit und ihrer Werte die Welt der praktischen Ratio als wertmäßig untergeordnet, nur technischen Zwecken (dem Profit) dienend, im letzten Effekt sinnleer und chaotisch beurteilt wird; der Ekel vor dieser Welt erhält somit seine ideologische Rechtfertigung. Das Resultat ist, wie bereits bemerkt, die gleichzeitige Verneinung wie Bejahung dieser Welt: nihilistische Verneinung zugunsten der Innerlichkeit, um sie vor dem Zugriff seitens fortschrittlich-optimistischer Kräfte zu sichern, genießerische Bejahung, um sie zu beherrschen und auszunützen. Der Bourgeois ist als Gegenpart des Citoyen, von dem er nichts mehr wissen will, zur höchsten Vollendung gelangt.

Erstveröffentlichung (unter dem Titel »Der Verlust des Citoyen«) in: Die Andere Zeitung, 21. Juni 1956; nachgedruckt (anonym unter dem Titel »Die Doppelgestalt des Bürgers«) in: WISO. Korrespondenz für Wirtschafts- und Sozialwissenschaften, 15. August 1957, sowie (unter dem Titel: »Der Verlust des Citoyen in der spätbürgerlichen Gesellschaft«) in: Leo Kofler: Zur Kritik bürgerlicher Freiheit, Hamburg 2000.

Die kleinbürgerliche Mentalität der Angestellten

IN »LOHNARBEIT UND KAPITAL« schreibt Marx sehr aufschlussreich: »Obgleich die Genüsse des Arbeiters gestiegen sind, ist die gesellschaftliche Befriedigung, die sie gewähren, gefallen. (...) Unsere Bedürfnisse und Genüsse entspringen aus der Gesellschaft; wir messen sie nicht an den Gegenständen unserer Befriedigung.« Daraus ist zunächst zu schließen, dass entsprechend der allgemeinen Entwicklung der Gesellschaft die Unzufriedenheit trotz steigenden Einkommens unverändert bleiben kann. Es hieße aber die marxistische Lehre flach und mechanistisch zu interpretieren, wollte man daraus weiter folgern, dass eine solch latente oder offene Unzufriedenheit als unmittelbares Ergebnis politische Unzufriedenheit oder gar Aktivität der Massen zur Folge haben müsse. Nicht nur die Theorie belehrt uns darüber, sondern auch die Erfahrung, dass die Auswertung des ökonomischen und gesellschaftlichen Unbehagens eine Angelegenheit jener organisierten gesellschaftlichen Kräfte und ihrer führenden Gremien ist, die sich heute als Gewerkschaften und sozialistische Parteien präsentieren. Der Mensch des Alltags durchschaut für gewöhnlich die komplizierten Zusammenhänge nicht, und er wird deshalb selbst als Unzufriedener noch lange nicht die gesellschaftlichen Mächte für sein Schicksal verantwortlich sprechen, auch wenn sie tatsächlich verantwortlich sind.

Trifft dies bereits für die ihrer gesellschaftlichen Natur nach zur Kritik neigende Arbeiterschaft zu, so erst recht für die sozial weitaus komplizierter gelagerte Angestelltenschaft. Ökonomisch zum Proletariat gehörig (ja heute vielfach sogar schlechter gestellt als die Arbeiter), neigt sie ideologisch dem Kleinbürgerlichen zu, woraus sich ergibt, dass die Spannung zwischen der eigentlichen ökonomischen Situation und dem ideologischen Bewusstsein hier noch größer ist als beim Proletariat. Während aber bei dem neben den allgemeinen gesellschaftlichen Einflüssen (das Denken der Herrschenden ist zumeist das herrschende Denken, sagt Marx) das Versagen der führenden Gremien eine entscheidende Rolle spielt, kompliziert sich die Erscheinungsweise des Angestellten auf zusätzliche Art. Nicht nur dass hier die aus der gesellschaftlichen und menschlichen Inferiorität erfließenden Minderwertigkeitsgefühle aufgrund der Tatsache, dass der Angestellte »geistige« Arbeit leistet, anders als beim Arbeiter zur Verdrängung gelangen oder kompensiert werden, nämlich auf eine mehr zur geistig-traumhaften, das heißt illusorischen Befriedigung drängende Weise. Darüber hinaus spielt der arbeitsmäßige Individualismus, das Aufsichgestelltsein in der Bewältigung der Aufgabe im Gegensatz zur meist kollektiven Arbeitsform bei den Arbeitern im Fabrik- oder Grubenbetrieb eine nicht unwesentliche Rolle in der Bewusstseinsgestaltung des Angestellten. Anders als der Arbeiter erlebt er sich als zwischen den entgegengesetzten Klassen stehend, dem Bürgertum näher als dem Arbeiter, eben als Kleinbürger. Damit ist das Moment der sozialen und menschlichen Unzufriedenheit nicht überwunden, sondern wie gesagt nur anders kompensiert. Das heißt, es bleibt ebenso wie beim Arbeiter Anknüpfungspunkt für die Aufklärungsarbeit jener Organisationen, die sich eine grundlegende Reform der Gesellschaft zum Ziele gesetzt haben.

Will man sich vor dem Steckenbleiben im rein Deskriptiven bewahren und zum wirklichen Verstehen der Erscheinungen vordringen, so muss man von solchen Einsichten wie den obigen ausgehen. Schon Siegfried Kracauers Buch über die Angestellten, das vor drei Jahrzehnten Aufsehen erregte, hat sich mehr mit dem geistvollen Beschreiben begnügt und ist weniger auf die wahren Hintergründe des kleinbürgerlichen Angestelltenbewusstseins zurückgegangen. Auch sagt Charles Wright Mills in seinem neuen Buch »White Collar« wenig Neues im Vergleich zu Kracauer, obgleich er eine große Zahl moderner Einzelbeobachtungen hinzufügt. Besonders bedeutsam werden hierbei solche Beobachtungen wie die Tatsache der Leere der Angestelltenarbeit und die verschiedenen Versuche, sie durch »Prestige« zu kompensieren, sei es, dass man in sogenannte bessere Kreise einzudringen versucht, sich zu Bildungsinstituten drängt oder irgendeine mehr leitende Funktion erhascht, die die Illusion des Aufstiegs vermittelt. Wie es mit all dem in Wahrheit steht und dass alle Versuche, das Unbehagen zu überwinden, auf das Gleiche hinauslaufen, kennzeichnet Mills mit folgendem Satz: »Täglich verkaufen die Menschen Teile ihrer selbst, um des Abends oder am Wochenende zu versuchen, das Fehlende durch ›Spaß‹ zurückzukaufen.« Und sofern wissenschaftliche Berufe ausgeübt werden, setzt man sich nicht mehr wie einst für hochgehaltene Ideen ein, sondern verkauft Ideen, jederzeit bereit, das finanzielle Ziel mithilfe von Unterwürfigkeit und Kriechertum zu erreichen. Mills unterstreicht die »kollektive Verantwortungslosigkeit« der kleinbürgerlichen Geistesarbeiter von heute – und das gilt auch für die Angestellten unserer Zeit. Die Entfremdung dieser Schichten in der kapitalistischen Ordnung nimmt im Zeitalter der bürgerlichen Dekadenz die unsozialste Gestalt an, übrigens ganz nach dem Vorbild der herrschenden bürgerlichen Klasse selbst.

Die soziologische Deutung des Phänomens der Angestellten muss sich der von Mills mit glänzender Beobachtungsgabe gesammelten Tatsachen bemächtigen und versuchen, mehr auszusagen, als er vermochte. Deshalb seien noch einige ergänzende Bemerkungen gestattet. Die aus dem Widerspruch zwischen menschlicher Unbefriedigtheit infolge der Entfremdungssituation im Kapitalismus und der Neigung des angestellten Pseudo-Geistesarbeiters, sich als etwas Besseres im Vergleich zum Arbeiter zu fühlen und daher nicht mit der bürgerlichen Ordnung zu brechen, sich ergebende Tragik ergibt die typische kleinbürgerliche Bewusstseinslage. Einerseits entsteht ein starker Zug zu materiellem Wohlstand, ein Streben nach bürgerlichem Besitz, der nicht nur, wie beim Arbeiter, Sicherheit gewähren soll, sondern darüber hinaus auch gesellschaftliches Ansehen. Andererseits bleibt das Gefühl bestehen, dass dieses Ziel in dieser Welt in zureichendem Maße für den Angestellten kaum zu erreichen ist. Die Folge ist eine nebelhafte (weil aus keiner klaren Opposition gegen die gesellschaftlichen Zustände geborene) sentimental-utopische Sehnsucht nach einer vollendeten sozialen und individuellen Lebensform, in welcher besonders die Frage der Erhöhung und Vollendung der menschlichen Persönlichkeit, vor allem durch Zugänglichmachung der Kultur- und Bildungsgüter eine große Rolle spielt. Während der Arbeiter seine gesellschaftliche Inferiorität mehr sozial, mehr als Ungerechtigkeit erlebt, erlebt sie der Kleinbürger mehr menschlich. Deshalb ist sich der Kleinbürger seiner menschlichen Benachteiligung und Unterordnung im Durchschnitt bewusster als der Arbeiter. Aber dieses Gefühl oder Bewusstsein von der eigenen menschlichen Inferiorität ist infolge der erwähnten Unfähigkeit zu einer klaren kritischen Auseinandersetzung mit der bestehenden Ordnung zumeist verzerrt, ins Subjektive verlegt, daher mit »Schuld« beladen. Sie erzeugt Minderwertigkeitsgefühle (die zum Beispiel der Arbeiter in dieser Form nicht kennt und der daher individuell selbstbewusster erscheint), deren Verdrängung oder Überkompensation, etwa mithilfe einer gewissen Aneignung von Bildungsgut, nicht befriedigt, sondern im Gegenteil eher quälend wirkt und beunruhigt. Daher fühlt sich der kleinbürgerliche Angestellte durch »soziale Minderwertigkeitsgefühle« noch mehr bedrängt als der Arbeiter. Es ist deshalb kein Zufall, dass in den Volkshochschulen überwiegend kleinbürgerliche Elemente anzutreffen sind, die sich in dem von ihnen oft eingestandenen Gefühl der menschlichen Gedrücktheit und Verlorenheit durch Aneignung von ihnen erreichbaren Bildungsgütern *traumhaft* den Verlust der menschlichen Anerkennung und Gleichberechtigung zu kompensieren suchen.

Wegen dieser Unausgeglichenheit und Widersprüchlichkeit des kleinbürgerlichen Bewusstseins (besonders entspringend aus dem Widerspruch von Unzufriedenheit und Neigung zur Anpassung und Unterwerfung) sind die aus ihm erwachsenden ideologischen Gebilde unbestimmter und hohler, mehr in der Richtung auf das Sentimentale und Philiströse sich auslebende Träume und deshalb von jener eigenartigen Gleichgültigkeit gegen eine scharfe Konkretisierung des Inhalts, sodass sie leicht jeder politischen Lockung unterliegen, die keinen bedrohlich radikalen Bruch in ihr Leben zu tragen beabsichtigt, andererseits aber die hohl-utopischen Sehnsüchte zu befriedigen verspricht. Politische Lockungen dieser Art können aber nur romantisch-reaktionäre, in ihrer modernen Form faschistische sein. Aber es darf hierbei nicht übersehen werden, dass eben diese Eigenart bei einigem Verständnis für die Wesenszüge des Kleinbürgertums durchaus die Möglichkeit in sich birgt, es für das Ideengut des Sozialismus, vor allem auf die auf die menschliche Problematik eingehenden Lehren des marxistischen Sozialismus, aufzuschließen.

Erstveröffentlichung (anonym) in: WISO. Korrespondenz für Wirtschafts- und Sozialwissenschaften, 15. Juni 1956.

Über kapitalistischen Pauperismus

EINER DER ZENTRALSTEN BEGRIFFE in der Methodik der Betrachtung des arbeitenden Menschen im Kapitalismus ist der Begriff des *Pauperismus.* Er entstammt der marxschen *Ganzheits*betrachtung des Menschen, die in einem radikalen Gegensatz steht zu der den Menschen in vielerlei unabhängige Funktionen (z. B. ökonomische, moralische, geistige, öffentliche, private usw.) zerteilenden Betrachtung der bürgerlichen Wissenschaft. Während deshalb in der bürgerlichen Denkweise unter Pauperismus, sofern dieser Begriff überhaupt gebraucht wird, in einer die nichtökonomischen Seinsweisen des Menschen ausschließenden Einseitigkeit nichts anderes verstanden wird als das, was die Wortbezeichnung ausdrückt, nämlich wirtschaftliche Armut, verhält es sich beim marxistischen Begriff des Pauperismus gerade umgekehrt. Der marxistische Pauperismus-Begriff schließt zwar die ökonomische Beengtheit und Benachteiligung der Arbeitenden im Vergleich zum allgemeinen Stand des erreichten gesellschaftlichen Reichtums nicht aus, ja er setzt ihn sogar in gewissem Sinne voraus. Aber er zielt gleichzeitig auf den *ganzen* Menschen und meint daher so viel wie *totale menschliche Armut, Verarmung der vielseitigen Funktionen des Menschen,* kurz, totale menschliche *Armseligkeit.*

Gerade der spezifisch marxsche Begriff des Paupers beweist, wie wenig es für Marx die isolierte ökonomische Sicht gibt, wenn er sich bemüht, die Seinsweise des Menschen in der kapitalistischen Gesellschaft zu verstehen. Das schließt natürlich nicht aus, dass er entsprechend der unendlichen Kompliziertheit des Problems auch rein ökonomische Untersuchungen anstellt, die die endgültige Beantwortung der Frage nach dem *ganzen* Menschen vorbereiten. Aber dass Marx stets den ganzen Menschen vor Augen hat, beweisen die vielen Stellen des »Kapital«, in welchen Marx Bemerkungen nichtökonomischer Natur über den Menschen macht. So verweist er im ersten Band des »Kapital« nicht weniger als zweimal darauf, dass der moderne Arbeiter die Fähigkeit verloren hat, mit seinen individuellen Anlagen und Kräften zu »spielen«, das heißt sie frei und schöpferisch, allseitig und umfassend zu gebrauchen – er ist zum »Teilarbeiter« geworden, dessen zu vielfältigen Äußerungsweisen fähiges

Menschentum zerfallen ist und dem beruflich-spezialistischen »Funktionieren« Platz gemacht hat. Das erinnert an Schillers Anliegen, dessen Theorie des »Spieltriebs« genau auf dasselbe zielt, nämlich auf die Erhaltung und Ausbildung der vielfältigen Fähigkeiten des Menschen mittels ihrer zum »Spiel« gewordenen Übung. Der Proletarier ist nach Marx »der totale Verlust des Menschen«, in diesem Sinne ist er Pauper. Dieser Pauperismus vollendet sich jedoch erst durch das pauperisierte Bewusstsein: Der arbeitende Mensch wird erst zum vollendeten Pauper, wenn ihm das Bewusstsein seiner Situation verloren geht, das heißt wenn er wehrloses Opfer einer ihn über seine gesellschaftliche und menschliche Lage irreführenden, diese Lage illusorisch verdeckenden Ideologie wird. Es lässt sich daher zusammenfassend sagen, dass der Zustand des Pauperismus sich aus hauptsächlich drei Faktoren zusammensetzt: erstens aus der Tatsache der ökonomischen Abhängigkeit und Beengtheit der von der Verfügungsgewalt über die Produktionsmittel ausgeschlossenen Arbeitenden, zweitens der totalen *menschlichen* Verarmung und Armseligkeit und drittens aus der *Bewusstlosigkeit* gegenüber der eigenen sozialen und menschlichen Situation.

Daraus lässt sich in geradezu dialektischer Umkehrung der gängigen Meinung schließen: Wo unter dem ideologischen Druck der kapitalistischen Umwelt der Arbeiter glaubt, kein Pauper zu sein, ist er es erst recht, und wo er sich die Einsicht abringt, dass er Pauper (»Proletarier«) ist und es im Kapitalismus sein muss, da hat er bereits den ersten Schritt zur Überwindung seines Pauperismus getan. In dieser Einsicht wurzelt wesentlich die gewerkschaftliche und politische Forderung nach Entwicklung des proletarischen Selbst- oder Klassenbewusstseins. Sie kann in ihrer Berechtigung und Bedeutung nicht genug unterstrichen werden, wobei ganz besonders darauf hinzuweisen ist, dass der mit der Entwicklung des Klassenbewusstseins gesetzte erste Schritt zur Überwindung des Pauperismus gleichzeitig den ersten Schnitt bedeutet im Prozess der Überwindung des Kapitalismus.

Es ist schon oft festgestellt worden, dass das bewusstseinsmäßige Zurückbleiben der Arbeiterschaft (und selbstverständlich auch der übrigen Klassen) im Zentrum dessen steht, was man als das Phänomen der *Entfremdung* zu bezeichnen pflegt. Aber man hat noch wenig verstanden, dass diese Entfremdung ihrerseits ein wesentliches Merkmal des Pauperismus ausmacht, und das ist die totale menschliche Entfremdung. Es ist klar, dass ebenso wenig wie die Entfremdung sich durch Verbesserung der Lohnbezüge überwinden lässt, dies in Hinsicht der Überwindung des Pauperismus möglich ist. Unter Umständen kann sogar das Gegenteil wahr sein. Wenn sich zum Beispiel ein gutverdienender Arbeiter, sagen wir ein Arbeiteraristokrat, aufgrund seines besseren Einkommens einbildet, kein Proletarier mehr, sondern ein gesellschaftlich und menschlich gleichgestellter »Bürger« zu sein, dann unterliegt er erst recht der pauperistischen Täuschung über seine wahre Situation, versinkt er noch mehr im Pauperismus als sein sich ein gewisses Maß von kritischem Selbstbewusstsein erhaltender schlecht bezahlter Kollege.

Abgesehen davon, dass für Marx die Lohnhöhe sich als eine variable und von den historischen Bedingungen abhängige, daher in ihrer tatsächlichen ökonomischen Bedeutung niemals absolut messbare Größe darstellt, bleibt sie schlechthin sekundär innerhalb der Ganzheitsbetrachtung der marxistischen Methode. Die Existenz oder Nichtexistenz des proletarischen Pauperismus entscheidet sich in keiner Weise durch die Lohnhöhe des Arbeiters. Sie kann im Gegenteil, wie wir zeigten, unter den menschlich deformierenden Bedingungen des kapitalistischen Lebens gerade dann zum Anlass für eine vertiefte Entleerung, Verflachung und Vermaterialisierung des Bewusstseins und des kulturellen Genusses, das heißt für eine vertiefte Pauperisierung werden, wenn sie sich verbessert. Nur die konsequente sozialistische Bewusstseinsbildung kann dies verhindern. An diesem Punkte der Diskussion scheint das Heraustreten aus der rein abstrakten Betrachtung nützlich, weshalb an einem praktischen Beispiel das enge Zusammengehen von gutem Einkommen und Verhaftetbleiben im Pauperismus demonstriert werden soll.

Auf einer Reise nach Göttingen lernt der Verfasser einen Arbeiter kennen, der in Urlaub fährt. Er unterhält sich mit ihm längere Zeit und erfährt Folgendes: Dieser Arbeiter arbeitet an einem Ofen, der 2000 Grad Hitze erzeugt und davon 400 Grad ausstrahlt. Er trägt bei der Arbeit einen Schutzanzug, der ihn aber nur so weit zu schützen vermag, dass er eine halbe Stunde durchhält. Darauf folgt eine halbe Stunde Pause, in welcher er abgelöst wird. Er arbeitet also nur etwa vier Stunden am Tage. Seine Arbeit wird als Akkord gewertet und er verdient ungefähr 800 DM netto monatlich. Er besitzt eine schöne Wohnung mit allem Komfort. Da diese Arbeit in seiner Familie Tradition ist, ist er von Kindheit an an materiell gesicherte Verhältnisse gewöhnt. Der Verfasser studiert seine habituellen, geistigen, moralischen und sonstigen gesellschaftlich bedingten Eigenschaften auf das Genaueste, was nicht zuletzt dadurch möglich ist, dass der Arbeiter auf die vielen Fragen bereitwilligst antwortet. Wieder allein, hält der Verfasser alle Eindrücke schriftlich fest und stellt sich schließlich die Frage, was das wohl für ein Mensch gewesen sein mag, dieser Arbeiter mit seinem ausgezeichneten Einkommen und seiner »bürgerlichen« Lebensweise: etwa kein Proletarier mehr, sondern ein Arbeitertyp neuer Prägung, durch dessen Herausbildung die einstige Kluft zwischen den gesellschaftlichen Klassen der modernen Gesellschaft zu verschwinden beginnt? Letzteres wird doch heutzutage oft behauptet. Die Antwort, die er sich geben musste, war die folgende: Genau diesen Menschen mit seinen typischen Gesichtszügen, seinem eigenartigen und unverwechselbaren Gesichtsausdruck (der sich allerdings nur dem geübten Auge erschließt), seinen Bewegungen, seiner Psychologie, seiner Denkweise, seiner kulturellen Inferiorität, seiner Triebhaftigkeit, seiner Einstellung zu Welt und Mensch, seiner Lebensauffassung und seinem allgemeinen Horizont – genau diesen selben pauperisierten Arbeiter gab es bereits zu Beginn unseres Jahrhunderts. Er bildet heute noch die Masse des modernen Proletariats. Es hat sich nichts geändert, außer dass eine größere Enttäuschung, Ideallosigkeit, Veroberflächlichung und Vermaterialisierung Platz gegriffen hat. Noch in der Zeit nach dem Ersten Weltkrieg boten sich Hoffnung, Optimismus, Aktivität und Bildungsstreben (dieses vor allem im Vortrupp, der aber die Gesamthaltung der Arbeiterschaft weitgehend beeinflusste) dem Beobachter als erste Anzeichen einer kommenden Entpauperisierung dar. Wir haben bereits darauf hingewiesen, dass dieser Rückfall hinter die früher schon erreichte Höhe der Erkenntnis der eigenen gesellschaftlichen und menschlichen Situation, dass diese Verbürgerlichung des Bewusstseins nicht etwa ein Zeichen der Entproletarisierung, sondern im Gegenteil ein sicheres Zeichen des Verhaftetbleibens im proletarischen Pauperismus darstellt.

Der Raum erlaubt es leider nicht, die Marx' Ansichten bestätigenden praktischen Erfahrungen mit den Analysen eines so gewissenhaften französischen Forschers wie Georges Friedman oder mit den Aussagen der bekannten Arbeiterpriester zu konfrontieren. Es würde sich eine weitgehende Übereinstimmung feststellen lassen. Wie Marx selbst den Zusammenhang von Lohnhöhe und Pauperismus sieht, wie wenig es ihm einfällt, den Zustand des Pauperismus am Einkommen zu messen, oder gar zu behaupten, dass mit der Erhöhung der Löhne sich die Pauperisierunig des Arbeiters mildert, sei mit Folgendem belegt. Marx sagt im »Kapital« ausdrücklich, dass »welches immer seine (des Arbeiters) Zahlung sei, hoch oder niedrig«, dass also unabhängig von der augenblicklichen Lohnhöhe der Arbeiter nicht nur »fest an das Kapital geschmiedet bleibt«, sondern auch »die Entfremdung der geistigen Potenzen des Arbeitsprozesses«, die »Unwissenheit, Brutalisierung und moralische Degradation« erhalten bleiben und sich noch steigern.

Es ist nichts als barbarischer bürgerlicher Materialismus, zu glauben, dass sich der Arbeiter mit der besseren Anpassung an die oberflächlich-verkommene Lebensart, wie sie die wehrlosen Massen zur Nachahmung verführt, und wie sie teilweise durch den besseren Lohn ermöglicht wird, entproletarisiere. Gerade das Gegenteil ist wahr. An diesem Punkte ist es von Bedeutung, darauf hinzuweisen, dass ein besonderer Faktor der kapitalistischen Welt den Pauperismus zu steigern vermag und in unserer Zeit stets auch steigert, ein Faktor, der gerade den Arbeiter ergreift, der über ein höheres Einkommen zu verfügen in die Lage kommt. Es ist das der Faktor der steigenden *Vermaterialisierung* des Lebens und des Denkens in der kapitalistischen Gesellschaft. Mit dem Begriff der Pauperisierung des Menschen im Kapitalismus ist jener der Vermaterialisierung untrennbar verbunden. Die einseitige Anreizung der egoistischen Triebhaftigkeit der Individuen auf Kosten anderer und höherwertiger Seiten ihres Menschentums verführen den heutigen Menschen dazu, sein Glück mehr oder weniger einseitig im Bereiche der materiellen Befriedigung zu suchen. Die Befreiung des Menschen von diesem Zustand des Unterworfenseins unter die Tendenz der totalen Vermaterialisierung ist auf materiellem Wege nicht lösbar, am wenigsten durch Lohnerhöhungen und demzufolge im Kapitalismus überhaupt nicht. Das heißt natürlich nicht, dass man für Lohnerhöhungen nicht kämpfen soll, sondern das heißt nur, dass man diesen Kampf mit ideologischer Aufklärung und Weckung des Klassenbewusstseins verbinden muss.

Die Befreiung von der Vermaterialisierung des arbeitenden Menschen, die ein wesentliches Element der allgemeinen Pauperisierung darstellt, erwartet Marx von einer Gesellschaft, in welcher die Herrschaft des Menschen über den Menschen aufgehoben ist und in weiterer Folge die »Magenfrage« ihrer zentralen Rolle, die ihr in aller bisherigen Klassengesellschaft zugekommen ist, entkleidet und zu einer entproblematisierten Funktion wird. (Als ein Beispiel für eine bereits relativ entproblematisierte Befriedigung eines zentralen materiellen Bedürfnisses sei die Versorgung der Menschen mit Wasser in unserem zivilisatorischen Bereich genannt.) In der bisherigen Gesellschaft bleibt die Klasse, wie Georges Friedman im Anschluss an den Arbeiterdichter Navel bemerkt, »ein unentrinnbares Gefängnis«. Und dies nicht nur in dem Sinne, dass es nur wenigen gelingen kann, aus ihrer Klasse auszutreten, sondern vornehmlich in dem Sinne, dass der Stempel des Pauperismus sich weder verdecken noch abwaschen lässt.

Bourgeoisie und Bürokratie (auch gewerkschaftliche) haben gemeinsam, dass sie sich gleichzeitig mit dem Pauperismus aussöhnen und ihn zu verleugnen versuchen. Der Unterschied ist nur der, dass die Bourgeoisie dies aus egoistischem Klasseninteresse tut, die Bürokratie dagegen aus Unfähigkeit, die wahren Zusammenhänge zu durchschauen. Indem die Bürokratie das falsche Bewusstsein der Bourgeoisie hinsichtlich des Pauperismus-Problems übernimmt, pauperisiert sie sich selbst, wird sie selbst zu einem Element der bewusstseinsmäßigen Irreführung und menschlichen Degradation und damit des Pauperismus. Das Resultat ist das Sichabfinden mit der »Naturnotwendigkeit« des Proletariats als einer durch Produktion, Arbeitsteilung und einseitige berufliche Ausbildung bedingten »ewigen« Tatsache. Die sympathisierende Melancholie, mit der die Bürokratie dem Proletariat begegnet, soll den guten Willen bezeugen, aber gleichzeitig den Beweis des Nicht-anders-Könnens erbringen. Das bürokratische »linke« Mitleid mit den Arbeitern verewigt jedoch in derselben Weise die Existenz des Proletariats wie das »rechte« Mitleid diese Existenz fordert und voraussetzt.

Allerdings ist der Unwille, das Proletariat historisch aufzuheben, unvereinbar mit jeglichem (offenen oder versteckten, bewussten oder unbewussten) Versuch, die Klassengesellschaft als eine notwendige und unaufhebbare Einrichtung zu rechtfertigen. Denn wie die Geschichte wegen der Sklaverei der Sklavengesellschaft das Urteil sprach, so spricht sie wegen des Proletariats der kapitalistischen Gesellschaft das Urteil. Also darf es kein Proletariat mehr geben, also wandelt sich dieses nach der Meinung der Bourgeoisie und der Bürokratie allmählich in eine in andere Klassen »hinüberfließende« und nunmehr wesentlich bürgerliche »Arbeiterschaft« um. An dem kritischen Punkte der gedanklichen Verewigung des Proletariats schlägt diese in dessen Leugnung um: Die pauperistische Abfindung mit der kapitalistischen Klassengesellschaft wie mit dem Proletariat als einer notwendigen Einrichtung dieser Klassengesellschaft und als einer »ewigen« Kategorie nimmt die verschämte Form der Behauptung an, dass es »eigentlich« kein Proletariat mehr gebe, eine Auffassung, die in Kreisen der leitenden Funktionäre der Arbeiterbewegung immer wieder anzutreffen ist.

Damit ist das Proletariat zum Schicksal der ganzen Gesellschaft geworden. Denn der proletarische Pauperismus hat sich die ganze Gesellschaft unterworfen, ist zum erkenntnismäßigen und in weiterer Folge auch menschlichen Pauperismus aller Klassen geworden. Der menschliche Pauperismus dieser Klassen, auch der herrschenden, folgt notwendig nach. Sie können sich dem allgemeinen Schicksal nicht entziehen. Das materielle Wohlbefinden und die sture Einbildung, über dem Pauperismus der Massen zu stehen, können hier nichts ausrichten, sie vertiefen nur den Pauperismus der »Gebildeten« und sogenannten »oberen« Klassen.

Erstveröffentlichung (anonym) in: WISO. Korrespondenz für Wirtschafts- und Sozialwissenschaften, 15. August 1956. Eine andere Fassung findet sich (unter dem Titel »Armseligkeit und Entmaterialisierung«) in: Die Andere Zeitung, 20. Oktober 1955.

Die »List der Vernunft« bei Hegel und Marx

DAS ENTSCHEIDENDE IN HEGELS Philosophie ist der Gesichtspunkt der Totalität. In welche Form Hegel seine Totalitätsvorstellung auch gegossen haben mag (und wir wissen, dass er sie metaphysisch gefasst hat), gerade ihr wichtigster Wesenszug ist bestimmend geworden für die spätere Auffassungsweise des Marxismus. Dieser Wesenszug liegt darin, dass die Totalität nicht bloß aufgefasst wird als Einheit schlechthin, sondern dass mit spezieller Ausdrücklichkeit in ihr die Einheit von Sein, Bewusstsein und Prozess hervorgehoben ist. Es ist ein konsequenter Monismus, auf den wir bei der Analyse der hegelschen Anschauung stoßen, nur dass sich dieser Monismus vom materialistischen durch seine metaphysischen Vorkehrungen unterscheidet: Wie dort aus der Materie die Welt entsteht, so hier aus dem Geist, den Hegel den Weltgeist oder den absoluten Geist nennt. Der Weltgeist nimmt geschichtliche Gestalt an im Volksgeist, oder genauer, in den verschiedenen Volksgeistern. Der Weltgeist wie der Volksgeist wirken noch blind, unbewusst, sie sind gleichsam abstrakte Naturkräfte, aus denen sich alles Übrige gestaltet. Erst in der Philosophie wird sich die Welt ihrer selbst bewusst, gelangt sie zum Selbstbewusstsein, kommt der Geist zur bewussten Aktion.

So wenig der Marxismus mit dem metaphysischen Theorem des hegelschen Weltgeistes etwas gemein hat, so sehr ist für ihn der Gedanke von größter Wichtigkeit geworden, dass die Philosophie (und das heißt für Marx und Engels in erweitertem Sinne das konkrete Denken überhaupt und nicht nur die Philosophie im engeren Sinne) nicht außerhalb der Welt steht, wie Marx einmal sagt, sondern in der Welt. Die Philosophie steht insofern in der Welt, als sie ein Stück der Realität, des Geschehens, des Prozesses selbst ist, weil sie ihrem ganzen Wesen nach nichts anderes sein kann als das Selbstbewusstsein dieser Welt. Im Gegensatz zur idealistischen Vorstellung, dass das Sein, die Realität, einen in sich geschlossenen Ablauf bildet und die Philosophie sonst keine Funktion erfüllt, als auf subjektiv bestimmte und das heißt willkürliche Weise das bereits Geschehene nachträglich und von außen her anzuschauen und zu interpretieren, und bestenfalls als fremde Gewalt auf das Geschehen Einfluss zu nehmen, gibt es weder für die hegelsche noch für die marxistische Vorstellung irgendwelches geschichtliches Sein ohne ein mit ihm identisches Bewusstsein. Im Gegensatz zum metaphysischen Idealismus, der die Bedeutung des Geistes phrasenhaft hervorzuheben pflegt, war es der die metaphysischen Hüllen des dialektischen Idealismus Hegels überwindende dialektische Materialismus, der die wahre geschichtliche Rolle des Geistes erstmalig erkannte und ihm damit erst die volle Bedeutung wieder zuerkannt hat.

Eine wichtige Folgerung, die Hegel aus seiner Identifizierung von Realität und Bewusstsein zieht, ist die scharfe Ablehnung jeglicher philosophischen Konstruktion, jeder willkürlichen, das heißt von der ihr zugehörigen realen Basis abstrahierenden Gedankenführung. Hegel zeigt, dass es für den dialektischen Standpunkt keine kontemplative Philosophie gibt, sondern nur eine sich philosophisch äußernde, einheitliche und unteilbare Wirklichkeit. Die in der rationalistischen Anschauung vollzogene Zerreißung des einheitlichen Prozesses überwindet Hegel durch den Nachweis der Identität von Subjekt und Objekt des Geschehens, von Sein und Bewusstsein, von »Subjekt« und »Substanz«, Vernunft und Wirklichkeit. Erst Marx und Engels blieb es vorbehalten, durch das Aufzeigen der Rolle des ökonomischen Faktors die reale, von jeder metaphysischen Schrulle befreite Möglichkeit der Identität von Sein und Bewusstsein nachzuweisen und damit in der Theorie des historischen Materialismus den konkreten Totalitätsbegriff widerspruchslos zu entwickeln.

Wenn das einem bestimmten Sein zugehörige gesellschaftliche Bewusstsein »falsches Bewusstsein« sein kann und zumeist auch gewesen ist, besagt das nicht etwa, dass damit die Einheit von Wirklichkeit und Denken zerrissen wird, sondern nur, dass objektiv die Geschichte einer anderen Logik folgt als die subjektiven Absichten und Illusionen der Individuen. Hegel nennt dieses Sich-Durchsetzen der historischen Gesetzlichkeit über die Köpfe der Menschen und ihre Ziele hinweg die »List der Vernunft«. Die Idee von der Wirksamkeit einer List der Vernunft in der Geschichte darf aber nicht, wie dies manchmal geschieht, missverstanden werden. Es schleicht sich leicht beim Versuch der Deutung und Konkretisierung dieser hegelschen Idee die Vorstellung ein, dass die Wirksamkeit einer von den konkreten individuellen Zielsetzungen und Illusionen unabhängigen Gesetzlichkeit, die Hegel eben die »List der Vernunft« nennt, eine von Tun und Wollen der Menschen völlig unabhängige Macht wäre.

Hegels Auffassung geht dahin, eine List der Vernunft, das heißt ein Sichdurchsetzen einer historischen Gesetzlichkeit über die bewussten Absichten der Menschen anzunehmen. Mit dieser Feststellung ist aber noch nicht die ganze Bedeutung und der ganze Umfang der hegelschen Idee einer List der Vernunft erkannt. Die einfache Behauptung, dass die Vernunft in gleichsam göttlicher Weise die Geschichte dirigiere, wäre an sich eine Flachheit, die man wohl der mittelalterlich-kirchlichen Denkweise zutrauen dürfte, aber nicht der hegelschen. Wie hätten auch Marx und Engels an eine so unbedeutende Auffassung anknüpfen können? Die materialistische Umdeutung, die Marx an Hegel vornimmt, geht nicht allein dahin, an die Stelle der idealistisch aufgefassten Vernunft irgendeine materielle, die gesetzliche Bestimmtheit der Geschichte erzeugende Kraft zu setzen, womit methodisch kaum etwas anderes erreicht wäre als ein Rückfall auf den naiven Standpunkt des alten bürgerlichen Materialismus.

Worin also besteht die wirkliche Dialektik in der Auffassung Hegels selbst? Zuerst einmal darin, dass er niemals vergisst, dass die Geschichte nicht von irgendwelchen übermenschlichen, sei es naturhaften, sei es übersinnlichen Kräften gemacht wird, sondern von den Menschen selbst. Aber andererseits versteht bereits Hegel, dass gerade aus diesem Tun notwendig eine allgemeine Gesetzlichkeit herauswächst, die die Kraft besitzt, sich über die Köpfe der Menschen hinweg durchzusetzen. Diese Gesetzlichkeit geht also gleichzeitig durch die Köpfe der Menschen hindurch wie als »List der Vernunft« über sie hinweg. Hegel ist noch nicht fähig, die realen Grundlagen dieser doppelseitigen Beziehung im einheitlichen Prozess des menschlichen Lebens aufzuzeigen. Aber er hat die Prinzipien dieser Beziehung, wenn auch auf abstrakte und metaphysische Weise, bereits entdeckt. Vom Standpunkt des idealistischen Individualismus, der ausschließlich den Entschlüssen der einzelnen Individuen eine geschichtsgestaltende Kraft zuzugestehen in der Lage ist, grenzt sich Hegel durch seine Hervorhebung der durchgehenden Wirksamkeit einer überindividuellen historischen Gesetzmäßigkeit des »objektiven Geistes« ab. Vom naiven Materialismus grenzt sich Hegel ab durch seine Betonung der tätigen Erzeugung der Geschichte durch den Menschen selbst. Aber beide Momente, sowohl die Selbsttätigkeit wie die vernünftig-gesetzliche Objektivität, stehen nicht starr als Momente einander gegenüber, sondern bilden eine Einheit. Subjektive Tätigkeit ist die Bedingung, unter der die objektive Gesetzlichkeit möglich wird, wie auch umgekehrt die Objektivität des Geschehens die Bedingung für das subjektive Tun ist. In der ganzen Bedeutung und konkreten Fassbarkeit tritt der Sinn dieser Ansicht so recht erst in der materialistischen Form zutage.

Unter dem Namen der »Einheit von Subjekt und Objekt« ist sie in die marxistische Theorie eingegangen. Die Dialektik fasst die bewusste Tätigkeit des Menschen in der Geschichte als Subjekt, die geschichtlich erzeugten Verhältnisse der Menschen zueinander hingegen als Objekt auf; aber in dem besonderen Sinne, dass die Umkehrung dieser Bezeichnung möglich ist. Da die durch die aktive Betätigung des Menschen erzeugten geschichtlichen Verhältnisse gleichzeitig auch den Menschen und sein Tun bedingen, werden diese Verhältnisse ihrerseits zum Subjekt und der handelnde Mensch zum Objekt im geschichtlichen Geschehen.

In dieser dialektischen Beziehungsform tritt in voller Klarheit und in richtiger Fassung das hervor, was man in der vulgärmarxistischen Interpretation dieses dialektischen Zusammenhangs als die »Wechselwirkung« zu bezeichnen pflegt. Diesen Zusammenhang auf die Wechselwirkung reduzieren heißt aber, der Seite des Tuns und damit auch dem Faktor der Ideologie eine völlig autonome Fähigkeit der Rückwirkung auf die gesellschaftlichen Bedingungen zuzugestehen. Diese idealistische Konzession ist nichts anderes als das notwendige Ergänzungsstück zur mechanistischen Missachtung der dialektischen Totalitätsvorstellung und der aus dieser resultierenden Vorstellung von der Subjekt-Objekt-Beziehung. Es zeigt sich hier, wie so oft, dass ein Fehler den anderen nach sich zieht, dass jede Undurchdachtheit zur Gefahr für das ganze System und seine Prinzipien werden kann. So zieht die mechanistische Entstellung des Prinzips des dialektischen Materialismus idealistische Entstellungen nach sich.

Die Durcharbeitung der Theorie der Totalität und der mit dieser eng verbundenen Theorie von der Subjekt-Objekt-Beziehung ist bedeutsam geworden für die Entwicklung der marxistischen Lehre, besonders des historischen Materialismus. Was Marx und Engels an Hegel zuallererst interessiert hat, das waren nicht die inhaltlichen Ausführungen, nicht die Anwendung der dialektischen Bewegungsformen auf Natur und Geschichte, sondern vor allem diese Bewegungsformen selbst. In seinen sachlichen Ausführungen geht Hegel sehr konstruktiv vor, ja, er ist oftmals recht willkürlich. Nicht ganz unrecht hat Ludwig Gumplowicz, wenn er über Hegel schreibt: »Zu weit ging er, wenn er das Absolute willkürlich in Stücke tranchierte und mit diesen Stücken gewissermaßen Jongleur-Kunststücke trieb, bald ein Stück sich Orient setzen (Thesis), im klassischen Altertum ein anderes Stück sich jener Thesis entgegensetzen ließ (Antithesis), um schließlich (im preußischen Königtum) sich beide Stücke zusammenfinden ließ (Synthesis).« Kein Wunder, dass wegen einer solchen Anwendungsweise der Dialektik auf die Geschichte schon Schopenhauer Hegel einen »unverschämten Scharlatan« und einen »Hanswurst Schellings« nannte, der »nur die eine Kunst verstanden, nämlich die, die Deutschen an der Nase herumzufuhren«.

Aber Marx hat tiefer gesehen und besonders den Wert der methodologischen Erkenntnisse voll erkannt. In der Vorrede zur zweiten Auflage des »Kapital« sagt Marx, dass Hegel »ihre (der Dialektik) allgemeine Bewegungsformen zuerst in umfassender und bewusster Weise dargestellt hat«. Marx hat auch an manche Punkte der konkret-historischen Ansichten Hegels angeknüpft, sei es in offener Auseinandersetzung mit ihnen, wie etwa in der Frage des Staates, sei es, dass er sie weitergeführt hat, wie in der Theorie der »Selbstentfremdung«, die er übrigens gleichzeitig in der »Kritik der Hegelschen Rechtsphilosophie« auch kritisiert. Die dialektische Grundhaltung Hegels hat zu mancherlei genialen Ahnungen und Einsichten geführt, die nicht ohne Wirkung auf Marx bleiben konnten.

Erstveröffentlichung in: Die Andere Zeitung, 15. November 1956.

Heine und Hölderlin

IN EINEM INTERESSANTEN BEITRAG »Kompromisse unter dem Stalinismus« (Die Andere Zeitung, Nr. 24) macht Siegfried Hoffmann die Bemerkung: »Warum man, wie Kofler entschuldigend schreibt, über Heine usw. ›nicht in der gleichen bohrend-geistvollen Weise‹ wie über Hölderlin usw. zu schreiben braucht, ist schlechthin unerfindlich. Kofler scheint hier dem üblichen Vorurteil vom irrational ›tiefen‹ Hölderlin und dem platt geistreichelnd-rationalen Heine zum Opfer gefallen zu sein.« Diese Unterstellung gibt Gelegenheit, einige grundsätzliche Bemerkungen zum Problem Heine–Hölderlin zu machen und aufzeigen, wie die marxistische Literaturtheorie arbeitet.

Heine ist großartig, gewiss, vor allem ein scharfsichtiger Realist, ausgerüstet mit der Fähigkeit, auf das Wesentliche gerichtete Beobachtungen dichterisch zu gestalten. Sein Geist ist von einer großen Spannweite, denn nichts verschließt sich ihm, was ihm in seiner Zeit begegnet. Aber seine Schranke: Er ist zuallererst Sinnenmensch, Empirist. Das heißt, er lässt nur gelten, was er »sieht«. Er begreift zwar davon mehr als andere, mehr als die meisten seiner Zeitgenossen, aber er erkennt das empiristische Faktum nicht oder nur am Rande als vom *Ganzen* her bestimmt. Und dieses Ganze ist zweierlei: der ganze Mensch und die ganze Zeit. Der ganze Mensch drückt sich aus in seiner anthropologischen Möglichkeit zur allseitigen und »unendlichen« Entwicklung seiner auf der Gabe des Bewusstseins beruhenden Anlagen und Fähigkeiten. Dieses Idealbild, das stets utopisch bleibt und doch sich stets stückweise im geschichtlichen Raume verwirklicht (worüber sich noch sehr viel sagen ließe), kennt der Skeptiker Heine nicht, es ist ihm kein echtes Leitmotiv seines Denkens. Sein kritisches Bewusstsein ist nicht stark genug, um die Grenzen der gegebenen Welt zu transzendieren; er bleibt trotz aller gelegentlichen Ausblicke (z. B. trotz seines Hinweises, dass es genug »Zuckererbsen« für alle gibt, »sobald die Schoten platzen«) wesentlich im Gegebenen befangen. Ähnlich verhält es sich mit Heines Stellung zum Ganzen der Zeit. Das Ganze der Zeit ist der Zusammenhang von Vergangenheit, Gegenwart und Zukunft. Vor dieser Zukunft schreckt Heine zurück, weil sein starr auf die Gegenwart gerichteter, einseitig empirischer Blick keine

Vorwegnahme künftiger Höherentwicklung, keine »Utopie« erlaubt. Was zum Beispiel aus dem »dreifachen Fluch« der Unterdrückten in seinem wunderbaren Gedicht »Die Weber« wird, zu welchen positiven historischen Entwicklungen er führt, das lässt Heine völlig offen. Denn er kennt die Zukunft nur als etwas, dem man wie der Vergangenheit und der Gegenwart mit Skepsis begegnen muss, sogar als etwas Drohendes. Die Dialektik von Verfall und Aufstieg, von Barbarei und Humanismus ist ihm fremd, trotz der Ahnung des revolutionär vorwärtsweisenden Sinns der hegelschen Philosophie, der er ein herrliches kleines Gedicht widmet.

Der heinesche Skeptizismus verleiht seinem empirischen Scharfblick die Kraft der Kritik, aber nimmt ihm alles Progressiv-Prophetische, das in der Orientierung des fortschrittlichen Denkens auf das Ganze des Menschen und das Ganze der Zeit wurzelt. Ist dieses Ganze auch nur utopisch begreifbar, nur in der Form einer fantastischen Vorwegnahme künftiger Entwicklung, so ist die Sehnsucht nach ihm seit jeher die wichtigste Triebkraft des fortschrittlichen Bewusstseins gewesen. Und je höhere Formen die gesellschaftliche Entwicklung zeigt und je unmittelbarer das Problem der Freiheit zu einem Problem aller Klassen wird, desto mehr konkretisiert sich inhaltlich die Utopie, die ihren Blick auf das Ganze richtet. Nur dass die exakte wissenschaftliche Aussage, die marxistische, die ahnende Hoffnung und den sehnsuchtsvollen Traum nicht mit der wissenschaftlichen Aussage verwechseln darf. Daher kommt die Abneigung von Marx gegen allzu ausgreifende Aussagen über die künftige Entwicklung und die künftige Ordnung, was aber nicht heißt, dass in ihm die prophetischen und utopischen Triebkräfte, die im Blick auf das Ganze wurzeln, nicht lebendig waren. Die Gegner von Marx sagen nichts Unrichtiges, wenn sie ihm »vorwerfen«, dass er sich von prophetischen Neigungen hinreißen ließ und daraus Impulse für seine wissenschaftliche Arbeit empfing. Sie übersehen nur, dass dies kein Mangel, sondern ein gewaltiger Vorzug ist, vorausgesetzt, dass die prophetische Sehnsucht nicht in die Fänge einer willkürlichen Mystik gerät, die auch reaktionär sein kann, sondern sich den ungetrübten Blick auf das Ganze des Menschen und der Zeit bewahrt. Die konkreten wissenschaftlichen Beweise für die Berechtigung dieser Ganzheitsbetrachtung können nur die dazu berufenen Wissenschaften wie Anthropologie, Gesellschaftslehre, Geschichte und Ökonomie in ihrem Zusammenwirken liefern. Im Grunde gibt es überhaupt kein auf den Menschen gerichtetes Denken ohne Prophetie. Der dem Marxismus entgegengesetzte Standpunkt ist auch Prophetie, aber eben Prophetie des Untergangs, der Verneinung, der Dekadenz.

Was aber dem Wissenschaftler nicht gestattet ist, nämlich: die sehnsuchtsvolle Ausrichtung auf Künftiges zur Grundlage wissenschaftlicher Aussagen zu machen, das gerade kann in der Dichtung unter bestimmten Umständen zum fruchtbarsten Element der künstlerischen Aussage werden. In einem solchen Falle verbindet sich scharfsichtige Empirie, die freilich niemals fehlen darf, mit der Sehnsucht nach dem Ganzen, nach der Herstellung der harmonischen Totalität des Menschen und der Gesellschaft. Hier pflegt jene elegische Trauer zu entstehen, die sowohl das kritische Bewusstsein weckt wie auch gleichzeitig die sehnsuchtsvolle Hoffnung schürt. Überwiegt das kritische Bewusstsein, so haben wir es mit dem im eigentlichen Sinne realistischen Kunstwerk zu tun (Balzac, Tolstoi, Thomas Mann). Überwiegt das utopisch-hoffende Bewusstsein, dann entsteht ein Kunstwerk von mehr oder weniger fantastischem (deshalb noch durchaus nicht »irrationalem«) Charakter. Da hier die Verbindung zum Gesellschaftlich-Realen nicht abgerissen ist, vielmehr noch immer eine wichtige Rolle spielt, haben wir es hierbei mit einer bloßen Abart der realistischen Dichtung zu tun.

Jeder unvoreingenommene und aufmerksame Leser von Hölderlins »Hyperion« muss zugeben, dass sich uns hier ein Werk letzterer Art darbietet. Was bei den großen realistischen Romanen etwa Balzacs oder Tolstois nur als unbewusstes oder halb bewusstes Leitmotiv in der kritischen Begegnung mit der Wirklichkeit bestimmend wird, das tritt bei Hölderlin in den Vordergrund: die bewusste Suche und Sehnsucht nach einem Zustand menschlicher Existenz, der das vorhandene Sein transzendiert und ihm als Maßstab vorgehalten werden kann. Fehlt diese entweder wie bei Tolstoi im Hintergrunde stehende oder wie bei Hölderlin bewusst-vordergründige Orientierung auf den ganzen Menschen völlig oder wird sie der alles durchdringenden Skepsis zum Opfer gebracht, dann kann ihre Kritik zwar messerscharf sein, aber ihr Verständnis dringt nicht bis in die letzten Tiefen.

Das ist bei Heine der Fall und darin liegt ein wesentliches Moment der Überlegenheit Hölderlins über Heine. Gewiss ist bei Hölderlin nicht zuletzt auch infolge der Tatsache, dass er noch eine weitaus weniger entwickelte Gesellschaft (in Deutschland) vor Augen hat als Heine, die Erscheinung der Entfremdung mehr gefühlsmäßig begriffen und die gesellschaftliche Wirklichkeit nur sehr abstrakt rezipiert. Aber hinter dieser Abstraktion und sogar noch weitgehenden Unklarheit verbirgt sich (und das gerade beweist Hölderlins menschliche und dichterische Größe) eine viel radikalere Ablehnung dekadenter Lebensformen, als dies bei Heine der Fall ist, der überdies vor Hölderlin voraushatte, mit der bereits reiferen bürgerlichen Ordnung in eine unmittelbarere Berührung zu kommen. Hat doch Hölderlin, der 1843 starb, die letzten Jahrzehnte seines Lebens in geistiger Umnachtung verbracht. Möge sich Hölderlin in seiner utopischen Hoffnung »rückwärtsgewandt« des Mittels der Idealisierung Griechenlands bedient haben, so steht eine solche Hoffnung dem Sozialismus näher als der bloße Empirismus Heines, ebenso wie zum Beispiel die Sehnsucht so bürgerlicher Geister wie Helvetius oder

Condorcet nach einer Ordnung individueller und sozialer Harmonie dem Sozialismus nähersteht als der blinde Empirismus nichtmarxistischer Sozialisten unserer Zeit.

Gewiss ist Hölderlins »Hyperion« träumerisch-fantastisch vergoren, sind seine Gestalten idealistisch verklärt, und gewiss bedeutet das einen Nachteil gegenüber dem unbestechlichen Realismus Heines. Aber gerade diese fantastische und idealisierende Form der künstlerischen Bewältigung der Hölderlin bewegenden Probleme bedeutet unter den historischen Bedingungen des 18. Jahrhunderts nur ein methodisches Mittel, den gegebenen Verhältnissen, die noch keinen realen Ausblick auf eine neue gesellschaftliche Entwicklung erlauben, in der Weise kritisch zu begegnen, dass ihnen die fantastische Utopie eines vollendeten oder der Vollendung fähigen Geschlechts gegenübergestellt wird. Ähnliches finden wir übrigens bei Rousseau, der dadurch, dass er sich der reinen Rationalität seiner bürgerlich-materialistischen Freunde entgegenstellt, das Gefühl und die Fantasie zum Mittel gesellschaftlicher Betrachtung erhebt, in mancherlei tiefer zu sehen vermag als diese. Allerdings darf diese Methode des Ausweichens ins Fantastische nur positiv gewertet werden in Epochen, in denen die Realität selbst noch ein Hindernis der gesellschaftlichen Erkenntnis war – dieselbe Methode wäre auf der Höhe der modernen Entwicklung ihrerseits das denkbar größte Hindernis.

Aber gerade diese zeitbedingte Methode des Ausweichens ins Fantastische und Utopische bedeutet, dass Hölderlin einen Maßstab von scharf kritischem Wert gewinnt, mit dem er seine eigene Zeit misst und in ihrer Verkommenheit erkennt. Deshalb ist der »Hyperion«, für denjenigen, der ihn mit realistischem Verstande liest, voll von realistischen Aussagen, lebensnah und letztlich sogar sozialkritisch. Und es kommt schließlich dabei heraus, dass wir im »Hyperion« auf eine schärfere Kritik am Zerfall des Menschen stoßen als bei Heine, der weniger auf den Menschen als solchen, vielmehr auf Unerquickliches im äußeren Leben der Menschen zielt. Das eigentliche und Marx leitende Problem der Destruktion des Menschen in der bürgerlichen Gesellschaft hat Heine kaum erkannt, während es nicht übertrieben ist zu sagen, dass es Hölderlin durchaus erahnt und zum Antrieb in seiner künstlerischen Gestaltungsarbeit gemacht hat.

Hölderlin in dieser Weise zu verstehen bedeutet bei der komplizierten Sachlage, die wir geschildert haben, dass er in einer mehr »bohrend-geistvollen Weise« analysiert werden muss, als dies Heine erfordert.

Erstveröffentlichung in: Die Andere Zeitung, 12. Juli 1956.

Bürgerliche Dekadenz und moderne Literatur

Es gibt nur zwei Dinge,
das Leere und das gezeichnete Ich.
Gottfried Benn

DIE UNTERSCHEIDUNG ZWISCHEN DER Orientierung auf die Innerlichkeit und die äußere Welt, zwischen Elite und Masse findet ihren Ausdruck unter anderem auch in der modernen Literatur, wenngleich in subjektiv sehr vielfältigen Formen. Insofern ist die moderne Literatur oder das, was man heutzutage unter der »modernen« Literatur zu verstehen pflegt, ein ideologischer Ausdruck der heute herrschenden bürgerlichen Elite, der Elite der Dekadenz; sie ist ihrem Wesen nach bürgerlich-*aristokratisch*. Diese Einsicht in den Elite-, das heißt aristokratischen Charakter der modernen Literatur ist deshalb von besonderer Wichtigkeit, weil sie den Streit um den Begriff der Volkstümlichkeit der Literatur klären hilft. Volkstümlich ist jede Literatur, die in ihren künstlerischen Aussagen die ganze Breite der komplexen Beziehungen zwischen dem Individuellen und dem Allgemeinen erfasst, damit die einzelnen Gestalten der Handlung gleichzeitig lebensnah und tief zeichnet, auf diese Weise die echten Spannungen des Lebens in ihrem ganzen Umfang zum Klingen bringt und deshalb die große Masse des lesenden Publikums anspricht und fesselt.

Es ist noch immer ein weitverbreiteter Irrtum im Lager des Sozialismus, dass volkstümliche Literatur flach und kindlich oder, wie die Bezeichnung lautet, »einfach« sein müsse. Es wird dabei übersehen, dass die materiell und geistig pauperisierten Massen der Klassengesellschaft überhaupt keine Literatur (außer dem Schund) haben. Die jeweils vollzogenen Schritte zur Überwindung des Pauperismus wenigstens auf geistigem Gebiete in der Aufklärungs- und Erziehungsarbeit früherer liberal-fortschrittlicher und der heutigen sozialistischen Bewegungen ging einher mit einer gewaltigen Ausbreitung der Werke solcher durchaus nicht »einfacher«, aber trotzdem volkstümlicher Werke wie denen Balzacs, Tolstois, Dostojewskis und Gorkis. Im wahren und echten Sinne volkstümlich sind die genannten Autoren und nicht irgendwelche formalistischen oder naturalistischen »Berühmtheiten« westlicher oder östlicher Herkunft. Dass aber auch die moderne subjektivistische Dekadenzliteratur niemals Volkstümlichkeit erlangen kann, ist begründet in ihrem aristokratischen Elitecharakter, von dem wir oben sprachen.

Aber dieser aristokratische Zug würde allein noch nicht ausreichen, um ihr alle Volkstümlichkeit zu nehmen. Es ist denkbar, dass gerade dieser Zug das Publikum reizt und zur Ausbreitung der modernen dekadenten Literatur beiträgt. Was dieser Literatur alle Volkstümlichkeit raubt, ist gar nicht das, was sie vom Formalismus oder Naturalismus unterscheidet, sondern im Gegenteil genau das, was sie verbindet: die Vernachlässigung der vielseitigen Vermittlung zwischen dem Individuellen und dem Gesellschaftlichen, dem Einzelnen und den allgemeinen Umständen – die Vernachlässigung der dialektischen Vermittlungen im Schicksal der künstlerisch gestalteten Individualitäten. Nur dass bei der modernen Literatur der Dekadenz noch etwas Besonderes hinzukommt: der Verlust der künstlerischen *Naivität*, die alle große Literatur, jede Klassik, auszeichnet. Die Ersetzung der Naivität durch die dekadente »Verfeinerung« bedeutet nur scheinbar, nur für den Standpunkt der nach innen gewandten künstlerischen Psychologie einen Vorzug. In Wahrheit ist sie ein großer Verlust. Sie entpuppt sich nämlich bei näherer Prüfung als eine Vereinseitigung der Betrachtungsweise zugunsten der psychologischen Abstraktion, als ein »Übersehen« der Tatsache des Hindurchgehens allen Geschehens durch das Seelische.

Dieses Seelische wird in der modernen Literatur verselbstständigt, vom komplizierten dialektischen Geschehen losgerissen und verabsolutiert. Die Folge ist eine weitgehende Verfälschung und Verdunkelung des Seelischen selbst und schließlich seine Irrationalisierung bis auf die Stufe des metaphysischen Mythos. Dass eine solche Literatur jedes echte und ursprüngliche künstlerische Empfinden verletzen muss, daher niemals Volkstümlichkeit erlangen kann, ist selbstverständlich.

In diesem Zusammenhang ist es von grundlegender Bedeutung, den hinter einem extremen Individualismus sich verbergenden faktischen Antiindividualismus der modernen Literatur aufzuzeigen, das heißt ihre Tendenz zur Schablonisierung und Formalisierung der Individualität. In der alten klassischen Literatur lebt sich die mit besonderen, eben individuellen Eigenschaften und Handlungstendenzen ausgestattete Individualität aus im Raume des allgemeinen, sozial und geschichtlich bedingten Geschehens. Eben deshalb tritt sie als *echte*, lebendige und durch vielfältige seelische und geistige Reaktionen ausgezeichnete Individualität zum Vorschein. Heutzutage begegnen wir solchen realistisch gezeichneten Gestalten nur noch selten, nur in den Romanen Thomas Manns und ihm verwandter Autoren, ebenso in vereinzelten realistischen Theaterstücken und Filmen. Die Folge ist bei den weniger begabten Dichtern die Zuflucht zum Hilfsmittel der willkürlichen Konstruktion von Situationen, die die

»Lösung« der künstlerischen Probleme ermöglichen sollen (z. B. [Werner] Bergengruen), bei den begabten Dichtern, wie wir an Kafka noch zeigen werden, eine Psychologisierung des Geschehens, die dadurch zustande kommt, dass einseitig bestimmte Züge des Seins, besonders der Entfremdung, als Erscheinungen des Seelischen begriffen werden. Von dieser »neuen« Basis aus erscheinen dann die für das Individuum weittragenden und bestimmenden gesellschaftlichen Phänomene, die sich so sehr in ihrer »Schicksalhaftigkeit« aufdrängen, dass sie auch von der dekadenten Literatur als bedeutsam anerkannt werden müssen, als letztlich (auf eine oft mystische Weise) von dem seelischen Erlebnisbereich her gesetzt, von ihm »erzeugt«.

Zu guter Letzt kommt bei dieser Psychologisierung (Umkehrung) des Verhältnisses von individueller Innerlichkeit und gesellschaftlichem Sein eine Formalisierung und Gleichschaltung der Individuen zustande. Trotz aller Reichhaltigkeit der subjektiven Färbungen, trotz aller Verschiedenheit der »Charaktere« verlieren diese alle zeitbedingten und gesellschaftlich bestimmten (klassenmäßigen) Merkmale oder diese sinken zu zufälligen und sekundären Merkmalen herab. Das ist der Grund, weshalb der Leser moderner Romane oft nicht in der Lage ist, die geschilderten Gestalten einer bestimmten Zeit zuzuordnen. Er hat das Gefühl, dass sie ebenso gut ins Mittelalter wie in die Gegenwart passen. Es ist daher auch kein Zufall, dass in Kafkas »Schloss« die Schule moderne Züge zeigt, das Schloss dagegen feudale und die handelnden Personen selbst sowohl in irgendeiner Epoche der Vergangenheit als auch heute lebend gedacht werden können. Wenn gerade bei Kafka sich gelegentlich Eigenschaften des *modernen* Menschen stärker vordrängen, so erklärt sich das daraus, dass bei diesem hochbegabten Dichter die Fähigkeit, realistisch zu sehen, nicht ganz verloren ging und die Phänomene der Entfremdung zeitweilig realere Gestalt annehmen.

Die psychologische Formalisierung der menschlichen Probleme bedingt aber eine andere psychologische Methode, als wir sie in der klassischen Literatur vorfinden, genauer besehen: eine oberflächlichere. Weil die moderne Literatur keine oder nur geringe Rücksicht nimmt auf die Tatsache der gesellschaftlichen und tief ins Psychische hinabreichenden Vermittlungen, kennt sie nicht oder nur ornamental, das heißt als nicht zum Wesentlichen zugeordnet, das Problem der *Entwicklung* der Individuen und ihres Charakters. Diese Entwicklung resultiert aus der Auseinandersetzung des Individuums sowohl mit den übrigen Individuen als auch der widerspruchsvollen Totalität der gesellschaftlichen Umwelt.

Georg Lukács hat nachgewiesen, dass es ein wesentlicher und bedeutender Zug in der großen Romanliteratur von Goethe und Balzac bis Tolstoi und Thomas Mann ist, die Gestalten ihrer im verdinglichten Denken scheinhaften Einmaligkeit zu entkleiden und ihre innere und menschliche Entwicklung in die Handlung einzubeziehen. Ziehen wir die entsprechende Schlussfolgerung daraus, kann man sagen, dass es auch in der alten großen Literatur Psychologie gibt, aber sie ist eine Psychologie des Flusses, die sich im Laufe der Erzählung mitentwickelt, weil sie hier nicht als Selbstzweck begriffen wird, wie etwa bei Proust oder Gottfried Benn, sondern als lebendiges Verbindungsglied und Durchgangselement des für einen bestimmten zeitlich begrenzten sozialen Umkreis geltenden totalen und beziehungsreichen Geschehens.

Aus ebender entgegengesetzten Haltung, die aus der einseitigen Orientierung auf die Innerlichkeit sich ergibt, gerät die moderne Literatur in die für sie ausweglose Situation, die Entwicklung der Individuen bestenfalls nur scheinhaft sich vollziehen zu lassen. Sie bleiben notwendig im abstrakten Raume der mit der Außenwelt nicht oder unzulänglich vermittelten Psychologie im Grunde immer dieselben. Aus diesem Grunde muss diese Literatur ihre Schilderungen in »phänomenologisch«-prunkartige Formen des Erfassens der individuellen Bestimmungen pressen, gerät sie trotz aller scheinbaren, weil willkürlichen und kunstvoll aufgezäumten Konkretion immer mehr in die Fänge einer leeren Abstraktheit, die man auch daran erkennt, dass sich die konstruierte Reichhaltigkeit des Erlebnisprozesses auf ganz wenige und meist nebensächliche psychologische Bestimmungen (überwiegend wiederum irrationell-mythologischer Art) reduzieren lässt. Das Ganze bleibt stets in ein eintöniges Dunkel gehüllt, was Tiefe und seherischen Blick in die unergründeten Regionen der Seele vortäuscht und das auf das mehr oder weniger dem Denken der Dekadenz unterlegene Publikum seine Wirkung nicht verfehlt.

Es ist einfach unwahr, dass die bedeutende alte Kunst die triebhaften und andersgeartet irrationalen »Untiefen« der Seele nicht gekannt habe. Aber sie hat entsprechend ihrem völlig andersgearteten künstlerischen Charakter niemals darauf verzichtet, die Funktion des tiefenpsychologischen Geschehens in ihrer konkreten Vermittlung zum totalen Leben der künstlerisch beschriebenen Individuen zu verfolgen und im Laufe der Darstellung immer mehr aufzuhellen. Die moderne Literatur neigt nicht nur deshalb zum Irrationalismus und zur Mystik, weil sie der dekadenten innengewandten Vernunftfeindlichkeit der hochkapitalistischen Gesellschaft unterliegt, sondern in weiterer Folge auch deshalb, weil ihr einseitiger Subjektivismus methodisch eine echte Lösung der literarischen Probleme nicht zulässt und sich mithilfe der künstlerischen Mystik »überzeugende« Pseudolösungen zustande bringen lassen.

Es wäre gleichzeitig irrtümlich zu meinen, dass es in der modernen Literatur gar keine Probleme im Sinne der realistischen Kunstauffassung gibt. Im Gegenteil, gerade für die subjektiv begabtesten Vertreter der modernen Literatur trifft dies nicht zu, besonders nicht für den Bedeutendsten unter ihnen, für Kafka. Wenn es richtig ist zu sagen, dass das Problem des *Schicksals* ein Grundzug der modernen Literatur ist, so zeigt die marxistische Methode der Entlarvung von Ideologien, dass sich hinter diesem Schicksalsproblem nichts anderes verbirgt als die Erscheinung der *Entfremdung* in der kapitalistischen Gesellschaft.

Der für diese Gesellschaft bestimmend gewordene Bruch zwischen individuellem Wollen und objektivem Prozess, zwischen dem Menschen und seinem Werk, zwischen der gesteigerten Möglichkeit menschlicher Entfaltung und dem Zurückgeworfensein des Menschen auf das Triebhaft-Tierische usw., die aus all dem sich ergebende Unheimlichkeit und Bedrohung des Lebens, die Unbeherrschbarkeit und Irrationalität, das alles spiegelt sich im bürgerlich-dekadenten Bewusstsein als »Schicksal«. Da aber die Entfremdung als solche nicht begriffen wird, erscheint dieses Schicksal als ewige, für alles Menschsein schlechthin geltende und daher weder überwindbare noch zu mildernde Bedrohung aus einer letztlich unbegreiflichen und mystischen Verwurzelung heraus (Heinrich Weinstock).

Der Kampf zwischen dem Individuum und den unheimlichen Mächten des Schicksals spielt sich entsprechend der oben geschilderten individualistisch-psychologischen Grundkonzeption wesentlich im Innern des Menschen ab. Das hat noch den Vorzug, dass der Mensch auf sich selbst gestellt erscheint und niemanden für sein Schicksal zur Verantwortung ziehen kann; rein wie Venus am ersten Tage ihrer Geburt steht die kapitalistische Ordnung da. Wie alle Probleme der Realität wird auch das Problem der Entfremdung durch die Verlagerung ins Subjektive formalisiert und entleert. Wie immer sich die einzelnen Vertreter der modernen Literatur voneinander unterscheiden mögen, die eigentlichen Nuancen sind zu suchen in ihrer Stellung zum Problem der Entfremdung und in der Art seiner dichterischen Bewältigung. Zwischen Bergengruen und Kafka ist deshalb ein so großer Unterschied, weil sie sich in *dieser* Beziehung so weit unterscheiden. Nicht die Symbolik, deren sie sich bedienen, unterscheidet sie, sondern ihr Inhalt, aber auch die gewählte Symbolik ist letztlich Ausdruck der Schwäche oder der Kraft in der dichterischen Bewältigung der Entfremdung. Hierbei kann man die Tatsache beobachten, dass je abstrakter die Symbolik (nicht der Inhalt), sie desto unbefangener und offener dem Entfremdungsphänomen gegenübertritt, es in größerer Breite und Vielseitigkeit in die Erzählung einfließt. Dies ist bei Kafka der Fall.

Das Symbol der rational gesetzten Ziele wie gleichzeitig des Umstandes, dass sie niemals zu erreichen sind, ja, dass es sie gar nicht gibt, dass der Mensch sie sich bloß einbildet und er sich in völliger Verlorenheit einer unverständlichen Welt ausgeliefert sieht, die ihn aber ebenso zwingt, sich so zu verhalten, als ob er sie verstünde, ist bei Kafka das

Schloss. Der Mensch handelt in bestimmter Weise, er weiß sogar, was er will, und trotzdem sind ihm und den anderen die Gründe seines Handelns völlig unerklärlich. Es bleibt völlig unbestimmt, ob dieses Schloss überhaupt existiert, obgleich man gelegentlich sogar hineinkommt. Die Unbestimmtheit und Ungewissheit verrät sich in widerspruchsvollen Handlungen, was wiederum ein schlechtes Gewissen gibt. Der Mensch fühlt sich immer schuldig, auch wenn er weiß, dass er dem Schicksal unterworfen ist. Aber er kommt niemals dahinter, wessen er eigentlich angeklagt ist (»Der Prozess«).

Das alles ist großartig und doch unzulänglich. Wo liegt der Fehler Kafkas? Um diese Frage zu beantworten, müssen wir vorerst eine andere stellen: Woher kommt diese Stimmung der Unbestimmtheit, Verlorenheit und exaltierten Ziellosigkeit, woher nimmt sie Kafka? Wir haben es hier mit einem gleichzeitigen genialen Erfassen der realen Situation des Menschen in der unbeherrschbar und undurchschaubar gewordenen Welt (dies trotz aller willkürlichen psychologischen Überspannungen) wie einem vollkommenen Verfehlen der wirklichen Verhaltensweise des Menschen zu tun. Die unvermittelte Gleichsetzung von Begegnung zwischen dem Individuum und der ihm unverständlichen und ihn bedrückenden, ihm als Schicksal erscheinenden Totalität des gesellschaftlichen Prozesses auf der einen Seite und dem konkreten Verhalten dieses Individuums im Teilbereich seiner einzelnen Handlungen entspricht nicht der Wirklichkeit. Dass der Mensch sich einem undurchsichtigen Chaos ohne Ziel und Sinn gegenübergestellt sieht, bedeutet nicht, dass er sich aufgibt und im Teilbereich seines individuellen Lebens nicht versucht, sich einzurichten, so gut es geht.

Auch hier wirkt der Bruch zwischen dem Irrationalismus des Ganzen und dem Rationalismus des Teilgebietes bis ins Seelische hinein. Die Bedrohung durch das unbekannte »Schicksal« wird zwar überall empfunden, erzeugt Gefühle der Angst, der Unsicherheit und der Verzweiflung, steigert aber gerade den Drang, die kleine Insel gegenüber dem großen Strom abzudämmen, zu rationalisieren. Die Furcht wird hier zum Anlass, sich auf das eigene Ich zu besinnen und ihm eine Stätte der relativen Sicherheit zu bauen. Bei Gründung einer Familie, Anlegen eines Bankkontos, Kauf eines Autos, Bau eines Hauses herrscht rationale Klarheit. Das alles weiß auch Kafka. Aber er überträgt nun (allerdings in subjektiv großartiger Weise) die irrationalen Phänomene, die dem Ganzen eignen, unvermittelt auf alle Sphären des individuellen Lebens, und da er sich dadurch der echten Möglichkeit einer (dichterisch-intuitiv verstandenen) allseitigen Vermittlung zwischen dem Objektiven und dem Subjektiven begibt, bleibt ihm nur der Weg der Injektion der Phänomene der Entfremdung, wie sie das Ganze kennzeichnen, in die Psychologie des Einzelnen, wo er ihre Auswirkungen verfolgt. In Akten der Verdrängung, der bewussten oder unbewussten Angst, der latenten oder ausbrechenden Verzweiflung, im Erlebnis der Einsamkeit, im Rausch und im Selbstmord findet die irrationale Bedrohung der auf Rationalität tendierenden Lebenssphären immer neue Nahrung. Aber das ist etwas ganz anderes als das Versenken, das Verschwindenlassen der Entfremdung, des »Schicksals« in der Seele des Einzelnen, wo die angebliche Freiheit des empirischen Menschen, der zu wählen hat zwischen Gut und Böse, ausschließlich herrscht.

Die psychologisch-mythologische Metaphysik bringt es auch bei Kafka fertig, die Außenwelt als eine Variante, sogar als ein Produkt der subjektiven Innenwelt umzudeuten, mit dem Erfolg, dass die Entfremdung zur »anthropologischen« oder »philosophischen« Kategorie erhoben, das heißt als ewig unaufhebbar erklärt wird. Nur deshalb kann ein Vertreter dieser Auffassungsweise in Polemik gegen den marxistischen Begriff der Entfremdung sagen: »Die Entfremdung des Menschen datiert seit seiner Austreibung aus dem Paradies; sie ist durch gesellschaftliche Umschichtungen nicht zu heilen.«

Erstveröffentlichung in: Die Andere Zeitung, 13. Dezember 1956; nachgedruckt (unter dem Titel »Zur Kritik der spätbürgerlichen Literatur«) in: Leo Kofler: Zur Kritik bürgerlicher Freiheit, Hamburg 2000.

Gewerkschaften im bürgerlich-liberalen Staat

SCHON AN DER WIEGE der modernen bürgerlich-kapitalistischen Welt steht der Sündenfall in der Gestalt des Selbstverrats des Bürgertums an seinen eigenen demokratischen Idealen. Obgleich es die historische Aufgabe dieser Welt gewesen wäre, die gesellschaftliche Mission des Bürgertums zu erfüllen und die bürgerliche Demokratie aufzurichten, wurden die demokratischen Rechte den breiten Volksschichten nicht von selbst und nicht als eine Selbstverständlichkeit gewährt, sondern sie mussten dem Bürgertum mit Mitteln des harten Kampfes abgerungen werden. Am deutlichsten sichtbar wird diese Tatsache in der langwierigen Geschichte der Erkämpfung des allgemeinen und demokratischen Wahlrechts. So kam es zu einer eigenartigen Spaltung zwischen der politischen Auffassung des Bürgertums, die die *passiven* Freiheitsrechte in den Vordergrund stellte (vor allem das Recht der individuellen Unabhängigkeit und Bewegungsfreiheit), und der politischen Auffassung der unteren Volksschichten, die darüber hinaus *aktive* Rechte forderte (vor allem das Wahlrecht und andere Rechte), die geeignet sind, ein größeres Gleichgewicht zwischen den entgegengesetzten gesellschaftlichen Mächten herzustellen, das heißt die Übermacht der herrschenden gesellschaftlichen Kräfte zu mildern. Die Vertreter der passiven Freiheit bezeichnet man am besten als bloß *liberal*. Dagegen verdienen nur jene Kräfte als *demokratisch* bezeichnet zu werden, die den Kampf um die Herstellung und den Ausbau der aktiven Freiheitsrechte führen. Daher ist es richtig zu sagen, dass die herrschenden Schichten in der kapitalistischen Gesellschaft nicht demokratisch, sondern bestenfalls (wenn wir von den monopolistischen und faschistischen Tendenzen absehen, die besonders in gewissen fester verfilzten Führungsgruppen der Wirtschaft und der Politik zu beobachten sind) liberal sind. Die wirkliche bürgerlich-demokratische Gesinnung finden wir interessanterweise nicht etwa beim historisch berufenen Träger dieser Gesinnung, nicht beim Bürgertum, sondern bei den unteren Gesellschaftsschichten, in reinster Ausprägung bei der Arbeiterschaft. Es ist hierbei zu unterstreichen, dass die Frage der sozialistisch-demokratischen Gesinnung der arbeitenden Klassen von uns in diesem Zusammenhang nicht in Betracht gezogen wird; wir schränken hier die Betrachtung bewusst ein.

Die Arbeiterschaft hat manche Einbrüche in die liberal-kapitalistische Front erzielt, das ist nicht zu bestreiten. Aber der bloß liberale und noch nicht als demokratisch zu klassifizierende Charakter der bürgerlichen Ordnung ist bis heute wesentlich unangetastet geblieben. Man kann sogar sagen, dass er sich aus vielerlei und in diesem Rahmen nicht weiter zu behandelnden Gründen der Tendenz nach und de facto sogar verschärft hat. Trotzdem ist es wahr, dass es den arbeitenden Klassen und ihren Organisationen im Laufe der Zeit gelungen ist, manche Bresche in das liberalkapitalistische Gefüge zu schlagen und in ihm manches demokratische Zugeständnis abzuringen.

Diese Einsicht, dass infolge der Fortschritte der demokratischen Kräfte nicht mehr von einem rein liberalen Staate gesprochen werden kann, ist aber scharf zu unterscheiden von der anderen, dass die herrschenden gesellschaftlichen Träger dieses Staates erstens die sich stets vordrängende Neigung zeigen, die demokratischen Errungenschaften zu entschärfen und insbesondere den weiteren demokratischen Fortschritt aufzuhalten, und zweitens, dass das bürgerliche Bewusstsein in vollem Gegensatz zur Demokratie steht, das heißt von der Position des Denkens aus mit der Gefahr der weiteren Demokratisierung des gesellschaftlichen Lebens fertig zu werden versucht. Es werden deshalb entscheidende demokratische Einrichtungen und Kräfte vom Bürgertum als mehr oder weniger »unorganische« Faktoren des gesellschaftlichen Gebäudes betrachtet und mit Misstrauen überschüttet. Ganz besonders trifft dieses Misstrauen die Gewerkschaften als eine der wichtigsten demokratischen Säulen unserer Gesellschaft.

Aus dem Misstrauen wird sehr bald Verleumdung, denn vom Misstrauen zur Verleumdung ist es nur ein Schritt. Nicht zum Geringsten spielt hierbei das Bedürfnis eine Rolle, die »monolithische« Machtzusammenballung auf der Seite der herrschenden bürgerlichen Klasse und ihres Staates *zu* verschleiern. So schreibt der liberale Anti-Gewerkschafter Goetz Briefs (»Die Gewerkschaft zwischen Kapitalismus und Syndikalismus«): »Es kann nicht das Ziel der Gewerkschaften sein, einen monolithischen Block im Gefüge der Demokratie darzustellen; denn keine Demokratie verträgt monolithische Blöcke.« So noch zu Beginn des Buches (S. 9), aber auf Seite 94 wird aus dieser verschleierten Drohung eine irreführende Unterstellung: »Keine soziale Gruppe erfreut sich eines solchen Grades von Immunität und Sonderstellung wie die Gewerkschaften.« Wenn das wahr wäre, dann wäre die Gewerkschaft die herrschende Macht in unserer Gesellschaft oder, was dasselbe bedeutet, die Vertreterin der Herrschaft der Arbeitnehmerschaft in unserer Gesellschaft.

Sieht man näher zu, das heißt liest man Briefs Werk genau nach, dann entpuppt sich die Behauptung von der überragenden Sonderstellung der Gewerkschaften als Ausdruck der simplen liberalen Furcht, die Gewerkschaften könnten durch weitere Festigung ihrer Position und durch Ausweitung des demokratischen Sektors so weit vordringen, dass an die Stelle des vorhandenen Zustandes der überragenden Vorzugsstellung der Bourgeoisie und ihrer Organisationen die Parität der Kräfte treten würde. Aus der folgenden Ausführung Briefs' lässt sich das erkennen: »Schon im Sommer 1950 hat die Gewerkschaftszentrale wissen lassen, dass *Parität* im Aufsichtsrat und der Arbeitsdirektor ›unabdingbare und unteilbare Forderungen‹ seien, hinter denen ›alle gewerkschaftlichen Kampfmittel‹ stehen würden.« (S. 106) Jeden Versuch also, ein Gleichgewicht zwischen den Arbeitnehmern und den Unternehmern herzustellen (ein Versuch übrigens, der beweist, wo die wirkliche Macht liegt), verleumdet Briefs mit der ihm eigenen Ungeniertheit und im Namen der gesamten liberalen bis monopolistischen Bourgeoisie als Ausdruck des Strebens der Gewerkschaften, aus ihrer angeblichen »Sonderstellung« eine Alleinherrschaft über die Gesellschaft zu machen. Bedenkt man zum Beispiel, dass in einer der wichtigsten Institutionen unseres öffentlichen Lebens, nämlich im Innenministerium, von dreihundert höheren und hohen Beamten kaum ein halbes Dutzend Sozialdemokraten sind (die übrigens alles daransetzen, nicht als solche erkannt zu werden), dann weiß man auch, auf welcher Seite die »Sonderstellung« ist. Betrachten wir auch das Schul-, Universitäts- und Verlagswesen, dann steht fest, dass es hier nicht viel besser bestellt ist. Wenn Götz Briefs sich einen Begriff davon machen möchte, was ein monolithischer Block ist, möge er sich die verfilzten und bis in Bereiche der Bildung öffentlicher Ideologien hineinwirkenden Interessenverbände kapitalistischer Provenienz ansehen, wovon zum Beispiel die nicht weniger als 270 in Bonn sitzenden und glänzend dotierten sogenannten Verbindungs- und Informationsbüros mit ihrem großen Einfluss nur ein blasser Abglanz sind.

In einem wirklich demokratischen Staate gilt die Gewerkschaft als gesunder und notwendiger Faktor des Ausgleichs in der Machtverteilung zwischen den gesellschaftlichen Kräften. Sie wird hier anerkannt als natürliches Gegengewicht gegen die Herrschaft des Bürgertums. Die wirklich demokratische Auffassung versteht überdies unter einer Gewerkschaft keinen bloßen Lohnautomaten, sondern eine Interessenorganisation der arbeitenden Klassen, die angesichts der äußerst beschränkten Möglichkeiten dieser Klassen, sich aus eigener Kraft und aus eigenen Mitteln einen festen Platz in den kulturellen, geistigen und menschenbildenden Bereichen zu erobern, die Pflicht hat, ihre Tätigkeit auf möglichst viele Objekte des menschlichen Lebens auszudehnen. Das Objekt der gewerkschaftlichen Sorge kann nicht bloß das materielle Individuum, sondern es muss der ganze Mensch sein, sofern er Angehöriger jener Klasse ist, die ausschließlich vom Angebot ihrer Arbeitskraft lebt. Dass die Gewerkschaften noch nicht in der Lage sind, sich den vielfältigen ihnen zufallenden Aufgaben in ausreichendem Maße zu widmen, spricht nicht gegen sie, sondern gegen die gesellschaftliche Ordnung, in die sie sich hineingestellt sehen. Es ist klar, dass jeder Versuch der Ausweitung des gewerkschaftlichen Aufgabenkreises das antigewerkschaftliche Ressentiment noch steigert.

Selbst so vorsichtige Gewerkschaften wie die deutschen werden von dem liberalen Bürgertum und seinen Ideologen mit dem denkbar höchsten Misstrauen bedacht. Die Erklärung dafür gibt Dr. Viktor Agartz in einer Rede, die er auf der Recklinghausener Tagung im Jahre 1952 über das Thema »Die Gewerkschaft im liberal-kapitalistischen Staat« hielt. Er sagt: »Sicher sind unter dem Einfluss der Gewerkschaften viele Änderungen eingetreten. Insbesondere auf dem Gebiet der Sozialversicherung sind *entgegen der liberalen Auffassung* staatlich festgesetzte Rechtsansprüche gesichert worden. Andererseits müssen wir auch feststellen, dass trotz der erheblichen Wandlungen in der staatlichen Organisation des kapitalistischen Systems jede Konzession bis zur Gewaltanwendung verweigert wird, wenn hierdurch die Zitadelle seiner Macht berührt wird.« (Gewerkschaftliche Monatshefte, August 1952, S. 467; Herv. L.K.) Ist dem aber so, das heißt kann der soziale Fortschritt nur durchgesetzt werden *gegen* die liberale Auffassung, dann kann die Gewerkschaft ihre Forderungen, sofern sich diese aus dem bereits erreichten und gesetzlich anerkannten Rahmen heraus entwickeln, nur durchsetzen durch schrittweise Zurückdrängung der liberalen Grenzen in der Richtung der demokratischen Zielsetzung. Der von Alfred Weber als »Integrationsprozess« bezeichnete Weg der ständigen Angleichung des Staates an die gesellschaftliche Bewegung lässt nur zwei Möglichkeiten offen: Entweder der liberale Staat weicht gegen sein eigenes Prinzip zurück und anerkennt schrittweise die demokratischen Forderungen der Gewerkschaften, oder aber es kommt zu einem Machtkampf zwischen den beiden Institutionen. Der dritte Weg, der noch infrage kommt, nämlich der Weg der Unterwerfung der Gewerkschaft unter den vorhandenen »gesetzlichen Zustand«, wie es in der liberalen Ideologie heißt, würde nichts anderes bedeuten als die widerstandslose Unterwerfung der Demokratie unter den herrschenden Liberalismus und ist daher für die Gewerkschaft untragbar – obgleich die Gewerkschaft praktisch oft genug diesen Weg geht, weil sie, befangen in einer vulgärsoziologischen und verbürgerlichten (verliberalisierten) Ideologie, ihre wahre gesellschaftliche Situation nicht durchschaut.

Aus diesen Verhältnissen heraus, die, wie wir sehen, die geforderte Unterwerfung unter den vorhandenen liberal-kapitalistischen Staat nicht zulassen, entsteht auch jene liberale Ideologie, die diese schwierige Stellung der Gewerkschaften als demokratische Institutionen, wenn auch auf eigene, das heißt liberalistisch verzerrte Weise widerspiegelt. Betrachtet man diese Ideologie genauer, dann stellt sich Folgendes heraus. Zugestandenermaßen oder nicht zugestandenermaßen, aber gewiss in organischer Fortentwicklung ihrer Grundauffassung betrachtet die liberale Anschauung selbst da, wo sie genötigt ist, sich mit der Existenz der Gewerkschaften abzufinden und diese anzuerkennen, die Gewerkschaften als der liberalen Ordnung widersprechend oder, was dasselbe ist: als illegal. Diese ebenso wenig erbauliche wie für die Erkenntnis der wahren Stellung der Gewerkschaften im liberalen Staate wichtige Schlussfolgerung lässt sich treffend gerade mit den liberalen Theorien selbst verifizieren.

In einer bedeutsamen Analyse, die Alfred Weber auf der gleichen Recklinghausener Tagung 1952 gab, unterschied er zwei Hauptrichtungen in der liberalen Staatstheorie. Erstens die juristische Staatsauffassung, die etwa besagt: Die letzte Grundlage für die Beurteilung der Rechtmäßigkeit oder Unrechtmäßigkeit gegebener Einrichtungen und Erscheinungen bilden die geltende Verfassung und ihre Paragrafen. Verfassung und Gesetze sind alles. Was sich nicht restlos auf sie zurückführen lässt, ist nicht! Zweitens die pluralistische Staatsauffassung, wie Weber sie bezeichnet. Sie betrachtet den Staat als Körper oder Kraft neben anderen gesellschaftlichen Kräften und bemüht sich um eine Klärung ihres Verhältnisses zueinander. Nach beiden Auffassungen ist die Gewerkschaft ein unorganisches Element im staatlichen Gefüge unserer Gesellschaft. Weber sagt darüber: »Erstens: Die juristische Staatsauffassung redet bei jeder Aktion, die nicht paragrafenmäßig eingeordnet werden kann (und das ist natürlich bei zahlreichen Aktionen und Unternehmungen der Gewerkschaften der Fall), von ›Verfassungswidrigkeit‹. Zweitens: Die pluralistische Staatsauffassung betrachtet die Gewerkschaften in ihrer außerparlamentarischen Tatsächlichkeit zwar als notwendig, aber dennoch als verfassungswidrig und gefährlich.« (ebd., S. 479) Vom Standpunkt der liberalen Theorie, die ihrerseits natürlich nichts anderes ist als die theoretische Verdichtung des allgemein geltenden liberalen Bewusstseins der Bourgeoisie, lässt sich die Existenz der Gewerkschaften selbst da, wo man sich aufgrund ihrer Gegebenheit als historischer Tatsache mit ihr abgefunden hat, nicht mit dem Prinzip des Liberalismus vereinbaren, welches das Prinzip des egoistischen Bourgeois im Gegensatz zum altruistischen Citoyen ist. Die ernste liberale Staatswissenschaft bestätigt ungewollt genau das, was wir auf dem Wege der soziologischen Ableitung als Wesenszug des Liberalismus herausgearbeitet haben: seinen grundsätzlich undemokratischen Charakter.

Alfred Weber selbst verweist auf die mögliche Lösung des Problems durch Einführung des Begriffs des »Integrationsprozesses«. Ob das ausreicht, ist noch die Frage. Mit diesem Begriff wird nämlich bereits der Rahmen dessen überschritten, was wir als den heutigen liberalen Staat erkannt haben, möge er auch gewisse, ihm von der geschichtlichen Entwicklung aufgezwungene demokratische Elemente in seinen Körper, wenn auch in schlecht verdauter Form, aufgenommen haben. In seiner achtenswerten Sorge um die Zukunft Deutschlands bemüht sich Weber, den heute herrschenden Mächten den demokratischen Weg schmackhaft zu machen. Der Begriff des »Integrationsprozesses« ist gewiss geeignet zu zeigen, wie der bürgerliche Staat sein sollte, wenn er seine eigene Behauptung ernst nehmen würde, ein demokratisches Wesen zu sein. Aber er ist nicht demokratisch, sondern bestenfalls eben nur liberal, nicht dem Citoyen, sondern dem Bourgeois verpflichtet. Die Wirklichkeit ist stärker als der schönste Begriff, was übrigens Weber sehr gut weiß. Ihm kam es nur darauf an, der liberalen Staatstheorie zu zeigen, worin ihre Widersprüche wurzeln und wie ein wirklich demokratischer Staat sich gestalten und aussehen müsste.

Wovor sich das liberale Bürgertum fürchtet, ist gar nicht, wie es durch den Mund der Liberalen glauben machen möchte, eine etwaige Überbordung des gewerkschaftlichen Einflusses, die gesellschaftliche Herrschaft der Gewerkschaften, die unter den heutigen Klassen- und Herrschaftsverhältnissen völlig ausgeschlossen ist. Sie fürchtet vielmehr die bloße demokratische Gleichberechtigung, zum Beispiel in der Form der paritätischen Vertretung in allen wichtigen öffentlichen und privatwirtschaftlichen Institutionen.

Wir sind der Meinung, dass in Anbetracht der wirklichen Machtverteilung in unserer Gesellschaft die Gewerkschaften noch weit davon entfernt sind, eine solche Position in Parität zu erringen, ja, dass dies ohne weitläufige historische Entwicklungen und spannungsreiche Auseinandersetzungen kaum möglich sein wird. Die Forderung nach Parität sollte als wichtige demokratische Forderung niemals aus dem Programm der Gewerkschaften gestrichen werden, wenngleich in gewisser taktischer Beweglichkeit stets zu erwägen sein wird, in welcher Form man sie jeweils stellt. Diese Forderung nach paritätischer Vertretung muss sogar jedem gewerkschaftlichen Sozialprogramm leitend zugrunde gelegt werden, denn sie bildet das unter den heutigen Verhältnissen einzig mögliche Richtmaß für den Kampf der Gewerkschaften um die Demokratisierung des gesellschaftlichen Lebens unserer Zeit. Die Verwendung außerparlamentarischer Kampfmittel ist nicht zu vermeiden, und wenn dauernd um dieses demokratische Recht heftig diskutiert wird, so ist das wieder einer der schlagendsten Beweise dafür, wie sehr sich die wirklich demokratischen und die bloß liberalen Geister scheiden. Die liberalkapitalistische Behauptung, die außerparlamentarischen Kampfmittel seien unvereinbar mit den Grundsätzen der Demokratie, arbeitet mit der Verleumdung, als ob die außerparlamentarische Aktion nur in der Form der Gewaltanwendung zu denken sei. Die friedliche Demonstration bis hinauf zum Streik (etwa im Falle der Bedrohung der demokratischen Rechte wie im Falle des Machtantritts Hitlers oder auch im Falle nur »teilweiser« Verletzung der Demokratie) sind gute demokratische Rechte, und nur die liberale Verzerrung der Demokratie kann sie aus der Liste dieser Rechte streichen. Dass es sich bei der Demonstration um ein echtes demokratisches Recht handelt, sei mit dem Hinweis erläutert (einem in diesem besonderen Falle allerdings etwas amüsanten Hinweis), dass es auch den Unternehmern unbenommen bleibt, mit Transparenten und Parolen durch die Straßen zu ziehen, wie es übrigens das Verkehrsgewerbe schon exerziert hat.

Man sollte sich von der Rabulistik der liberalen Ideologen nicht imponieren und noch weniger Angst machen lassen. Sie sind nur Diener jener Klasse, die den historischen Fortschritt verhindern möchte. Für sie trifft ein markanter Ausspruch zu, der im Folgenden wiedergegeben sei: »Ehemals zeichneten sie wie Kant und Hume die Briefe mit ›untertänigster Knecht‹ und unterminierten die Grundlagen von Thron und Altar. Heute nennen sie Regierungshäupter mit Vornamen und sind mit jeder (künstlerischen) Regung dem Urteil ihrer literarischen Prinzipale untertan. Die Analyse, die Tocqueville vor hundert Jahren gab, hat sich mittlerweile ganz bewahrheitet. Unterm privaten Kulturmonopol lässt in der Tat ›die Tyrannei den Körper frei und geht geradewegs auf die Seele los. Der Herrscher sagt nicht mehr: du sollst denken wie ich oder sterben. Er sagt: es steht dir frei, nicht zu denken wie ich, dein Leben, deine Güter, alles soll dir bleiben, aber von diesem Tage an bist du ein Fremdling unter uns‹.« (Horkheimer und Adorno: Dialektik der Aufklärung, 1950, S. 158f.)

Bei dieser Alternative, die sich heute noch dadurch verschärft, dass man das Vermögen des Widerspenstigen zwar nicht raubt, ihn aber oft daran hindert, es auch nur in bescheidenem Maße zu erwerben, und ihn durch Elend mürbe zu machen versucht, bei dieser Alternative zwischen der Haltung von Kant und Hume auf der einen Seite und der liberalen Knechtseligkeit auf der anderen gehen die meisten Ideologen von heute den leichteren Weg, denn ihnen ist schon längst das Rückgrat gebrochen. Die Frage ist für uns nur die, wie weit die Ideologen und Praktiker der Gewerkschaften sich noch ein demokratisches Rückgrat bewahrt oder wie weit sie sich »liberal« unterworfen haben.

Erstveröffentlichung (anonym unter dem Titel »Der bürgerlich-demokratische Staat und die Gewerkschaften«) in: WISO. Korrespondenz für Wirtschafts- und Sozialwissenschaften, 1. Januar 1957.

Die Rückverwandlung des Gewerkschaftsbürokraten in den Volkstribunen

»DAS AUSFINDIGMACHEN NEUER Formen der Gesellschaftslenkung ist durch das Bestehen überalteter Freiheitsbegriffe gehemmt«, schreibt Karl Mannheim in seinem sehr beachteten Buch »Diagnose unserer Zeit«. Demokratien, in denen die Herrschaft veralteter Freiheitsbegriffe den Fortschritt hemmen, nennt er »impotente Demokratien«. Die Gewerkschaft steht nicht abseits der Gesellschaftsordnung, sondern in ihr. Es fragt sich nur, ob sie sich ihr unterwirft oder ihr kritisch begegnet oder ob schließlich vielleicht eine Mischform entsteht, wie wir sie tatsächlich mancherorts beobachten können. Die Frage ist also, wie weit sich die »Impotenz« der sie umgebenden Gesellschaftsformation auf sie überträgt. Zu den sichersten Zeichen der Erhaltung der gewerkschaftlichen Selbstbehauptung und Kraft gehört deswegen der Grad, den die Gewerkschaft in der Erkenntnis der Notwendigkeit neuer, den komplizierten Problemen der Jetztzeit angepasster Wege entwickelt. Das setzt vor allem voraus eine klare, gesellschaftskritisch und historisch gut begründete und in alle Lehrpläne der gewerkschaftlichen Schulungsarbeit aufgenommene wissenschaftliche Theorie.

Die Existenz einer umfassenden gewerkschaftlichen Theorie würde es weitgehend erleichtern, die Probleme der modernen Gewerkschaftsbewegung zu erkennen und einer Lösung zuzuführen. Der tiefste Grund für die Verwirrung, die in der Diskussion über gewerkschaftliche Fragen herrscht, ist zu suchen in dem heutigen Zustande der faktischen Theorielosigkeit, die ihrerseits eine funktionale Begleiterscheinung des weitverbreiteten Praktizismus in der gewerkschaftlichen Arbeit ist. Das Fehlen einer gewerkschaftlichen Theorie ist aber nicht minder bezeichnend für den Bürokraten im Gegensatz zum Funktionär in seiner klassischen Form, das heißt zum einstigen Volkstribun. Die Wiedererweckung des unbürokratischen Funktionärstyps und die Heranziehung eines schlagkräftigen Kaders von Volkstribunen, deren die Gewerkschaft heute mehr denn je bedarf, stellen Probleme dar, die bei dem jetzigen Zustande der Abkapselung der Gewerkschaften von der unmittelbaren Anteilnahme an der theoretischen, das heißt vor allem ökonomischen und soziologischen Arbeit kaum zu lösen sind. Wie der Bürokrat theoriefeindlich ist

(ist es nicht charakteristisch, dass wissenschaftliche Zeitschriften, selbst solche der Gewerkschaften, nachgewiesenermaßen nur sehr wenig von den Gewerkschaftsfunktionären, vielmehr überwiegend von gewerkschaftsfremden und -feindlichen Personen gelesen werden?), so ist der wirkliche Funktionär theoriegebunden, und wie die Abschwächung des Interesses für die wissenschaftliche Theorie die Bürokratisierung erleichtert hat, so wird die Stärkung dieses Interesses die Entbürokratisierung erleichtern.

Die Forderung nach Rückverwandlung des Bürokraten in den Funktionär stößt aber auf bestimmte Schranken, die mit der modernen Entwicklung der Gewerkschaftsbewegung im Zusammenhang stehen. Es wäre illusorisch und utopisch zu meinen, dass die einstige klassische Funktionärsschicht in unveränderter Gestalt wiederhergestellt werden könnte. Die Kräfte des Heute sind zu stark, um ein gewöhnliches historisches Plagiat zu erlauben. Was möglich ist, ist die Anknüpfung an das Wertvolle von einst und seine Weiterleitung in die Bahnen, die im gesellschaftlichen Chaos unserer Zeit noch beschreitbar sind. Solche Bahnen sind vorhanden und zu finden. Die »Gesetzlichkeit« einer historischen Situation ist niemals eine solche, dass es keine Alternative, das heißt nur einen einzigen Weg, gibt. Denn diese »Gesetzlichkeit« ist stets eine solche der gesellschaftlichen und historischen, sich fortwährend wandelnden Beziehung zwischen den verschiedenen Klassen, der Totalität der Klassenverhältnisse. Innerhalb dieser Klassenverhältnisse kann die Position des Einzelnen oder einer Bewegung sehr verschieden sein. Es kommt nicht nur darauf an, wo man der sozialen Situation nach im gesellschaftlichen System zu stehen kommt, sondern auch darauf, wie man sich bewusst innerhalb der Totalität der Verhältnisse orientiert, für welche bewusste und gewollte Position man sich entscheidet. Die alte scheinmarxistische Lehre von der »Klassengebundenheit« war ein pures Missverständnis, denn im marxistischen System wird sie niemals als einseitige Gebundenheit an eine *einzige* Klasse aufgefasst. Die Form der Auseinandersetzung des einer bestimmten Klasse angehörenden Individuums mit der Ganzheit der Klassenverhältnisse bleibt historisch entscheidend. Es hängt also weitgehend vom Menschen selbst ab, wie weit er die erwähnte »Gesetzlichkeit« erkennt und welche Konsequenzen er unter Ausnützung der komplizierten und daher vielfältigen Möglichkeiten für sein eigenes Handeln zieht.

Die Gewerkschaft ist nicht nur umfangreicher und verzweigter geworden, sie hat auch neue Aufgaben aufgelastet bekommen, die das Spezialistentum weitgehend unentbehrlich machen. Das ist von vornherein zuzugestehen, damit die Diskussion nicht auf falsche Bahnen gerät oder sich festfährt. Das heißt aber weder, dass der Spezialist ein von allen Perspektiven der Ganzheitsbetrachtung abgetrennter Bürokrat bleiben muss, noch dass der Volkstribun durch ihn ersetzt werden könnte und entbehrlich wäre. Ganz im Gegenteil: Ist es wahr, dass nicht mehr wie früher der mit speziellen Aufgaben betraute Funktionär und der Tribun tendenzmäßig zusammenfallen, dass die Aufgaben, die dem Tribunen gestellt sind, unter den modernen Verhältnissen zu einer besonderen Funktion im Bereiche der gewerkschaftlichen Arbeit zu werden beginnen und werden müssen, so kann daraus nur der Schluss gezogen werden, dass ungeachtet der notwendigen Umerziehung aller Gewerkschaftsfunktionäre in der Richtung ihrer Entbürokratisierung (und das kann nur heißen: nach dem idealtypischen Maßstab und Vorbild des alten klassischen Funktionärs) ein besonderer Kader erstehen muss, der ähnlich der Priesterschaft in der Kirche zum anerkannten und angesehenen Träger der Idee und der Erziehung wird, das heißt die Aufgaben des fortschrittlichen Volkstribunentums übernimmt, ohne das keine demokratische Bewegung auf die Dauer funktionsfähig bleiben kann. Und es muss ausdrücklich unterstrichen werden, dass je höher wir in der Stufenleiter der Organisation steigen, je wichtiger die Aufgaben sind, die den Funktionären übertragen sind und je mehr die Aufgaben zu Aufgaben der Führung werden, desto stärker der das Ganze im Auge behaltende Tribun über den Spezialisten überwiegen muss, obgleich der Typ des Volkstribunen in keiner Schicht der gewerkschaftlichen Funktionärskader fehlen darf.

Gewiss entsteht durch diese neuerliche Scheidung der Aufgaben zwischen dem Spezialisten und dem Volkstribunen eine neue »Spezialisierung«. Denn wie der Spezialist kein vollgültiger Volkstribun sein kann (oder nur in der geringeren Zahl der Fälle beides in sich vereinigen wird), so der Volkstribun kein vollgültiger Spezialist. Aber dieser Mangel gleicht sich dadurch aus, dass die Beziehung beider naturgemäß eine völlig andere ist als unter Spezialisten sonst. Die Gebiete der Spezialisten schließen sich gewissermaßen aus, die Beziehung zwischen dem Spezialisten und dem Träger der gewerkschaftlichen Gesamtidee, dem Tribunen, ist die der unentbehrlichen Ergänzung. Die Wachsamkeit und erzieherische wie propagandistische Aktivität des Tribunen wird das Umschlagen des Spezialistentums in Bürokratismus ebenso zu verhindern haben wie das konkrete und tatsachengebundene Wissen des Spezialisten ein Versinken der tribunalen Tätigkeit und Gedankenbildung in abstrakten Leerlauf und bloßen Utopismus. In der planmäßigen, vielleicht wöchentlich einmaligen (ganztägigen) Schulung des Funktionärs, die darin zu bestehen hat, dass dieser sich mit dem gesamten Umkreis wissenschaftlicher und praktischer Problematik vertraut macht, die die Grundlage der Gewerkschaftsbewegung bildet, kommt es zu jenem Gedankenaustausch aller Teile der Funktionäre, durch den der lebendige Kontakt mit der Gesamtschau erhalten bleibt, wodurch die Gefahr der vollkommenen Bürokratisierung weitgehend gebannt werden kann. Diskussion und Kritik tragen hierzu das ihrige bei. Die Furcht vor Diskussion und Kritik ist ein typisches Merkmal des Bürokratismus.

Aber mit der abstrakten Forderung nach Umerziehung der heutigen gewerkschaftlichen Bürokratie und der Heranbildung einer besonderen, heute nur in den Anfängen vorhandenen und überdies leider selbst weitgehend bürokratisierten Schicht von Lehrern, Agitatoren, Journalisten, Schriftstellern, Organisatoren und gewerkschaftlicher Führerpersönlichkeiten von Format ist es allein noch nicht getan. Der praktische Weg dahin ist mindestens ebenso schwierig, wenn nicht noch schwieriger als die Gewinnung der allgemeinen Erkenntnis der Gründe des Fehlens dieser Schicht und der Notwendigkeit ihrer Heranbildung. Die praktischen Wege dahin aufzuzeigen ist nicht mehr Aufgabe dieses Beitrages. Aber eines sei bemerkt: Das schöpferische Reservoir, aus dem eine Erneuerung der Funktionärskader nach dem Maßstabe des einstigen klassischen Funktionärs hervorgehen soll, kann bestenfalls nur bis zu einem gewissen Grad die Bürokratie in ihrer heutigen Gestalt bilden. Dieses schöpferische Reservoir bildet die Millionenmasse der organisierten Mitglieder der deutschen Gewerkschaften. Zu behaupten, dass sich mit der Masse der Mitglieder »einfach nichts anfangen lässt«, und mit dieser sehr unbestimmten und allgemeinen Formulierung den Schein der Ausweglosigkeit der Situation zu erwecken, gehört zu den üblichen und übelsten Methoden der Bürokratie und ist nicht ernst zu nehmen. Wie die Gewerkschaftsbewegung aus dem Schoß des Volkes entstanden ist, so kann und wird sie sich auch aus diesem Schoß heraus erneuern.

Ohne das Zurückgreifen auf die Kräfte, die noch unausgebildet und ungebraucht in der Masse der Mitgliedschaft ruhen, wird der Versuch der Entbürokratisierung der Gewerkschaften von geringem Erfolg begleitet sein. Aber für ein solches Zurückgehen auf die Masse der Mitglieder bleibt andererseits unerlässlich, dass eine weitgehende Redemokratisierung des gewerkschaftlichen Lebens einsetzen muss durch unermüdliche Aufrufung der Mitglieder, durch Entbürokratisierung der Kongresse auf dem Wege der Delegation von Vertrauensleuten, die unmittelbar von der Mitgliedschaft gewählt werden, und durch stärkere Einflussnahme der Mitglieder sowohl auf die Gestaltung der Bildungsprogramme als auch auf die Auswahl der Dozenten usw. Gewiss setzt eine solche Aktivierung der Mitglieder die Existenz eines Kaders von Tribunen voraus, der allein diese Aufgabe zu lösen vermag. Dieser Kader ist aber nicht vorhanden. Wir haben es auch hier mit einem jener widerspruchsvollen Zirkel zu tun, die so oft die Lösung historischer Probleme erschweren. Die schöpferische und damit wirkungsvolle Beeinflussung der Massen kann nicht von der Bürokratie erwartet werden, die sich eher als Hindernis erweisen wird. Andererseits ist nicht zu erhoffen, dass unter den gegenwärtigen Bedingungen der weitgehend entfremdeten Seinsweise des Menschen dieser den Weg zur organisatorischen Aktivität von selbst finden werde. Die Initiative muss daher von den verantwortlichen »Einzelgängern« in der Gewerkschaftsbewegung ergriffen werden. Sie müssen es sein, die den ersten Faden aus dem Knäuel herauslösen, damit dieser selbst aufgerollt werden kann. Versagt die Führung, dann wird die geschichtliche Entwicklung der Gewerkschaft nur zwei Wege übriglassen: entweder den Weg des Verfalls oder den der Eroberung der gewerkschaftlichen »Positionen« durch neue Kräfte.

Soll die Entbürokratisierung der Funktionärsschicht wahrhaft gelingen, so gehört dazu, dass ihre führende Schicht dazu gelangt, die Probleme des sozialistischen Humanismus und der Entfremdung ernst zu nehmen und nicht, wie dies bestenfalls heute der Fall ist, sie als interessante, im Übrigen aber die praktische Arbeit nur wenig tangierende »Interessengebiete« einiger wirklichkeitsfremder Theoretiker zu betrachten und mit einer lässigen Handbewegung an den äußersten Rand des gewerkschaftlichen Denkens zu schieben. Wirklichkeitsfremd ist aber in Wahrheit diese Haltung selbst, denn durch sie wird nicht die konkrete Kenntnis der wirklichen Probleme des Menschen in unserer Gesellschaft gefördert, sondern das Entstehen einer irreführenden und abstrakten Vorstellungswelt, die sich deshalb als der Realität näherstehend erlebt, weil sie mit dem äußerlichen und scheinhaften Bild von unserer Gesellschaft übereinstimmt, wie es sich im naiven Bewusstsein herausbildet. Es ist überhaupt eine oft zu beobachtende Tatsache, dass der »mitten im Leben Stehende«, wie sich der einseitige Praktiker mit Stolz zu bezeichnen pflegt, weitaus weniger von diesem Leben begreift als der diesem Leben mit »interesselosem«, das heißt nicht von persönlichen Gesichtspunkten geleitetem Interesse begegnende Wissenschaftler oder Publizist. Das »praktische« Wühlen in den Belangen der Wirklichkeit führt noch nicht zu ihrem Durchschauen, wenngleich andererseits das theoretische Verstehen dieser Wirklichkeit gewiss noch nicht zusammenfällt mit der Fähigkeit ihrer praktischen Bewältigung. Im Volkstribunen, wie wir ihn gezeichnet haben, trifft sich die praktische mit der theoretischen Fähigkeit in der Weise, dass hier die theoretische Einsicht (die hier nicht unbedingt wie beim berufsmäßigen Wissenschaftler produktiv sein muss) sich mit der praktischen Gestaltungskraft zur Einheit verbindet und zu einer schöpferischen Kraft der Menschenformung wird.

Wird die heutige, so weitgehend bürokratisierte Funktionärsschicht die Belange unserer Zeit verstehen oder wird sie vor der Notwendigkeit der Reorganisation der Gewerkschaften die Augen verschließen? Das ist die Frage und bleibt selbst für den Fall eine offene Frage, wenn die führenden Instanzen der Gewerkschaften sich unserem Standpunkt anschließen sollten. Es wird des Mutes und der Standhaftigkeit des noch vorhandenen nichtbürokratisierten Teiles unter den Funktionären bedürfen, um die Bedeutung des Problems des Bürokratismus ins Bewusstsein zu heben und zum Gegenstand der Diskussion zu machen. Es geht nicht gut an, sich stets über die Bürokratie der Ostländer zu mokieren, und gleichzeitig so zu tun, als ob es bei uns ein Problem der Bürokratie überhaupt nicht gäbe. Wir müssen lernen, auszusprechen, was ist, besonders in Deutschland, wo der Hang zur falschen Disziplin uns Hemmungen auferlegt und damit die Bürokratisierung unserer Verhältnisse unterstützt. Schon Hegel sagte (und sogar Bismarck ist ihm in dieser Ansicht gefolgt): »Der Deutsche besonders, je knechtischer er auf der einen Seite ist, desto zügelloser ist er auf der anderen; Beschränktheit und Maßloses [Falsches; L.K.], Originalität ist der Satansengel, der uns mit Fäusten schlägt.« Seien wir nicht zügellos, aber auch nicht knechtisch, wenn es um das Wohl und Wehe der Kampforganisationen der Arbeitenden und um den demokratischen Fortschritt der Menschheit geht.

Erstveröffentlichung (anonym unter dem Titel: »Die Rückverwandlung des Bürokraten in den Volkstribunen«) in: WISO. Korrespondenz für Wirtschafts- und Sozialwissenschaften, 1. September 1956.

Die progressive Elite und ihr Verhältnis zur Kunst Bert Brechts

VOR ALLEM ZWEI ANSICHTEN pflegen miteinander im Streite zu liegen, wenn es um das Wesen der Elite geht: die moralisierende und die soziologisierende. Die *moralisierende* wertet nach ethischen und geistigen Maßstäben und hat es daher schwer, die Existenz von Eliten in der Geschichte aufzuweisen. Verbleibt man bei der neuesten Geschichte, so lässt sich sagen, dass es bis etwa zur Zeit des Ersten Weltkrieges und nur teilweise darüber hinaus zwei Formen einer solchen Elite gegeben hat, eine nicht sehr ansehnliche Schicht bürgerlicher Liberaler und das politische Volkstribunentum der Arbeiterbewegung. Beide sind inzwischen vom Strome der allgemeinen bürgerlichen Dekadenz in der Epoche des Imperialismus zermalmt worden und verschwunden, sodass Friedrich Sieburg (in der *Frankfurter Allgemeinen Zeitung* vom 17.7.1957) resigniert feststellt, dass es heute gar keine Elite mehr gebe.

Die *soziologisierende* Ansicht dagegen verleugnet zwar nicht die Notwendigkeit eines gewissen geistigen Hochstands, kümmert sich aber um moralische Wertungen wenig. Der Hauptsache nach kommt es ihr auf die Feststellung des Besitzes von Macht und von sichtbar oder unsichtbar die Gesellschaft beaufsichtigenden und führenden Funktionen an. »Mit dem Ausdruck der Elite«, sagt zum Beispiel Leopold von Wiese, möchte er nicht in wertendem Sinne »die Vorhut der Menschheit, die wahrhaft Edlen verstanden wissen, sondern die mit Vorrechten Ausgestatteten, Privilegierten, sozial Mächtigen, die Führenden, tatsächlich Leitenden«. Es sind dies die »im Hintergrunde bleibenden, wahrhaft dirigierenden und leitenden Elemente«, die »mehr oder weniger geheimen Initiatoren« (was den kindlich-naiven und deshalb auch dem bürgerlichen Einfluss erlegenen »Führern« der SPD ins Tagebuch geschrieben sei). Eine solche Elite gibt es in unserer Zeit allerdings, aber sie ist, wie andernorts ausführlich dargelegt, nichts als die Inkarnation der kapitalistischen Dekadenz und Entfremdung, was sich bis in die letzten Winkel ihrer Existenz auswirkt und sehr komplizierte ideologische und charakterliche Widersprüche hervorbringt. Es ist deshalb eine große Frage, ob man bei dieser Schicht überhaupt noch von einer Elite sprechen kann, da die mit der Dekadenz verbundene Tatsache des Missbrauchs der Macht und der demokratischen Einrichtungen, die durch tausenderlei Einfluss ausgeübte Funktion des Niederhaltens der Massen im Zustande der Entfremdung und die damit zusammenhängende moralische und geistige Selbsterniedrigung dem gängigen Begriff der Elite ins Gesicht schlagen.

Vom Standpunkt der sozialistischen Theorie muss zwar am soziologischen Begriff der Elite festgehalten werden. Aber es genügt keine formalsoziologische Bestimmung, sondern die totale Gesetzlichkeit des Geschichtlichen selbst hat zu entscheiden, was unter einer wirklichen Elite zu verstehen ist. Dabei ergibt sich (ohne dass wir das hier des Näheren begründen können), dass sie sich, welche Anforderungen moralischer oder geistiger Natur sonst an die Elite gestellt werden müssen, in jedem Falle als Elite zu erkennen gibt durch ihre gesellschaftlich *fortschrittliche* Funktion. Auch umgekehrt lässt sich sagen: Eine Elite, die ihr Augenmerk nicht auf das Ganze des menschlichen Seins, auf die daraus entspringenden wahren und das heißt *humanistischen* Bedürfnisse richtet, die nicht versteht, dass diese Bedürfnisse nur in einem stets grundlegend neue Qualitäten sozialen Seins erzeugenden Prozess des Fortschritts befriedigt werden können, die aus dieser Perspektive nicht die Dekadenz- und Entfremdungserscheinungen, die Zeichen klassenmäßiger Erniedrigung und Verkommenheit durchschaut und bekämpft, kann im sozialistischen Sinne nicht als Elite angesehen werden.

Hier steht nun die bedeutsame Frage, ob es denn heute möglich ist, von der Existenz einer Elite zu sprechen, angesichts der Tatsache, dass es kein fortschrittliches liberales Bürgertum mehr gibt noch – außer in kleinen Überresten – ein sozialistisches Volkstribunentum.[1] Diese Frage ist zu bejahen, so wenig dies auf den ersten Blick einleuchtet. Nach dem Vorangehenden ist es klar, dass diese Frage allein auf die Existenz einer progressiven Elite gerichtet sein kann und keine andere. Will diese Frage sinnvoll beantwortet sein, so muss ein allen Individuen, die die progressive Elite bilden, gemeinsames Merkmal vorhanden sein: das Merkmal der kritischen Abgrenzung gegen alle Erscheinungen der Dekadenz und Entfremdung. Schon an diesem Punkte zeigt sich eine Affinität zur Kunst Bert Brechts, die verschiedentlich und sichtbar in eine Art Sympathieverhältnis zwischen der progressiven Elite und Brecht umgeschlagen ist. Auf alle Fälle ist nicht zu bestreiten, dass beiden gemeinsam ist die kompromisslose Opposition gegen Dekadenz und Nihilismus, der Ekel vor dem Ekel (d. h. der progressive Ekel vor dem nihilistischen Ekel), und ein großes Maß humanistischer Schlussfolgerungen, wenngleich zunächst in vielen individuellen Fällen noch unbestimmter und keineswegs sozialistischer Art.

Es muss im Zusammenhang mit der Bestimmung der infrage stehenden Elite als einer progressiven mit aller Deutlichkeit hervorgehoben

1 Vgl. meine Schrift »Marxistischer und ethischer Sozialismus?« (Bovenden 1955).

werden, dass es falsch ist – der heute geltenden historischen Sachlage nach falsch –, den Trennungsstrich mechanisch zu ziehen zwischen Sozialismus und Nichtsozialismus, zwischen sozialistisch Gesinnten und Nichtsozialisten. Die Sachlage ist komplizierter, die Fronten haben sich verschoben. Viele »Sozialisten« stehen heute, zumeist ohne es zu wissen, dort, wo man sich dem geschichtlichen Fortschritt entgegenstemmt. Viele, die dem Sozialismus noch mit Skepsis begegnen, aber sich ein liberal-fortschrittliches Bewusstsein bewahrt haben und verzweifelt gegen das Unterliegen unter den Prozess der menschlichen Deformation ankämpfen, geraten in eine Front mit dem Sozialismus. Oft geschieht es, dass ihre aus der unmittelbaren Beobachtung gewonnenen und durch keine dekadente Theorie verdorbenen Anschauungen spontan weitaus radikalere, weil unbefangen kritischere Formen annehmen, als das bei jenen der Fall ist, die durch eine nicht bis ins Letzte verstandene sozialistische Theorie leicht ins Dogmatische abrutschen. Gerade diese kritische Spontaneität erlaubt es vielfach nichtsozialistisch ausgerichteten Individuen, sich unbefangen Brecht zu nähern und sich für ihn zu begeistern. Dieser Umstand erklärt die an sich merkwürdige Tatsache, dass es keine andere Schicht als diese amorph sich aus progressiven Elementen sozialistischer und nichtsozialistischer Herkunft zusammensetzende Elite gewesen ist, die den Prellbock im Kampfe Brechts um seine Anerkennung in einer ihm feindlichen Welt gebildet hat. Nach zuverlässigen Berichten wiederholt sich dieser Vorgang heute in England und in den USA.

Es kann aber bei der bisherigen Umschreibung der progressiven Elite nicht stehengeblieben werden, denn sie ist ein sehr kompliziertes und widerspruchsvolles Gebilde. Jedenfalls lässt sich aus einer gewissen ideologischen Kongruenz zwischen dieser Elite und Bert Brecht schließen, dass Brecht geradezu als der Ideologe der progressiven Elite angesehen werden kann. Da ist vor allem derselbe Zug ins Ironische, wie wir ihn in der Kunst Brechts festgestellt haben.[2] Und diese Ironie zeigt dieselben Merkmale wie die brechtsche: Die aus der kritischen Opposition gegen die heutige Gesellschaft sich ergebende Ausrichtung auf ein – je nach Individualität und individueller Herkunft klar oder verschwommen geprägtes – humanistisches Ideal erscheint in ironischer Gebrochenheit, der Optimismus daher wie der brechtsche als ein mit wehmuts- und sehnsuchtsvollen Zügen vermischter, als ironischer Optimismus.

Da die progressive Elite wegen ihrer progressiven Haltung in einer dekadenten und scheindemokratischen Gesellschaft und im Gegensatz zu der ihr tief misstrauenden dekadenten Elite (die sich nur in den obersten Rängen der Bourgeoisie findet) von aller Machtausübung ausgeschlossen ist, ja sich in ihrer individuellen Existenz bedroht fühlt, zeigt

2 Vgl. meinen Beitrag »Bert Brecht und die neue Epoche der progressiven dramatischen Kunst«, in: Die Andere Zeitung, 14. November 1957.

sie eine stark entwickelte Neigung zu beobachtender und abwartender Passivität und Kontemplativität. Diese Neigung wird zudem noch verstärkt durch die erfahrene tiefe Enttäuschung über das Versagen der fortschrittlichen Kräfte. Sie schließt sich daher nicht gern an, verbleibt in gewollter und selbst gewählter Isoliertheit, überschreitet nur selten den Umkreis des avantgardistischen Negierens, worin sie allerdings, wo sie Gelegenheit dazu erhält, oft Geistvolles und Tiefes leistet.[3] Die Haltung der Kontemplativität und Negation bleibt aber auf die Dauer nicht ohne Folgen für die weitere Ausgestaltung des elitehaften Bewusstseins. Zwar bleibt der Optimismus trotz seiner dialektischen Ironisierung, das heißt der Glaube an das Gute und Erhabene im Menschen und an die Verwirklichbarkeit dieser Anlagen, trotz dialektischer Relativierung unter der Bedingung der Entfremdung, echter und ungebrochener Optimismus, der das Wesen der progressiven Elite ebenso kennzeichnet wie ihre grundsätzliche kritische Opposition. Aber da gleichzeitig Kontemplativität und Passivität dieser Elite das Ausleben von Optimismus und Sehnsucht im Bereiche praktischer Betätigung – »praktisch« hier im weitesten Sinne genommen –, die auf Veränderung der gesellschaftlichen Zustände gerichtet ist, verunmöglichen, schlägt das Moment der Ironie innerhalb des sonst ungebrochenen Optimismus nicht selten in eine Stimmung der Verzweiflung um, die einer tragischen Note nicht entbehrt.

In dieser Beziehung geht Bert Brecht, dessen Ironie eine große Festigkeit gegen das Umschlagen in Verzweiflung zeigt, wie wir darstellten, nicht mehr mit. Die theoretische und künstlerische Klarheit Brechts überschreitet nirgends die Grenzen, innerhalb derer eine richtige Widerspiegelung der Probleme des heutigen Menschen und seiner gesellschaftlichen Umstände sich zu vollziehen hat. Brecht lässt sich nirgends dazu verleiten, der Stimmung der Verzweiflung Konzessionen zu machen. Er bleibt der geistige Exponent der progressiven Elite, sofern sich diese eben als eine progressive darbietet, er macht aber nicht mit, wenn *nihilistische Tendenzen* sich bemerkbar machen, sei es auch, dass diese Tendenzen aus der schwierigen und widerspruchsvollen Position der Elite verständlich werden und entschuldbar sind. Aber gerade mit dieser Festigkeit erweist Brecht der Elite einen großen Dienst, indem er stets von Neuem ihren Optimismus und ihre Hoffnungen schürt, sie ermuntert durchzuhalten, ihr das Gefühl der Berechtigung ihrer kritischen Haltung verstärken hilft und ihr Mittel in die Hand gibt, ihr Bewusstsein zu klären und zu schärfen. Diese Wirkung Brechts ist es wiederum, die die Begeisterung der Elite für Brechts Kunst erhöht und das Band zwischen beiden verstärkt. Auch von dieser Seite her erweist sich

3 Man braucht sich nur als Beispiel den nach allen Seiten hin unabhängigen, elitehaft-avantgardistischen Hamburger Studentenkurier anzusehen. [Der Hamburger *Studentenkurier* war die Vorläuferzeitschrift der Zeitschrift *Konkret*.]

die Annahme einer soziologisch bedingten Affinität zwischen der progressiven Elite und Brecht als berechtigt.

Schließlich wäre noch zu zeigen, wie unter der Bedingung des Festhaltens am humanistischen Ideal, gerade weil die Verwirklichung dieses Ideals unter den gegebenen Umständen nicht möglich erscheint und es sich deshalb ironisiert, das Zusammenwirken von Verzweiflung und Optimismus, von Lethargie und Sehnsucht ein neues Element gebiert, das sich des elitehaften Bewusstseins bemächtigt: den *Hang zum Utopischen*. Ähnliches gilt für das Entstehen einer Verhaltensweise, die bereits ins Spielerische und Ästhetische geht. Doch sind das sekundäre Probleme.

Es scheint uns, dass trotz aller Widersprüche und Schwächen die in sich amorphe, aber wesentlich progressive Elite ungeachtet ihrer Passivität allein schon durch ihr Dasein keinen unerheblichen Einfluss auf die Bewusstseinsbildung der Gesellschaft ausübt, und dass sie berufen ist, eines Tages eine wichtige Rolle zu spielen.

Erstveröffentlichung in: Die Andere Zeitung, 21. November 1957; nachgedruckt (unter dem Titel »Bert Brecht und die Neue Linke«) in: Leo Kofler: Zur Kritik bürgerlicher Freiheit, Hamburg 2000.

Vergeistigung der Herrschaft. Die drei Faktoren des bürgerlichen Staates

IN DEN FRÜHSCHRIFTEN WEIST Marx auf die bedeutende Rolle hin, die der bürgerlichen Gedankenwelt im Gefüge der modernen Klassengesellschaft zukommt. Einerseits stellt das bürgerliche Denken eine wirkliche Kraft, ein unentbehrliches und nach allen Richtungen wirkendes Mittel der Aufrechterhaltung der Herrschaft der kapitalistischen Klasse dar. Es entsteht somit leicht der Schein, als ob die gesellschaftlichen Verhältnisse und Differenzierungen ausschließlich durch geistige Faktoren veranlasst wären. Aber andererseits bleibt dieser Schein eben bloßer Schein, denn hinter ihm stehen die wirklichen, ökonomischen und sozialen Herrschafts- und Ausbeutungsverhältnisse, deren Verschwinden die alleinige Voraussetzung für das Verschwinden dieses die ganze Gesellschaft beherrschenden Scheins bildet. Marx bemerkt hierzu: »Dieser ganze Schein, als ob die Herrschaft einer bestimmten Klasse nur die Herrschaft gewisser Gedanken sei, hört natürlich von selbst auf, sobald die Herrschaft von Klassen überhaupt aufhört.« Immerhin stellt dieser Schein, dass die Klassenherrschaft wesentlich eine solche des Gedankens (noch dazu des erhabenen) sei, ein ernstes Problem dar, denn seine Herrschaft über die Köpfe erlaubt es, dem kapitalistischen Staate die Glorie umzuhängen, auf den Zwang zu verzichten und rein mit den Mitteln des Geistes die Gesellschaft zusammenzuhalten – woran, wie noch zu zeigen, durchaus ein Körnchen Wahres ist, wenn auch diese Wahrheit, richtig verstanden und enthüllt, die Glorie zerreißt und den nackten Egoismus der Herrschenden erkennen lässt.

Zunächst mögen uns einige Äußerungen von Marx mit seiner Vorstellung über die Rolle vertraut machen, die er dem Faktor des Geistes im Prozess der Festigung der Herrschaft der einen Klasse über eine andere zuspricht: »Die Gedanken der herrschenden Klasse sind in jeder Epoche die herrschenden Gedanken, d. h. die Klasse, welche die herrschende materielle Macht der Gesellschaft ist, ist zugleich ihre herrschende geistige Macht.«

An dieser Stelle ist es wichtig, darauf hinzuweisen, dass Marx trotz dieser Gleichheit aller Epochen einen wesentlichen Unterschied zwischen dem mittelalterlich-feudalen und dem bürgerlich emanzipierten

Staat deutlich macht. Während der feudale Staat, um als Staat die ihm gestellten Aufgaben erfüllen zu können, sich stets des offenen Zwanges bedienen muss, tritt unter den Bedingungen der bürgerlichen Emanzipation der Zwang seinen Vorrang zugunsten der deklarierten Freiheit und Gleichheit und damit zugunsten des Geistes ab. Das heißt, wie Marx in der »Judenfrage« zeigt, indem der bürgerliche Staat die Sphäre der egoistischen Interessen sich selbst überlässt und somit die schwachen Klassen den besitzenden Klassen ausliefert, bedarf er, um als Klassenstaat seine »himmlische«, scheinbar nur der Gleichheit und der Freiheit dienende Funktion unter Beweis stellen zu können, des Geistes, der unter dem Schein dieser Gleichheit und Freiheit die tatsächliche Ungleichheit und Unfreiheit verschwinden macht. Der Zwang verschwindet nicht, aber er tritt vornehm in den Hintergrund, mit einer Verbeugung vor dem Geist, der es unter den undurchsichtig und für das blinde Bewusstsein mythisch gewordenen Verhältnissen besser versteht als der Zwang, die Individuen zur Räson zu bringen. Der Zwang bleibt in Reserve, nämlich »für alle Fälle«, die allerdings nicht ausbleiben.

Dass der bürgerliche Geist eine solche Macht hat, hat seinen guten Grund nicht nur in der erwähnten Undurchsichtigkeit des kapitalistischen Prozesses, sondern auch in der von Marx scharf herausgearbeiteten Tatsache der *formalen* Emanzipation selbst, die, ohne die Klassenverhältnisse anzutasten, dem Individuum formelle Gleichheit und Freiheit und darüber hinaus sogar (schwer abgerungen!) gewisse politische Rechte gewährt. Besonders für den *bürgerlichen* Staat trifft daher zu, was Marx über die Rolle des Denkens, des Geistes der herrschenden Klasse sagt: »Die Klasse, die die Mittel zu ihrer materiellen Produktion zu ihrer Verfügung hat, disponiert somit zugleich über die Mittel zur geistigen Produktion, sodass ihr zugleich im Durchschnitt die Gedanken derer, denen die Mittel zur geistigen Produktion abgehen, unterworfen sind. Die herrschenden Gedanken sind weiter nichts als der ideelle Ausdruck der herrschenden materiellen Verhältnisse, die als Gedanken gefassten herrschenden materiellen Verhältnisse (...), insofern sie (die Individuen der herrschenden Klassen) (...) unter anderem auch als Denkende, als Produzenten von Gedanken herrschen, die Produktion und Distribution der Gedanken ihrer Zeit regeln, (sind) also ihre Gedanken die herrschenden Gedanken der Epoche.«

Unter der Bedingung des bürgerlichen Individualismus und Formalismus, seiner »Gleichheit und Freiheit«, kann der Geist, der von sich behauptet, nichts als ein Geist dieser Gleichheit und Freiheit zu sein und hierin vom realen Schein der Existenz einer solchen Gleichheit und Freiheit unterstützt wird, zu einem ganz anderen Machtmittel der Herrschenden werden, die seine »Produktion und Distribution regeln«, als in einer Zeit, da die »ständische« Differenzierung der Menschen sich offen auf den Standpunkt ihrer Unterschiedlichkeit stellt und ebenso offen den Zwang gebraucht, um die Unterschiede als »gottgewollte« deutlich zu machen. Die Rolle des Geistes ist also unter modernen Verhältnissen eine andere geworden. Es ist notwendig, diese Tatsache näher zu beleuchten.

Ein spezieller Grund für die Verdecktheit des Wesens des bürgerlichen Staates ist neben verschiedenen anderen Gründen darin zu suchen, dass die herrschende kapitalistische Klasse nicht als Ganze und nicht unmittelbar den Staat als Werkzeug der Klassenherrschaft in Händen hält, sondern indirekt, das heißt mithilfe der dazu berufenen Kräfte. Es kann daher vorkommen, dass der Staat sogar in einen gewissen Gegensatz zur bürgerlichen Klasse gerät, und das ist historisch stets dann der Fall, wenn die egoistischen Interessen des einzelnen Bourgeois sich so versteift haben, dass er nicht bereit ist, sich unter allen Umständen dem Gesamtinteresse der Bourgeoisklasse unterzuordnen, das heißt, wenn diese Klasse infolge gewisser historischer Verwicklungen ihre wahren Interessen nicht erkennt und diese vom Staat gegen ihren Willen wahrgenommen werden müssen. In der Vergangenheit haben wir ein Beispiel für eine solche Diskrepanz zwischen der herrschenden Klasse und dem sie gesellschaftlich und historisch vertretenden Staat in dem Kampfe des reaktionären Absolutismus des 17. Jahrhunderts gegen die auf ihre »Freiheiten« bedachten großen Adeligen (besonders Frankreichs), die nicht erkannten, dass die Unterordnung unter den staatlichen Zentralismus ihre Rettung oder zumindest die Verzögerung ihres Untergangs bedeutete.

Spricht man schlechthin und in allgemeiner Weise von dem die Interessen der Herrschenden vertretenden und ihre Klassenherrschaft sichernden Staat, dann erscheint er in doppeltem Sinne als eine Abstraktion. Einmal in dem sehr weiten Sinne, als er den strukturellen Bau der Gesellschaft, der sich durch die Gesamtheit der Klassen*verhältnisse* bestimmt, ihren Zusammenhalt, ihre »Ordnung«, kurz die konkrete Erscheinungsweise der ganzen Gesellschaft nicht nur widerspiegelt, sondern diesen Bau gerade selbst darstellt, das heißt mit ihm zusammenfällt. Wenn es wahr ist, dass jede Klassengesellschaft sich durch ganz bestimmte und nicht ohne Weiteres veränderbare Verhältnisse, durch bestimmte Abhängigkeiten der Klassen untereinander auszeichnet, dann stellt der Staat mehr als ein bloßes »Instrument« dieser Gesellschaft dar, er ist geradezu ihre *Organisation* oder, theoretisch ausgedrückt, ihre *Form*. Er fällt daher mit der Gesellschaft zusammen, er ist mit ihr identisch, wie Form und Inhalt einer Erscheinung stets identisch sind, das heißt nur zwei Seiten ein und derselben Sache ausmachen. Insofern hatte Max Adler, ein sonst zweifellos mit manchen Denkfehlern behafteter Marxist, nicht so ganz unrecht, als er in seiner Schrift »Die Staatsauffassung des Marxismus« eine soziologische Identität von Gesellschaft und Staat behauptete. Allerdings hätte er hinzufügen müssen, dass es sich bei dieser Bestimmung gleichzeitig um eine Abstraktion, gewonnen aus einer allzu großen Verallgemeinerung der Beziehung von Staat und Gesellschaft, wenn auch um eine sinnvolle, weil das Problem erhellende Abstraktion handelt.

Aber auch wenn man dazu übergeht, den Staat in dem engeren Sinne als das bloße Instrument in der Hand der herrschenden Klassen anzusehen, tritt uns in dem so gewonnenen Begriff der Staat gleichfalls als eine Abstraktion entgegen. Denn in dieser, durch die strenge Scheidung von Staat und Gesellschaft gewonnenen Bestimmung erscheint er zwar als ein Herrschaftsinstrument einzelner Klassen, aber diese Bestimmung verleitet zu leicht dazu, ihn einseitig mit der herrschenden Klasse vollkommen zu identifizieren, das heißt die wahre Kompliziertheit des Verhältnisses des Staates zur Herrschaftsfunktion dieser Klasse zu übersehen. Gewiss übt die bürgerliche Klasse, indem die überwiegende Zahl ihrer Mitglieder durch ihre moralische und materielle Unterstützung der öffentlichen und das heißt der staatlichen Institute für ihr »zuverlässiges« Funktionieren sorgen, ihren Einfluss auch direkt aus. Aber dieser Einfluss, möge er noch so groß sein, ist nicht entscheidend, oder genauer, er wird erst entscheidend unter der Bedingung des Vorhandenseins von Faktoren, die in ihrem Zusammenwirken die komplizierte Mechanik dessen ausmachen, was sich als der bürgerliche Staat im instrumentalen Sinne darbietet. Ohne diese Faktoren würde die kapitalistische »Ordnung« nicht jene Festigkeit aufweisen, die wir täglich zu bewundern und zu spüren Gelegenheit bekommen.

Die wichtigsten dieser Faktoren sind die folgenden drei. Der erste Faktor, in seiner Wirkung noch wenig erkannt und beschrieben, ist die bürgerliche *Elite*. Sie stellt gleichsam das Verbindungsglied zwischen der herrschenden Klasse und dem Staat dar und umfasst den bewusstesten, geschultesten und reifsten Teil des Bürgertums. Je nach der historischen Entwicklung der bürgerlichen Gesellschaft zeigt sie in deren Aufstiegs- oder Niedergangsepoche eine entsprechend verschiedene Verhaltensweise. Aber eines bleibt sich stets gleich, nämlich ihr, wenn auch vor den Augen der Außenwelt verborgener gewaltiger Einfluss, der sich nicht so sehr materieller als geistiger und moralischer Mittel bedient (was allerdings eine materielle Vorzugsstellung und materiellen Einfluss voraussetzt). Die Kraft ihres geistigen Einflusses schöpft sie aus ihrem Kulturträgertum. Denn sie stellt die eigentliche kulturtragende Schicht der Gesellschaft dar und sorgt dafür, dass die inhaltlichen Elemente ihrer Kulturauffassung, das heißt ihrer Auffassung von Welt, Mensch und Geschichte, das ganze gesellschaftliche Bewusstsein durchdringen. Wie es einst die liberal-fortschrittliche Elite des Bürgertums – in Deutschland durch feudal-konservative Einflüsse gebrochen – gewesen ist, von der aus sich eine bestimmte geistige Atmosphäre über die ganze Nation ausbreitete, so ist es in unseren Tagen die dekadent-reaktionäre Elite, von der der gleiche Einfluss ausgeht.

Als zweiter Faktor ist zu nennen die mit der Elite zum Teil verfilzte, aber soziologisch scharf von ihr zu unterscheidende Schicht der bürgerlichen *Intellektuellen*, die fälschlicherweise ebensowenig wie die Elite als eine Erscheinung des Staates beurteilt wird. In erster Linie denken wir an die große Zahl der beamteten Intellektuellen, aber ihrer tatsächlichen Funktion nach gehören viele Journalisten, Künstler und privat tätige Gelehrte dazu. Diese Schicht unterscheidet sich von der Elite dadurch, dass sie geistig schöpferisch tätig ist, während die Elite die Ergebnisse dieser Tätigkeit als »Kultur« passiv genießt. Darüber hinaus unterscheidet sie sich von der eigentlichen Elite wesentlich auch dadurch, dass sie sich in materieller und moralischer Abhängigkeit befindet, sich stets einem gewissen Druck ausgesetzt fühlt – und wo letzteres nicht der Fall ist, so nur deshalb, weil die »Übereinstimmung« vollkommen, das heißt die Unterwerfung komplett ist. Nicht etwa, dass diese Unterwerfung eine bewusste und gewollte sein müsste, obgleich dies oft genug zutrifft. Es genügt, wenn durch Tradition, Schule und Universität, durch erkenntnismäßige Deformation seitens der Entfremdungserscheinungen und durch gewohnheitsmäßigen oder anerzogenen Hass gegen die Massen die Linie des Verhaltens in eine spontane Entsprechung zum reaktionären bürgerlichen Bewusstsein gerät. Da nur eine kleine Minderheit der Intellektuellen der Elite selbst entstammt, nur wenige infolge Geburt und Vermögen ihr angehören, gleichzeitig aber ihr Bewusstsein an das Ideal des elitehaften Individualismus gebunden ist, kompensiert die Mehrheit der bürgerlichen Intellektuellen ihre Minderwertigkeitsgefühle der Elite gegenüber einerseits durch Geist, andererseits durch Nachäffung der Manieren und der Lebensweise der Elite. Die Verachtung der Massen des Volkes – »Man muss sich unter allen Umständen von der Masse unterscheiden!« – verstärkt ihr Gefühl noch mehr, in die Elite aufgestiegen zu sein.

Diese ideelle Bindung an die Elite ist es vornehmlich, die trotz der natürlichen Tendenz des berufsmäßigen Geistesarbeiters, trotz seiner Neigung zur geistigen Renitenz, diese Tendenz oft bis ins Gegenteil abschwächt und ihn zum Anschluss an die Elite, in Wahrheit zur knechtischen Unterwerfung unter die autoritativen Herrschaftsansprüche der Elite drängt. Je traditioneller und unbewusster die Wege dieser Unterwerfung sind, desto knechtischer ist das Verhältnis zwischen Elite und Intelligenz, und je knechtischer es ist, desto unkritischer und willenloser begegnet letztere wiederum den gesellschaftlichen Entfremdungserscheinungen, deren gewaltiger, geistig und moralisch destruierender Kraft sich ohnehin nur die härtesten und begabtesten Individuen entziehen können. Und wo dieser verhexte Kreis, der mit der spontanen Unterwerfung unter die Entfremdungserscheinungen beginnt, sich in der Zuwendung zum »Ideal der Elite« fortsetzt und in einer Steigerung des Bewusstseins der Entfremdung endet (z. B. in der Erklärung der kapitalistischen Entfremdungssituation zum »Wesen des Menschen« usw.), wo dieser Teufelskreis seine Wirkung nicht voll auszuüben vermag, da zwingt das über dem Geistesarbeiter stets schwebende Damoklesschwert der Existenzschädigung oder zumindest der Ausstoßung aus der Gemeinschaft den Außenseiter zur reuigen Rückkehr. Wehe den Stolzen, die sich trotzdem nicht unterwerfen, den wirklich unabhängigen Idealisten – sie haben nichts zu lachen.

Die Elite und ihre intellektuellen Trabanten bilden zusammen das ideologische Priestertum des Staates, sie sind gleichsam seine Seele. Obgleich der Elite mancherlei praktische Aufgaben zufallen, deren sie sich in den meisten Fällen aber nur mit Widerwillen entledigt (was in meinem Beitrag »Die Dekadenz des herrschenden Bürgertums und die Rolle der bürgerlichen Elite«, WISO, 15. Dezember 1956, näher begründet worden ist), bleibt sie wesentlich der Träger einer ideologischen, einer »kulturellen« Funktion, worin sie sich von der Intelligenz aktiv unterstützen lässt. Deshalb vermögen sich diese beiden Schichten das Ansehen zu geben, außerhalb der Praxis des Staates zu stehen, nichts mit ihm zu tun zu haben. Doch ist das Täuschung, denn ihre ideologische Funktion ist von immenser praktischer Wirkung, indem diese Schichten den Zusammenhalt der Gesellschaft garantieren, womit sie eine staatliche Funktion übernehmen. (Dass hier noch zu untersuchen wäre, wie im Einzelnen die kulturelle und geistige Beeinflussung der Gesellschaft vor sich geht, welcher Wege sie sich bedient, ist eine andere Sache.)

Aber jede Seele braucht, um leben zu können, einen Körper, und dieser Körper (der dritte Faktor in unserer Reihe) ist die *Bürokratie* (plus Polizei und Armee). Wie die Elite und die ihr entsprechende Intellektuellenschicht in ihrer unsichtbaren geistigen Weise, so sitzt die Bürokratie in sichtbarer Weise wie ein dicker Kitt in den Poren der kapitalistischen Gesellschaft. Der einzelne Bürokrat, der nach spezialistischer Eignung ausgewählt wird, daher immer nur einen winzigen Ausschnitt der Welt vor Augen hat und daher nicht fragt, zu welchem letzten Zweck man seiner bedarf, der durch das ökonomische Interesse und die Furcht vor dem Hunger ausreichend an den Staat gefesselt wird, benötigt keine allzu komplizierten Vermittlungen, um sich ihm zu unterwerfen. Trotzdem glaubt auch er an die höhere Bestimmung des Staates, der er blind gehorcht. Ihm steht die »Pflicht« höher als der Mensch. Aber für diese extreme Ausprägung des formalistischen Pflichtbewusstseins gibt es natürlich einen soziologischen Grund: Er liegt im formal-gleichheitlichen Individualismus der bürgerlichen Gesellschaft, der seinerseits seine Wurzeln in der kapitalistischen »Warenstruktur« hat (wie anderweitig dargelegt).

In der feudal-christlichen Gesellschaft, in der der Egoismus offen zugegeben, wenn auch religiös gerechtfertigt wurde, musste entsprechend den andersgearteten Bedingungen noch der Zwang herrschen, weshalb die führende Elite weitgehend eine Elite der Waffe darstellte. Der Rolle des religiösen Bewusstseins entsprechend stand an der Stelle der heutigen Intellektuellen die Geistlichkeit. Die Bürokratie spielte eine geringe Rolle, die wenigen ihrer öffentlichen Funktionen wurden von den Geistlichen übernommen. Erst mit dem sich entwickelnden formal gleichheitlichen Rationalismus und Individualismus der städtischen Marktgesellschaft entsteht eine neue Rechtsvorstellung und eine neue Rechts- und Verwaltungsübung. Erst jetzt erinnert man sich des auf die individualistische Marktbeziehung zugeschnittenen Römischen Rechts. Erst jetzt entsteht die moderne Bürokratie.

War in der mittelalterlichen Gesellschaft der Geist ein Büttel der die ganze Gesellschaft zusammenhaltenden Gewalt, so ist es in der individualistischen, politisch emanzipierten Gesellschaft gerade umgekehrt. Die Gewalt, inkarniert in Heer und Polizei, verschwindet nicht, aber sie ordnet sich nach außen jenem Prinzip unter, das unter den modernen Bedingungen (und in »normalen« Zeiten) besser als sie das Herrschaftsverhältnis zu »verewigen« in der Lage ist, dem bürgerlichen Geist. Die im Hintergrunde lauernde Gewalt bricht aber stets offen hervor und pfeift auf den Geist, sobald die Klassenherrschaft des Bürgertums infolge der demokratischen Entwicklung der Gesellschaft bedroht erscheint. Immerhin kommt dem Geist in Zeiten der gefestigten Existenz der gegebenen Klassenverhältnisse die Priorität zu. Solange er stark genug ist, die kapitalistische Gesellschaft zu stabilisieren, darf er sich einbilden, unbestritten über die Welt zu gebieten. Wo seine Macht nicht ausreicht, genügen fürs erste (d. h. bis zur nächsten Epoche der Inthronisierung der Gewalt – Faschismus) die von ihm verklärten und von seinen Exponenten vorsichtig und hinterhältig gehandhabten Mittel der gemäßigten Gewaltanwendung, insbesondere des wirtschaftlichen Zwangs und der Isolierung.

Immerhin zeigen die gesellschaftlichen Veränderungen, die mit dem Übergang von der feudalen zur kapitalistischen Ordnung eingetreten sind, weshalb in der modernen Gesellschaft der kulturtragenden Elite im Zusammenwirken mit der Intelligenz und der Bürokratie nicht nur eine bedeutende Rolle zukommt, sondern sie geradezu zum Rückgrat des modernen Staates wird. Hat schon Marx, wie wir darlegten, erkannt, dass sich die früheren Ordnungen von der bürgerlichen Klassenordnung durch ihr andersgeartetes Verhältnis zum Zwang unterscheiden, so muss dem hinzugefügt werden, dass die Klassenherrschaft der modernen Bourgeoisie sich noch speziell dadurch kennzeichnet, dass sie sich, unterstützt durch die Kompliziertheit des gesellschaftlichen Prozesses, vollendet in das Gewand des Geistigen zu hüllen versteht. Der von Marx analysierte bürgerliche, politisch emanzipierte Staat, mischt sich zwar, wie Marx zeigt, nicht in die Sphäre des »privaten« Interessenkampfes ein. Er überlässt den Egoismus sich selbst, womit er die besitzlosen Klassen den besitzenden ausliefert. Aber er wartet nicht, bis die Besitzlosen sich dieses Zustandes bewusst werden und zu einer Umwälzung der gesellschaftlichen Verhältnisse schreiten, er begnügt sich auch nicht damit, einigen heiligen und profanen Pädagogen die Erziehung des Volkes zu überlassen, sondern seine Funktion ist wesenhaft und dank der komplizierten Spontaneität der bürgerlichen Bewusstseinsbildung von Anfang an darauf gerichtet, zu erreichen, dass bereits von der Wurzel her die Prinzipien der Herrschenden zu Prinzipien des ganzen Volkes werden. Kraft Elite und Intelligenz wird der ideologische Himmel der Bourgeoisie zum ideologischen Himmel des ganzen Volkes, das geistig genau so unterworfen wird, wie es sozial unterworfen ist. Die Herrschaft der Herrschenden wird so *vergeistigt und unsichtbar* gemacht, und gerade auf diese Weise am besten gefestigt.

Die heilige Dreieinigkeit des bürgerlichen Geistes teilt sich in die dreifache Erscheinung: der egoistische Herrengeist des kapitalistischen Bürgertums entsteht spontan aus den unmittelbaren Bedürfnissen dieser Klasse und fasst sich am reinsten zum Geist der Elite zusammen; der geistreiche Geist der Intellektuellen, der theoretische Geist erweist sich als der Knecht des spontanen Elitegeistes; schließlich der geistlose Geist der Bürokratie, der gleichzeitig die greifbarste, materiellste Form darstellt, der unter dem Mantel der gesetzlichen Gleichheit blind die Geschäfte der »Ordnung« ausführt und so die Ungleichheit garantiert, dessen Formalismus den Zweck erfüllt, die Inhaltlichkeit unbegreiflich zu machen, sie zu verhüllen.

Mit dieser Vergeistigung des Staates ist aber nicht nur die höchste Form des Staates innerhalb der Klassengesellschaft erreicht (was der bürgerlichen Gesellschaft als der höchsten Form der Klassengesellschaft entspricht), sondern auch die subtilste, versteckteste, mythologischste Form. Der Schein der reinen Herrschaft des Geistes (der in Wahrheit dem egoistischen Interesse der Bourgeoisie dient) zieht den Schein der reinen Herrschaft der Freiheit nach sich, und einmal auf dem Standpunkt dieser Freiheit angelangt, kann sich das verführte Bewusstsein nicht mehr vorstellen, dass Geist eine Form des Zwanges sein kann, ohne Aussicht auf Flucht für die Betroffenen.

Die Herrschaft des Geistes, und zwar des entfremdeten Geistes über den Menschen, ist der Ausdruck dessen, dass er der Knecht der Herrschaft des Menschen über den Menschen, der Knecht der Herrschenden ist. Die Verselbstständigung des Geistes gegenüber dem Menschen in der Gestalt der Herrschaft über ihn, statt das wesentlichste Mittel im Dienste seiner Bestimmung und seiner Verwirklichung als Mensch zu sein, ist nur möglich, weil der Mensch sich dem Menschen gegenüber verselbstständigt hat, als Herr gegenüber dem Knecht. Dass der Herr dabei selbst zum Knecht wird, sowohl zum Knecht seines eigenen entfremdeten Geistes als auch des menschlich entfremdeten Knechts, der den Herrn in die Untiefen seiner Unmenschlichkeit hinabzieht, gehört zur teuflischen Dynamik des Entfremdungsprozesses, dem sich niemand entziehen kann.

Das ist die wahre Tragödie des Menschen im Kapitalismus, gleich ob des herrschenden oder geknechteten, von der ihn nur der Sozialismus befreien kann. Erst im Sozialismus, wo das Herrschaftsverhältnis einem allgemeinen menschlichen Verhältnis weicht, wird auch der Geist zu seiner eigentlichen Bestimmung zurückfinden. Der Staat wird seiner nicht mehr als Mittel der Herrschaft bedürfen, weil er sich auflösen und schließlich ganz verschwinden wird. An die Stelle des Staates, der in der Klassengesellschaft das Werkzeug der Aufrechterhaltung der Herrschafts-Knechtschafts-Verhältnisse ist, wird die freie Organisation Freier treten, das heißt, die gesellschaftliche Organisation mit allen ihr zufallenden vielfältigen Aufgaben der Erzeugung und der Erhaltung des gesellschaftlichen Lebens wird bleiben, aber sie wird ohne den Staat auskommen.

Erstveröffentlichung (anonym und unter dem Titel »Die Diktatur des bürgerlichen Geistes im kapitalistischen Staat«) in: WISO. Korrespondenz für Wirtschafts- und Sozialwissenschaften, 1. März 1957; nachgedruckt in: Leo Kofler: Zur Kritik bürgerlicher Freiheit, Hamburg 2000.

Über die Rolle der Arbeit in der marxistischen Ökonomie

HEUTZUTAGE GILT IM bürgerlichen Lager die Arbeitswerttheorie als überholt. Die endgültige Überlegenheit soll die Grenznutzentheorie erwiesen haben, sodass eine methodische Bemerkung, die die Schwäche der nichtmarxistischen Ökonomie aufzeigen soll, am Platze ist. Die marxistische Dialektik lehrt (und nicht nur die marxistische), dass die Lösung eines Problems nicht gefunden werden kann, wenn es in seiner Isoliertheit und abgetrennt von den übrigen Erscheinungen der Realität untersucht wird. Das Denken, das durch Hegel und Marx hindurchgegangen ist, sucht darum die Probleme in ihrem Momentsein innerhalb des Beziehungsganzen »der Totalität« zu erfassen und von hier aus zur Lösung zu bringen. Allein schon, weil die bürgerliche Nationalökonomie nicht über das methodische Arbeitsmittel der materialistischen Totalitätsbetrachtung verfügt, muss von ihr die konsequente Arbeits- und Mehrwertlehre verworfen werden, also schon aus Gründen, die in der *Methode* liegen, von den interessenmäßigen abgesehen.

Hinter den meisten nationalökonomischen Untersuchungen steht im Grunde die Frage nach der Herkunft und der Gerechtigkeit des Unternehmerprofits oder, was dasselbe ist, die Frage nach der Existenz oder Nichtexistenz der Exploitation [Ausbeutung] in der kapitalistischen Gesellschaft. Die bürgerlichen Nationalökonomen versuchen die Exploitation zu leugnen, indem sie die Bestimmung des Warenwertes durch die Arbeit leugnen oder zumindest in eklektischer Weise der Arbeit neben »Boden« und »Kapital« eine nur zweitrangige Bedeutung zugestehen. Auf diesem Wege gelingt es ihnen, den Unternehmerprofit als gerechtes Entgelt für Risiko, Leistung und Verzicht auf den unmittelbaren Genuss ihres Kapitals zu erklären. Würden die bürgerlichen Nationalökonomen zugeben, dass die Werte der Waren sich nach der auf ihre Herstellung verwendeten (durchschnittlichen) Arbeitsmenge bestimmen, dann müssten sie auch zugeben, dass die Besitzer der Produktionsmittel weitaus mehr erhalten als sie persönlich an Arbeit in die Produktion hineinstecken, selbst weitaus mehr, als einer hoch qualifizierten Arbeitsleistung zusteht, dass sie also ihren Reichtum den besitzlosen Klassen verdanken.

Es ist nicht gleichgültig, ob man bei der Beantwortung der Frage nach dem Charakter des Warenwertes den Totalitätsstandpunkt zu Rate zieht oder bei der antidialektisch-isolierenden Betrachtungsweise stehenbleibt. Es ist somit auch nicht gleichgültig, ob man das dem Verstand als »Unmittelbarkeit« sich aufdrängende Individuum oder, wie Marx, dialektisch die »gesellschaftlichen Verhältnisse«, als letzte nicht weiter ableitbare Gegebenheit betrachtet. Im ersteren Falle wird notwendig das Güter konsumierende Individuum zum Ausgangspunkt der Untersuchung genommen, im anderen Falle die Beziehung der durch die Arbeit vergesellschafteten Individuen untereinander. Wie die dialektische Theorie die Beziehung als das Primäre und den Einzelnen als das davon abgeleitete Moment betrachtet, so umgekehrt die nichtdialektische Theorie den Einzelnen als das primär Gegebene und die Beziehung als das davon abgeleitete Moment. Dementsprechend sind aber auch die Resultate verschieden.

Hat der bürgerliche Theoretiker einmal das konsumierende Individuum als Ausgangspunkt gewonnen, so lässt er es dann in den Austauschverkehr mit anderen Individuen treten und ihre Güter sich wertmäßig nach Angebot und Nachfrage bestimmen. Die Arbeit tritt hierbei überhaupt nur als formale Voraussetzung des Wirtschaftens in den Gesichtskreis der Überlegung: Indem der Mensch arbeitet, wird er zum Güter besitzenden und konsumierenden Individuum, aber als solches einmal existierend, bedeutet die Arbeit weiter nichts für das Verstehen des nun vor sich gehenden Austauschprozesses, der sich zwischen den Individuen abspielt. Die Theorie, die sich dieser Methode bedient, ist die »Grenznutzentheorie«. Als »subjektivistische« (»subjektive«) Richtung drückt sie einen Gegensatz zur klassischen Nationalökonomie von Smith und Ricardo aus, die »objektivistisch« genannt wird.

Worin liegt nun der Unterschied der beiden Richtungen vom Standpunkt der Methode aus betrachtet? Indem die subjektivistische Richtung unter Vernachlässigung des Gesichtspunkts der Totalität vom Einzelindividuum ausgeht, entsteht die Täuschung, als ob die ihm der Oberflächenerscheinung nach zugeordneten Eigenschaften, nämlich Besitzer und Konsument von Gütern zu sein, ökonomisch die wirklich ausschlaggebenden wären. Die Frage, wo denn eigentlich das Individuum die Güter hernehme, die es besitzt, taucht hier nur formal auf, das heißt, nicht mit allen sich daraus ergebenden weittragenden theoretischen Folgen. Wird doch für diesen Standpunkt das Individuum erst von diesem Augenblick an geeignetes Objekt ökonomischer Untersuchung, da es »auf dem Markte« mit anderen Individuen in Austauschbeziehung tritt. Erst hier also, auf dem Markte, wird es, indem es seine Waren zum Tausch anbietet, für diesen Standpunkt zum Objekt zwischenindividuellen Geschehens. Da es für das marktmäßige Inbeziehungtreten der Individuen untereinander völlig gleichgültig bleibt, wo das Individuum seine Waren herhat, abstrahiert auch der undialektisch-individualistische Standpunkt vom Moment der Gütererzeugung, die zwar in Betracht gezogen wird, aber faktisch nur formal vorausgesetzt und für das eigentliche ökonomische Geschehen als unwesentlich angesehen wird.

Ganz anders verhält es sich, wo nicht irgendeine subjektive Gegebenheit, sondern die Totalität der gesellschaftlichen Beziehungen als das Primäre erkannt worden ist. Denn ist die Totalität des Geschehens einmal als notwendiger Ausgangspunkt aller sozialtheoretischen (und d. h. auch ökonomischen) Untersuchung gewonnen, führt dies zwangsläufig zur Frage nach dem diese Totalität erzeugenden Prinzip und zur Beantwortung dieser Frage durch den Hinweis auf die ständige Reproduktion der gesellschaftlichen Beziehungen durch die Arbeit. Somit erweist sich das einzelne Individuum nur als in seiner Funktionalität innerhalb eines von vornherein gegebenen sozialen Beziehungsganzen voll verstehbar, und das heißt gleichzeitig, als durch seine Tätigkeit (Arbeit) und nur durch diese als sozial existierendes Individuum. Also nicht irgendeine Gegenstands- oder »Markt«beziehung macht das Individuum zum Objekt ökonomischer Vorgänge (möge diese Gegenstandsbeziehung auch durch die Psychologie des Individuums hindurchgehen), sondern seine Arbeit. Oder genauer: Die Arbeit »macht« nicht aus dem Individuum ein soziales Wesen, sondern sie ist das konstitutive Prinzip sozialen Seins überhaupt, sie stellt bei dem seiner anthropologischen Natur nach im eigentlichen Sinne und im Gegensatz zum Tiere tätigen (!) Menschen die A-priori-Bedingung für das Vergesellschaftetsein der Individuen schlechthin dar. Jede Abstraktion von der Arbeit bedeutet demgemäß so viel wie die Abstraktion vom Wesentlichsten am Menschen, nämlich von seiner Existenz als gesellschaftlichem Wesen. Fällt aber der Arbeit diese zentrale Rolle, letzte und unaufhebbare Bedingung für die vergesellschaftete Existenz des Menschen überhaupt zu sein, tatsächlich zu, so kann es keinen Vorgang, kein Phänomen in der Geschichte der aus vergesellschafteten Individuen bestehenden Gesellschaft geben, die sich nicht letzten Endes auf die Arbeit, die Anwendungsweise der Produktivkräfte in ihr und die aus dieser wiederum erfließenden Produktionsverhältnisse zurückführen ließen.

Es ist nun nicht mehr schwer zu verstehen, dass ökonomische Phänomene, mögen sie sich dem dialektischen Verstand noch so sehr als rein individuell bedingte oder gar dingliche Phänomene präsentieren, ihrer eigentlichen Wesenheit nach nichts anderes sein können als Ausdrucksformen gesellschaftlicher Verhältnisse, die in der Arbeit ihre Wurzel haben. Damit enthüllen sich die methodischen Voraussetzungen für die Arbeitswerttheorie, die von Marx selbst erst ganz entwickelt werden konnte, nachdem er in einem langen gedanklichen Ringen um die Klarstellung des Phänomens des Gesellschaftlichen das Grundphänomen des »Praktischen« und damit der Arbeit entdeckt hatte (Marx' Frühschriften).

Die konsequenteste Richtung der gegenwärtigen bürgerlichen Nationalökonomie, die Grenznutzentheorie, setzt sich mit ihrer Verkennung der grundlegenden Bedeutung der Arbeit für das Begreifen aller gesellschaftlichen und damit auch ökonomischen Phänomene nicht nur in Gegensatz zum Marxismus, sondern sie verleugnet damit auch die bürgerlichen Traditionen der klassischen Richtung. Die klassische Nationalökonomie konnte als Ideologie des aufsteigenden liberalen Bürgertums und in Fortentwicklung einer naturrechtlichen Argumentation, die schon vorher am klarsten von Locke entwickelt worden war, im Dienste der Rechtfertigung des beweglichen, das heißt im Gegensatz zum agrarisch-feudalen (Grund und Boden) als durch Arbeit erzeugt und erworben aufgefassten bürgerlichen Eigentums auf die Funktion der Arbeit nicht verzichten. Sie ging demgemäß nicht vom schon Güter besitzenden, sondern vom Güter erzeugenden, das heißt arbeitenden Individuum aus. Locke lässt ausdrücklich das anfängliche kommunistische Eigentum an den Früchten der Natur sich in der Weise durch das persönliche ablösen, dass der Mensch das Eigentum an seiner eigenen Person und den dazu gehörigen Fähigkeiten dazu benützt, um mithilfe der Arbeit Gegenstände zu verändern. Mit dieser Ableitung des Ursprungs des Privateigentums aus der Arbeit erscheint das bürgerliche Eigentum im Gegensatz zum bekämpften feudalen als gerechtfertigt. Dabei ist nicht zu übersehen, dass in dieser Vorstellung der individualistische Standpunkt durchaus gewahrt bleibt.

Und weiter: Da für das Bewusstsein jener Jahrhunderte der Unternehmer sein Eigentum kraft seiner eigenen Leistung »erworben« hatte, gehörte er ebenso zu den Arbeitenden wie jeder besitzlose Arbeiter auch. Noch ein Saint-Simon konnte sich zu Beginn des vorigen Jahrhunderts von dieser Vorstellungsweise nicht befreien und zählte die Unternehmer zu der arbeitenden Klasse. Nicht zuletzt erklärt es sich aus der Fortentwicklung dieser Vorstellung bis selbst in das sozialkritische Denken des 18. und teilweise des 19. Jahrhunderts hinein, dass zahlreiche Reformer jener Zeit über die Kritik des Privateigentums am Boden, der als von Natur dem Menschen geschenkt, jedoch nicht als durch Arbeit erworben galt, nicht hinauskamen und in ihm, nicht jedoch im industriellen Eigentum, die eigentliche Wurzel des sozialen Übels entdeckt zu haben glaubten. Auch die Klassiker der Nationalökonomie bleiben noch wesentlich in diesen Vorstellungen befangen. Ihre Arbeitswerttheorie hatte deshalb noch keineswegs die Bedeutung eines Ausgangspunkts für die Kritik des bürgerlichen Privateigentums, sondern sie gab vielmehr umgekehrt das Mittel der Rechtfertigung dieses Eigentums ab.

Wie aber gegenüber dem feudalen Eigentum die Arbeit ein die bürgerlichen Interessen verteidigendes Prinzip in den sozialkritischen Überlegungen darstellte, so stellt sie gegenüber den Ansprüchen der Jetztzeit ein für das bürgerliche Eigentum gefährliches Prinzip dar. Hierin liegt die historische Wurzel für die Gesinnungsänderung in der bürgerlichen Theorie. Die Methode, die sich eine Ideologie wählt, ist bestimmt durch die gesellschaftlich-historische Situation. Aber es bleibt nichtsdestoweniger bezeichnend, dass selbst da, wo ehrliche bürgerliche Nationalökonomen aufrichtig mit dem Problem ringen, sie an ihrer methodischen Befangenheit, die, wie wir eben zeigten, historische Gründe hat, scheitern.

Man versteht jetzt auch das ständige Bemühen von Marx besser, alle im unvermittelten bürgerlichen Bewusstsein im Allgemeinen und in der bürgerlichen Nationalökonomie im Speziellen aus der individualistischen Atomisierung der Gesellschaft resultierenden gegenständlichen (verdinglichten) Phänomene wie Ware, Geld, Maschine, Wert, Preis usw. ihrer Dinglichkeit zu entkleiden und als gesellschaftliche Verhältnisse, die sich durch die Arbeit »produzieren«, nachzuweisen. Wir erinnern an den Ausspruch von Marx, man sehe es »dem Gold und Silber nicht an, dass es als Geld ein gesellschaftliches Produktionsverhältnis darstellt«. »Produktionsverhältnis« heißt aber im engeren, das heißt rein ökonomistisch gefassten Sinne so viel wie Arbeitsverhältnis. In diesem Sinne sind Produktions- und Arbeitsverhältnisse völlig identische Begriffe. Aber sie sind auch mit dem Begriff der »Gesellschaft« identisch. Konstituiert sich doch Gesellschaft niemals anders denn als Totalität der Verhältnisse, die die Menschen in der »Produktion ihres Lebens« zueinander eingehen, und resultiert doch die historisch konkrete Art dieser Verhältnisse aus der konkreten Form der Arbeit oder, was dasselbe ist, aus der Anwendungsweise der Produktivkräfte. Abstraktion vom gesellschaftlichen Arbeitsverhältnis (wobei es völlig gleichgültig bleibt, ob es nachträglich irgendwo im System »in Betracht« gezogen wird) bedeutet nichts weniger als Abstraktion vom gesellschaftlichen Geschehen überhaupt, bedeutet ein Steckenbleiben im undialektisch-subjektivistischen Standpunkt. In diese Widersprüchlichkeit verfällt tatsächlich die bürgerliche Nationalökonomie, die ihre Formeln aus der Analyse eines abstrakten, vom gesellschaftlichen Geschehen de facto entleerten, und das heißt bloß konstruierten »sozialen« Raumes gewinnt.

Es kann, wie wir nun erkennen, keine echte Nationalökonomie geben, ohne von der Arbeit als dem die Totalität des sozialen Geschehens konstituierenden Prinzip auszugehen. Die marxistische Arbeitswerttheorie ist daher keine bloß »zufällige« nationalökonomische Theorie neben anderen Theorien, sondern sie ist das notwendige Ergebnis einer tieferen Erkenntnis des Wesens des gesellschaftlichen Seins überhaupt, einer Kenntnis, die ihrerseits nicht möglich ist ohne die Aneignung der Methode der dialektischen Totalitätsbetrachtung. Marx selbst sagt in der »Einleitung zur Kritik der politischen Ökonomie« ausdrücklich: »Die einfache ökonomische Kategorie, sage zum Beispiel Tauschwert (...) kann nie existieren, außer als abstrakte einseitige Beziehung eines schon gegebenen konkreten und lebendigen Ganzen.«

Erstveröffentlichung (anonym), in: WISO. Korrespondenz für Wirtschafts- und Sozialwissenschaften, 1. April 1957. Eine frühere Fassung erschien (unter dem Titel »Die methodischen Ausgangspunkte der Grenznutzen- und Arbeitswerttheorie«) in: links. Frieden, Freiheit, Sozialismus, Januar 1953.

Der Nihilismus und die Hoffnung

DER SOZIALISTISCHE DENKER Ernst Bloch schreibt einmal in seinem Werk »Das Prinzip Hoffnung«: »Der Mensch ist dasjenige, was noch vieles vor sich hat. Er wird in seiner Arbeit und durch sie immer wieder umgebildet. Er steht zwar immer wieder vorn an den Grenzen, die keine mehr sind, indem er sie wahrnimmt; er überschreitet sie. Das Eigentliche ist im Menschen wie in der Welt ausstehend, wartend, steht in der *Furcht*, vereitelt zu werden, steht in der *Hoffnung*, zu gelingen. Denn was *möglich* ist, kann ebenso zum *Nichts* wie zum *Sein* werden: das Mögliche ist das nicht voll Bedingte, das nicht Ausgemachte.« Bloch ist also kein blinder, undialektischer Optimist, denn er anerkennt den Feind des Seins, das Nichts, ebenso wie die Feinde der Hoffnung, die Verzweiflung und die Furcht, als im Menschen wirkende reale Kräfte. Im letzten Grunde will er aber von der Verneinung, die in den Nihilismus führt, nichts wissen, bleibt er Optimist. Wiederherstellung der eigentlichen und ursprünglichen, heute verdorbenen menschlichen Natur, das ist nach Bloch die »Naturalisierung des Menschen« und gleichzeitige Erhöhung eben derselben Natur des Menschen, die »Humanisierung der menschlichen Natur«. Das ist trotz der Anerkennung der Schwierigkeiten und Widersprüche ein recht optimistisches Programm.

Mit einem solchen Programm wäre Gottfried Benn – wir nehmen Bloch und Benn als markante Beispiele zweier entgegengesetzter geistiger Welten – in keiner Weise einverstanden gewesen. Richtig kritisiert ihn ein Benn-Jünger folgendermaßen: »Das Quellgebiet von Gottfried Benns Lyrik ist zu suchen in einem umfassenden Wissen um den Menschen, in einer leidvollen Erfahrung an ihm. Verloren scheint ihm der Mensch in einem antwortlosen Weltall, gepeinigt von der ihn fühllos in ihre unerklärlichen Unternehmungen werfenden Natur, gefangen in den Zwangsläufen der zu Katastrophen und Untergang führenden Weltgeschichte. Verloren, vergänglich, einsam erfährt der Mensch die über ihn verhängten Lebensprozesse in seiner Grundtrauer. Hohn über die naiven Lebensgläubigen, Bitternis und Ironie über die von Tag zu Tag entworfenen Optimisten, die vom Grunde abgetrennt sind und in flacher Sprache erscheinen, lärmen, vergehen.« Der ausgeschüttete Hohn über die Optimisten rechnet nicht mit der Möglichkeit, der Optimismus könnte gerade daraus seine Kraft schöpfen, dass der Pessimismus gewissermaßen recht habe. Indem nämlich der Pessimismus die Infamie und Niedrigkeit der gegebenen menschlichen Existenz zugibt und als Pessimismus zugeben muss, gibt er damit, wenn auch ungewollt, die Notwendigkeit zu, dieser Existenz kritisch zu begegnen. Und indem er dies zugibt, gibt er, wenn auch wiederum ungewollt, die Notwendigkeit zu, sie zu verändern. So und nicht anders sieht die dem menschlichen Geiste innewohnende Logik aus, und wenn der Pessimist ihr nicht folgt, sondern aus der »Schlechtigkeit der Welt«, in der er lebt, die Notwendigkeit dieser Schlechtigkeit selbst folgert, so nur, weil er gleichzeitig an dieser Welt hängt, sie für die »angemessene« hält, aus ihr gar nicht herauswill, aus welchen Gründen immer dies subjektiv der Fall sein mag. Objektiv will er das (um es kurz zu sagen) seines kapitalistischen Klasseninteresses wegen nicht.

Den Pessimismus, besonders den bürgerlichen, erkennt man grundsätzlich daran, dass er den Menschen nicht nur als ein »verlorenes«, sondern ebenso als ein sich stets gleichbleibendes, unveränderliches Wesen betrachtet. So verlockend es für einen Sozialisten ist, mithilfe der marxschen Bestimmung des Menschen als einem »tätigen« Wesen das Gegenteil zu beweisen – noch verlockender muss es in der Diskussion mit Vertretern des Antimarxismus sein, einen solchen Beweis mit Berufung auf Denker zu führen, die sich in der bürgerlichen Welt größter Anerkennung erfreuen und zugleich in dem Ruf stehen, dem Sozialismus nicht die geringsten Konzessionen zu machen.

Der zweifellos bedeutendste bürgerliche Anthropologe im heutigen Deutschland ist Arnold Gehlen. Ohne sich jemals auf Marx zu beziehen (und wie erzählt wird, ohne Marx zu kennen) gerät Gehlen in die Nähe von Marx, wenn er den Menschen geradezu als ein *Handlungswesen* bestimmt. Aber mit dieser Feststellung allein, dass der Mensch wesentlich ein *tätiges*, ein Handlungswesen sei, wäre für die Auseinandersetzung mit den Pessimisten nichts gewonnen, denn ihrer Vorstellung gemäß kann, wie besonders der Existenzialist Camus gezeigt hat, die Tätigkeit des Menschen der sinnlosen Arbeit des Sisyphos gleichen, die sich im Kreise dreht und ihn nicht vorwärtsbringt. Deshalb erweitert Gehlen seinen Standpunkt, indem er den Menschen als ein »nicht festgestelltes«, das heißt nach vielen Richtungen hin der Veränderung und der Weiterentwicklung fähiges Wesen kennzeichnet. Damit hat Gehlen ganz im Sinne von Marx das Moment der Veränderlichkeit, des Flusses, sogar der Höherentwicklung zum Wesensmerkmal des Menschen erhoben.

Der moderne Pessimismus, der erklärt, die Welt sei absurd und der Mensch dem Absurden ausgeliefert, widerspricht nicht nur ganz allgemein dem optimistischen (marx-gehlenschen) Menschenbild, sondern er muss auch, konsequent zu Ende gedacht, dahin gelangen, das entscheidendste Merkmal des mit Bewusstsein begabten Menschen zu leugnen, das Merkmal des menschlichen Tätigseins, das das Absurde nicht untätig hinnehmen kann. Damit wird aber der Mensch als Mensch geleugnet, ad absurdum geführt. Denn der Mensch, dem das auf Veränderung der Umstände und seiner selbst gerichtete Tätigsein fehlt, ist kein Mensch mehr. Gleichzeitige Bejahung des Absurden und der auf stete Veränderung ausgerichteten tätigen Seite des Menschen schließen einander aus. Das Absurde als unüberwindlich setzen und auf diese Weise bejahen heißt, es untätig hinnehmen, nichts an dieser Welt ändern wollen, sich ihren Unzulänglichkeiten, Widersprüchen und Gefahren widerstandslos unterwerfen. Und was heißt das anderes, als sich der *Unfreiheit* zu unterwerfen! Man hat in der abendländischen Geschichte Freiheit sehr verschieden definiert. Das Problem, aus der hier zur Diskussion stehenden Perspektive betrachtet, liegt darin, dass Freiheit und ›Kampf gegen das Absurde‹ ein und dasselbe bedeuten. Wenn, wie die entsprechenden Philosophien beweisen, der Glaube daran, dass der Mensch für ewig an das Absurde gefesselt bleibt, in *Verzweiflung* ausmündet, dagegen der Glaube an die Fähigkeit des Menschen, in stets steigendem Maße Freiheit zu gewinnen, in *Hoffnung*, dann ist nicht schwer einzusehen, dass die pessimistische Anschauung eine solche der Unfreiheit und der Verzweiflung, die optimistische im Gegensatz dazu eine solche der Freiheit und der Hoffnung sein muss.

Die pessimistische Philosophie, die verständlicherweise nicht zugeben kann, dass sie eine Philosophie der Unfreiheit ist, »löst« in Widerspruch zu ihrer theoretischen Grundposition und ihrer pessimistischen Anthropologie das Problem in der Weise, dass sie ein objektives Problem der Freiheit überhaupt leugnet und es nur für den subjektiven Bereich, für die »Innerlichkeit« des Einzelnen gelten lässt. Camus formuliert das so: »Zu wissen, ob der Mensch frei ist, interessiert mich nicht. Ich kann nur *meine* Freiheit beweisen. Das Problem der ›Freiheit an sich‹ hat keinen Sinn.« Diese Versubjektivierung der Frage der Freiheit macht aber gerade die Verneinung des objektiven Freiheitsproblems seitens der pessimistischen Philosophie deutlich. Dass ein solcher Standpunkt sich nicht vereinen lässt mit der anthropologischen Erkenntnis, der Mensch sei ein seiner innersten Wesenheit nach »tätiges«, das heißt auf Veränderung der Umstände und seiner selbst unaufhebbar ausgerichtetes und damit ein »nicht festgestelltes« oder, was dasselbe bedeutet, mit Freiheit begabtes Wesen, kann nicht bestritten werden. Die pessimistische Philosophie denkt auch gar nicht daran, dies zu bestreiten. Sie leugnet einfach die anthropologisch-optimistische Deutung des Menschen. Mit welchem Recht allerdings, wird bis auf den jüngsten Tag das undurchdringliche Geheimnis dieser Philosophie bleiben, denn sie denkt nicht daran, den Widerspruch zu beseitigen zwischen ihrer Behauptung, das

Absurde beherrsche die Welt, und der Tatsache, dass der Mensch diese Welt stets tätig seinen Zielen und Hoffnungen gemäß verändert. Sie verlässt sich darauf, dass ihre irrationelle und mythologische Schreibweise diesen Widerspruch ebenso unsichtbar macht, wie die Zauberformel eines Scharlatans ungereimtes Zeug in gereimtes zu verwandeln vermag zum Gaudium des meisterhaft betrogenen Publikums.

Die Ungereimtheiten und Einseitigkeiten der neuesten bürgerlichen Anschauungsweise beginnen neuerdings den Widerstand einzelner bürgerlicher Denker zu provozieren, die nicht bereit sind, sich und ihre Mitmenschen völlig dem Absurden, dem Nichts, zu überantworten, sondern nach neuen Ansatzpunkten der Rettung der alten bürgerlich-humanistischen Ideale suchen, nach Ansatzpunkten, die es ihnen ermöglichen sollen, sich gegen die Gewalt des Existenzialisten zu behaupten. Sie kommen zu spät, denn diese Ideale sind nur zu retten, indem sie in den *Sozialismus* hinübergerettet und auf diese Weise gleichzeitig als *bürgerliche*, der Klassengesellschaft zugehörige Ideale überwunden werden. Ihnen gegenüber ist der Existenzialismus insofern im Recht, als er dem Niedergang der bürgerlichen Welt angemessen ist und sich keine Illusionen mehr macht. Aber gleichzeitig sind die wenigen neuhumanistischen Vertreter optimistischen bürgerlichen Denkens dem Existenzialismus gegenüber im Recht, weil sie zu Resultaten gelangen, die sich im Kern mit dem Sozialismus treffen, sich mit ihm treffen müssen, da jede humanistische und optimistische Aussage zum gegenwärtigen Zeitpunkt historischer Entwicklung nolens volens über die Grenzen der bürgerlichen Ordnung hinausweist.

Ein solcher Neuhumanist ist der Tübinger Gelehrte Otto Bollnow. In einer sehr anschaulichen und überzeugenden Weise hat Bollnow die Hoffnung, die er der existenzialistischen Verzweiflung scharf gegenüberstellt, als zur anthropologischen (er selbst sagt es anders) und damit unaufhebbaren Wesenheit des menschlichen Lebens gehörig nachgewiesen. Sein Anliegen ist nach einem von ihm selbst geprägten Ausdruck die »universale Hoffnung«, die er in Beziehung zum Begriff der »offenen Zeit« setzt. Diese Beziehung charakterisiert er folgendermaßen: Beides, die universale Hoffnung und die offene Zeit, sind zu verstehen als »unabsehbare Möglichkeiten«, das heißt als Ausrichtung des Menschen auf noch nicht vorhandenes, aber mögliches Künftiges. Wenn der Mensch diese Möglichkeiten auch nicht überschaut, sie ihm vorerst unerschlossen bleiben, so sind sie doch »der tragende Grund, der dem Menschen hilfreich entgegenkommt und ihn nicht ins Leere stürzen lässt«. Die Hoffnung, sagt Bollnow sehr schön, »ermöglicht allererst das Leben als einen sich stetig der Zukunft entgegenbewegenden Vorgang«. Bollnow will damit sagen, dass menschliches Leben überhaupt nicht möglich wäre, wenn der Mensch sich in seinem Denken, Entschließen und Handeln nicht stets auf etwas beziehen könnte, das noch vor ihm liegt. Insofern ist das Prinzip der Hoffnung grundsätzlich und unaufhebbar mit dem verknüpft, was menschliches Leben heißt.

Übertragen wir die noch etwas subjektiv gehaltenen, weil mehr auf den einzelnen Menschen bezogenen Ansichten Bollnows auf das kollektive Sein des Menschen und damit auf das Geschichtliche, so ergibt sich Folgendes: *In aller menschlichen Tätigkeit ist Hoffnung*, denn sie ist ganz auf *Ziele*, auf noch nicht Verwirklichtes gerichtet. Mag in der Verknotung der individuellen Tätigkeit nicht ganz dasselbe herauskommen, was sich die einzelnen Individuen zum Ziele setzen, so ist das im sozialen Bereiche menschlichen Seins Erreichte dennoch stets ein Stück verwirklichte Hoffnung. Der Begriff des Fortschritts entspringt dem Wissen des Menschen um diese Tatsache. Deshalb auch umgekehrt: Wo eine Gesellschaft stagniert, keine Hoffnung auf Künftiges mehr entwickelt, da zeigt sich die weitverbreitete Neigung, diesem Begriff keinen Glauben mehr zu schenken. Stellt sich aber im Bereiche gattungsmäßig-geschichtlichen Geschehens das bereits Erreichte (das sich als auf der Vergangenheit ruhende Gegenwart darbietet) als verwirklichte Hoffnung dar, so die Zukunft als noch nicht verwirklichte Hoffnung.

Wenn wir oben die Hoffnung in eine sinnvolle Beziehung zur Freiheit setzten, so wird jetzt erkennbar, dass gerade infolge dieser sich stets verwirklichenden Hoffnung, die jedesmal ihrem gemeinten Sinn nach nichts anderes enthält als Hoffnung auf ein größeres Stück Freiheit, die Geschichte, hier als Geschichte der sich stets verwirklichenden Hoffnungen des Menschengeschlechts begriffen, in ihrem letzten Effekt nichts anderes sein kann als eine Stufenfolge von immer höheren Stufen verwirklichter Freiheit.

Wir sagen: im letzten Effekt, weil der Weg dieser Verwirklichung der Freiheit selbst kein geradliniger, sondern ein Weg des Hindurchgehens durch Widersprüche, tragische Zusammenbrüche und Akte der Verzweiflung sein kann. So besehen ist auch dem Gegenpart der Hoffnung, der Verzweiflung, durchaus ein Platz im menschlichen Sein und Geschehen zuzuweisen. Der Mangel der nihilistischen Philosophie des Absurden ist »nur« der, dass sie das Moment der Verzweiflung wie ihm verwandte negative Momente überbetont und sie in einseitiger Weise zum »Wesen« des Menschen schlechthin erhebt. Im Kampfe zwischen Verzweiflung und Hoffnung (die hier nicht bloß psychologisch, sondern in einem ausgeweiteten anthropologischen Sinne verstanden sein wollen) siegt deshalb letzten Endes die im Fortschritt sich inkarnierende Hoffnung, weil sie dem menschlichen Tätigsein immanent ist. Siegte die Verzweiflung, würde alle Tätigkeit unmöglich sein, ihr Ende finden und damit der Mensch selbst sich als Mensch zunichtemachen.

Erstveröffentlichung in: Die Andere Zeitung, 11. April 1957.

Klassische und realistische Kunst sind identisch

HANS MAYER, WIE LUKÁCS Literaturtheoretiker und in der Grundhaltung von diesem abhängig, scheint sich in den letzten Jahren, besonders unter dem Eindruck des teilweisen Zurückbleibens der östlichen Literatur hinter dem von der marxistischen Kunsttheorie geforderten Niveau, einer kunsttheoretischen Linie verschrieben zu haben, die sich in einem stärkeren Maße, als dies die marxistische Auffassung zulässt, der bedeutenden Dekadenz-Literatur des Westens annähert. Kafka, Proust und Joyce beurteilt er nicht nur als repräsentativ für bestimmte geistige Strömungen einer menschlich und kulturell niedergehenden kapitalistischen Welt und als solche beachtenswert (sie von dieser Seite her zu betrachten, bleibt auch für den Osten, der es sich hierin etwas zu leicht macht, eine wichtige Forderung), sondern in mancherlei als *Vorbilder* auch für die moderne sozialistische Kunst. Dazu ist zu sagen: Hier irrt Hans Mayer. Er hat es dadurch seinen noch immer im stalinistisch entarteten Kunstschema befangenen Gegnern allzu leicht gemacht, ihren alten, scheinbar marxistischen Standpunkt zu verteidigen, was umso tragischer ist, als Mayer mit seiner Kritik der Mängel der östlichen literarischen Produktion durchaus ins Schwarze trifft.

Um zu der von Mayer entfachten Diskussion Stellung nehmen zu können, müssen drei Fragen beantwortet werden. Erstens: Was haben wir vom Standpunkt der unverfälschten marxistischen Kunsttheorie zur Kritik an der Literatur des Ostens beizutragen? Zweitens: Warum kann uns die in gewissem Sinne bedeutende Romankunst des Westens á la Kafka und Joyce (die Mayer ausdrücklich nennt) nicht als Vorbild diesen? Drittens: Warum haben [Alfred] Kurella, der bedeutendste Diskussionsgegner Mayers, und ihm folgende Gleichgerichtete trotz ihrer unentwegten Befangenheit in stalinistisch-bürokratischen Kunstvorstellungen recht, wenn sie an solchen klassischen Vorbildern wie Balzac, Tolstoi und Goethe festhalten? Die Beantwortung dieser Fragen kann sich in diesem Rahmen nur mit dem Allerwesentlichsten beschäftigen.

Die marxistische Kunsttheorie und die ihr entsprechende sozialistische Kunst sind durch und durch optimistisch. Ihr Optimismus resultiert aus ihrer dialektisch-kritischen Auffassungsweise des menschlichen Seins, das heißt aus dem Begreifen der tiefen Widersprüche dessen, was menschliche Existenz heißt, und dieser Widersprüche wiederum als treibender Kräfte in der Entwicklung des Individuums und der menschlichen Beziehungen. Kritische und optimistische Urteilsweise werden hier identisch. Gerade umgekehrt verhalten sich sowohl die dekadente bürgerliche Kunstauffassung der Jetztzeit wie auch die moderne dekadente Literatur, die diese Widersprüche entweder psychologisiert, das heißt in die individuelle »Innerlichkeit« verlegt und sie auf diese Weise ihrer aus der Beziehung zum Überindividuellen sich ergebenden Konkretheit beraubt, oder sie, gelegentlich bis zur Höhe ihres »Übersehens«, schablonisiert oder sie schließlich nur bis zu jenem Punkte verfolgt, an welchem der Schein der »anthropologischen« oder »ontologischen« Ewigkeit der Widersprüche entstehen muss.

Die moderne bürgerliche Kunst begegnet daher in allen diesen Fällen der historisch bedingten Problematik von Mensch und Gesellschaft und, wie wir noch sehen werden, speziell der Problematik der *kapitalistischen* Entfremdung mehr oder weniger unkritisch und daraus folgend pessimistisch. Wir sagen mehr oder weniger, weil trotz des charakteristischen grundsätzlichen Pessimismus gerade in den Werken der begabteren bürgerlichen Autoren eine ihnen innewohnende kritische Note nicht zu verkennen ist.

Aber es kann passieren, und es passiert stets unter der Bedingung der ökonomischen Zurückgebliebenheit, des Nachholens der »ursprünglichen Akkumulation« und der terroristischen Bürokratisierung des öffentlichen Lebens in den sozialistischen Ländern, dass der zur Schau getragene Optimismus kein solcher des tieferen Erkennens des realen Prozesses und der kritischen Auseinandersetzung mit den gesellschaftlichen Widersprüchen ist, sondern im Gegenteil das Resultat der Furcht, diese Widersprüche und die eigenen Fehler einzugestehen, und des Strebens, sie zu vertuschen. Das bloße Deklamieren, dass es Unzulänglichkeiten und Widersprüche gibt und dass sie überwunden werden müssen (von Stalin bis Shdanow und [Kurt] Hager unzählige Male getätigt), ersetzt nicht ihre wirkliche Erkenntnis, die die primäre Voraussetzung der Überwindung bildet. In einem solchen Falle wird der Optimismus entsprechend der Tatsache, dass es sich trotz allem um aufstrebende frühsozialistische Ordnungen handelt, nicht etwa fallen gelassen, sondern im Gegenteil maßlos forciert. Und das bedeutet hier, dass er zum probaten Mittel der Verschleierung der wahren sozialen Zusammenhänge besonders der Rolle der Bürokratie, ihres Terrors und ihrer Neigung zur Aushöhlung des sozialistischen Humanismus wird. Ein solcher Optimismus wirkt unecht und hohl und bemächtigt sich in dieser Gestalt auch der Literatur, um sie von Grund auf zu verderben.

Hält man nun einer solchen naturgemäß verflachten Kunst die formal tiefere und aussagenreichere Kunst des Westens entgegen, so kann leicht der irreführende Eindruck entstehen, als ob ganz allgemein die heutige bürgerliche Kunst der sozialistischen überlegen wäre. Offensichtlich ist Mayer, wenigstens teilweise, diesem Eindruck erlegen.

Hier stellt sich die Frage, warum die sozialistischen Schriftsteller, die sich an der marxschen Theorie des »künstlerischen Realismus« orientieren (wer sie ablehnt, vertritt gar keine sozialistische Kunstauffassung, sondern irgendeine bürgerliche), auch so bedeutende Vertreter der bürgerlichen Literatur wie Kafka und Joyce nicht als Vorbilder akzeptieren können. Die Antwort haben wir teilweise schon mit dem Hinweis auf die Psychologisierung, Schablonisierung und Ontologisierung der Probleme gegeben. Doch muss ausdrücklich darauf hingewiesen werden, und dies muss zentral verstanden sein, dass es gerade und vornehmlich die Hauptererscheinung der modernen Welt ist, nämlich die kapitalistische Entfremdung (auf die wir noch zurückkommen), die die Unterlage der genannten Formen der Entstellung der literarischen Problematik ist. Das heißt, dass das naturgemäß gerade bei den begabten westlichen Dichtern, speziell Kafka, thematisch herrschende Problem der Entfremdung als spezifisch kapitalistische Entfremdung dadurch verschleiert wird, dass sie als ausschließlicher Prozess des *inneren* Menschen oder des Menschen überhaupt, *ja des Seins überhaupt* dargestellt wird.

Einerseits kommen bei Kafka thematisch so gut wie alle Elemente der Entfremdung vor und werden meisterhaft analysiert: das rationalisierte Massendasein des entindividualisierten und entgeistigten Individuums; die Fremdheit, »Gesetzlichkeit« der objektiven Welt gegenüber dem Ich; die Apparatisierung des gesamten Daseins; der traumhafte, gleichsam zwischen Schlafen und Wachen, also gewissermaßen bewusstlos sich durchsetzende Rationalismus dieses Apparats, das heißt der faktische Irrationalismus dieses Rationalismus; das Einbezogensein der verantwortlichen Elite, bei Kafka der Beamten, Richter und sonstigen Organe in diesen Apparat, sodass diese Elite sich als eine Nichtelite herausstellt; usw. usf. Womit die unendlich feinsinnigen und tiefen Analysen, die Kafka in Gesprächen, Handlungen und Tatbeständen sich äußern lässt, nur angedeutet sind. Andererseits aber begreift Kafka diese Erscheinungen als solche des Menschen schlechthin. Es gibt bei ihm keinen Ausweg und deshalb auch kein echtes Problem der Freiheit. Und was einem marxistischen Interpreten vor allem auffallen muss, das ist die überstark typisierte Verallgemeinerung der Erscheinungen, sodass letztlich an die Stelle der konkreten und unendlich lebendigen Vermittlungen, wie sie sich im realen Leben des Menschen der Gesellschaft abspielen und wie sie vorbildlich in der klassischen Literatur (wenn auch auf einer anderen historischen Ebene) dargestellt werden, eine starke Undifferenziertheit der individuellen Erscheinungen und deshalb eine fast geisterhafte Schematik des Geschehens tritt.

Allein schon aus diesen zuletzt dargestellten Gründen ist nicht daran zu denken, dass die bürgerliche Romankunst, auch in ihren begabtesten Gestalten nicht, zum Vorbild des sozialistischen Schriftstellers werden könnte. Die »Modernität« dieser Kunst und die Tatsache, dass sie etwas Neues darstellt, reichen allein nicht aus, um sie als der sozialistischen Kunst und der ihr zugrunde liegenden Theorie des »sozialistischen Realismus« überlegen anzusehen. In zweierlei Beziehung bleibt sie allerdings auch für den Sozialisten bedeutsam. Erstens ist sie wegen ihrer Nähe zum Problem der kapitalistischen Entfremdung ein außerordentlich interessantes Objekt der marxistischen Entfremdungstheorie, die sich in den Aussagen der bürgerlichen Kunst bestätigt findet. Die Aussagen der großen Künstler der Epoche der bürgerlichen Dekadenz sind nichts anderes als Eingeständnisse der Tatsache der kapitalistischen Entfremdung, die Marx trotz ihrer relativen Unentwickeltheit bereits im vorigen Jahrhundert entdeckt hat. Zweitens bietet diese Kunst unzählige Hinweise und Anregungen, die ernst genommen werden müssen, weil sie aus der scharfsinnigen Beobachtung des subjektiv hochbegabten Autors erfließen und uns oft in die verzweigtesten und verborgensten Regionen der Entfremdung führen.

Aus beiden Gründen kann die moderne sozialistische Romankunst sich nicht, wie dies leider oft genug der Fall ist, um die Beschäftigung und Auseinandersetzung mit der bürgerlichen Kunst herumdrücken. Insofern hat Mayer vollkommen recht. Aber gleichzeitig muss sie sich dessen bewusst bleiben, dass sie die bürgerliche Kunst nicht nachahmt, sich selbst von ihren bedeutendsten Erscheinungen nicht zur Nachahmung verführen lassen darf, sondern ihren Weg des »künstlerischen Realismus«, den sie methodisch mit einer anderen Form der bürgerlichen Kunst gemeinsam hat, nämlich mit der *klassischen*, unentwegt weiterverfolgen muss. Dies scheint Mayer (wenn wir den Berichten [aus der DDR] trauen dürfen) nicht ganz erkannt oder zumindest nicht genügend herausgestrichen zu haben, als er der modernen bürgerlichen Kunst Positives abzugewinnen sich bemühte.

Es kann hier leider nicht bewiesen werden, dass klassische und realistische Kunst ungeachtet der sonstigen Unterschiede der Richtungen und Tendenzen *identisch* sind (wir hätten es hierbei im Grunde nur mit einer Wiederholung der lukácsschen Kunsttheorie zu tun). Insofern sind auch klassische und sozialistische Kunst (vorausgesetzt, dass letztere alle Bedingungen der bedeutenden realistischen Kunst erfüllt) identisch, wenn auch die Themen und Inhalte sich entsprechend der verschiedenen historischen Situationen grundlegend verändern. Insofern stehen Balzac und Tolstoi höher als Kafka und Joyce. Das Bestechende an letzteren ist, dass sie sich einer Problematik zuwenden, die den heutigen Menschen zutiefst berührt, wodurch sie eben auch ihrerseits, wie wir zeigten, große

Bedeutung erlangen. Und sofern der sozialistische Künstler des Ostens sich unter anderem auch der Aufgabe zu widmen hat, unbestechlich (leider nicht unbehindert!) sowohl die noch aus der vorsozialistischen Zeit stammenden als auch die aus der unzulänglichen gesellschaftlichen Grundlage (ökonomische Zurückgebliebenheit) sich ergebenden speziellen Widersprüche und bürokratischen Entfremdungserscheinungen der jungen sozialistischen Gesellschaft zu schildern und zu entlarven, kann er zwar von der bürgerlichen Kunst einige Anregungen empfangen, aber nicht vom Wege des klassischen Realismus abweichen, soll seine Kunst den sozialistischen Charakter nicht verlieren.

Erstveröffentlichung in: Die Andere Zeitung, 25. April 1957 (leicht gekürzt).

Sozialistischer Humanismus und stalinistische Bürokratie

IN EINER VOR EINIGEN Monaten in Ostdeutschland erschienenen und bereits im Titel als Auseinandersetzung mit Ernst Bloch, dem bekannten Leipziger Marxisten, gekennzeichneten Broschüre wird der Vorwurf erhoben, die einem abstrakten Zukunftshumanismus nachträumenden Hyperradikalen unter den sozialistischen Intellektuellen hätten den Boden der Realität unter den Füßen verloren, denn sie würden mit ihrem utopischen Höhenflug einer künftigen »menschlichen Gesellschaft« die sichtbaren Grenzen des Möglichen überschreiten. Die Folge davon (davon! – nicht des Stalinismus!) seien die Rebellionen in Ungarn und Polen usw. Im Gegensatz dazu, was die Verwirrung verrät, wurde ihnen auf der Ostberliner Kulturtagung im Oktober 1957 der Vorwurf gemacht, sie würden einem »dritten Weg« zwischen Sozialismus und Kapitalismus das Wort reden und damit eine »revisionistische« Haltung einnehmen. Mit letzterem wird angespielt auf die seit dem 20. Parteitag [der KPdSU] machtvoll sich ausbreitende Tendenz zur »Liberalisierung«, was aber gar nichts zu tun hat mit »Liberalismus«, der eine Kategorie der kapitalistischen Welt darstellt. Gemeint ist in Wahrheit der »dritte Weg« *über Kapitalismus und Stalinismus hinaus*, der Weg in der Richtung jener sozialistischen Demokratie, von dem sich die tiefer blickenden marxistischen Humanisten mehr erwarten als das bloße Recht, ihren Gedanken freier und ungezwungener Ausdruck verleihen zu können. Das alleine wäre nur ein höchst egoistisches Recht einiger auf ihre Wirkung bedachter Intellektueller. Aber es geht um *die breiteste Einflussnahme auf die Massen, gegen die niemand auf die Dauer regieren kann.*

Dies nicht zu erkennen ist der Mangel der ganz- oder halbstalinistischen Bürokratie, die glaubt, durch eine »risikolose« Diktatur wie der Zauberer auf der Bühne alle Schwierigkeiten lösen zu können. Aber es gibt kein Beschwindeln der Weltgeschichte und erst recht keine Geschichte ohne Risiko. So wie sich die stalinistischen Verbrechen bereits in verschiedenen Ereignissen des Ostens gerächt haben, so besteht die Gefahr, dass der vulkanische Ausbruch auch in Zukunft umso heftiger wird, je einsichtsloser sich die Bürokratie verhält, je eigensinniger sie den Prozess der Humanisierung des sozialistischen Lebens aufzuhalten sucht. Und

Humanisierung heißt zunächst, das heißt für das Hier und Jetzt der noch nicht vom Stalinismus ganz gereinigten Länder, so viel wie Durchdringung der Volksmassen mit dem Geist jenes humanistischen Menschen-, Lebens- und Gesellschaftsbildes, das Zustimmung und Begeisterung weckt, die Opfer- und Kampfbereitschaft stärkt, die propagandistische Kraft des Sozialismus erhöht und auf diese Weise viele Sparten des Zwanges und des Terrors überflüssig macht.

Das humanistische Ideal (auch das des »dritten Weges«) einmal ernst genommen und in allen seinen Folgerungen begriffen, erfüllt eine doppelte Funktion. Einerseits lehrt es den Menschen verstehen, ihn richtig zu behandeln und zu leiten. Es bildet das stets wirkende Korrektiv in der Beziehung zum Menschen, ohne das dieser Mensch allzu leicht herabgewürdigt wird zu einem rechnerischen Kalkül in einem mechanisch begriffenen »Aufbauprozess« (der gewiss auch seine rechnerischen und mechanischen Seiten haben muss), mit der schließlichen Konsequenz, dass man ihm nicht beikommt, sein Innerstes nicht erreicht, ihn abstößt und nur noch *gewaltsam* dahin bringen kann, wo man ihn haben möchte. Das wirklich verstandene (und nicht zur bürokratischen Phrase entstellte) humanistische Ideal erzieht also einerseits den »Regierenden« und gibt ihm die Kraft, den Menschen in seinem Sinne, im sozialistischen Sinne, zu beeinflussen. Andererseits erfüllt das durch die Tätigkeit der berufenen Propagandisten, Erzieher, Dichter, Wissenschaftler usw. auf das Volk wirkende humanistische Ideal noch eine andere wichtige Funktion. Alle bisherige Geschichte hat bewiesen, dass kein fortschrittlicher Kampf möglich ist, ohne die Begeisterung der Volksmassen für ein ihnen erhaben erscheinendes Ziel, für ein weit ausgreifendes Ideal. Und für nichts lässt sich der Mensch besser begeistern als für ein Freiheitsideal, dessen Verwirklichung zwar der Zukunft angehören mag, das aber die Kraft verleiht, die gehassten Einrichtungen der Vergangenheit und Gegenwart mit dem Einsatz der ganzen Persönlichkeit zu bekämpfen und die in diesem Kampfe unvermeidlichen Opfer auf sich zu nehmen. Das Volk muss gelehrt werden, und je schwieriger die objektiven Bedingungen sind, desto mehr, in größeren Dimensionen zu denken als den bloß auf das unmittelbare Interesse gerichteten. Für den Sozialismus gilt erst recht, was bisher für die ganze Menschheitsgeschichte gegolten hat: dass der Glaube Berge versetzt!

Zur Zeit der größten Missachtung der humanistischen Ideale des Sozialismus und der humanistischen Freiheitslehre unter Stalin (man lese z. B. nach, wie diese Ideale auf das dürftige und zudem gegenüber den darauf bezogenen Aussagen von Marx entleerte Schema von der »Überwindung des Gegensatzes zwischen körperlicher und geistiger Arbeit« und Ähnlichem reduziert wurde) hat man es, gehemmt durch eine bürokratische Sicht (deren Wurzeln ich ausführlich analysiert habe in »Wesen und Rolle der stalinistischen Bürokratie« und in mehreren Beiträgen der Göttinger Deutschen Universitätszeitung[1]), nicht verstanden, die Massen in diesem Sinne zu erziehen und anzuleiten, und man versteht es in einigen Ländern des Ostens heute noch nicht. In einer solchen Situation ist naturgemäß das letzte Mittel der Zwang und die stets gebrauchte Entschuldigung der Feind, der »Agent« – dessen Existenz man im Übrigen keineswegs zu leugnen braucht.

Aber ist es dann verwunderlich, wenn die verantwortliche Bürokratie dazu übergeht, die Freiheitsideale des marxistischen Humanismus offen zu bekämpfen und zu verhöhnen? Wenn sie dazu sich gedrängt fühlt, ihren nicht nur besten und namhaftesten, sondern vor allem erzieherisch und propagandistisch wirksamsten Vertretern wie Ernst Bloch, Georg Lukács oder Hans Mayer vorzuwerfen, sie hätten sich durch Konstruktion verworrener und abstrakter Ziele einer »wahrhaft menschlichen Gesellschaft« vom sozialistischen Aufgabenbereich entfernt? Sogar der [ungarische] Petöfi-Klub wird bemüht, um das Versagen Blochs zu beweisen. Als ob die Bewegungen in Polen, Ungarn und Ostdeutschland, gewiss leider durch die für diese Länder traditionellen faschistischen Kräfte missbraucht, nicht das direkte Resultat der stalinistischen Ablehnung einer »wahrhaft menschlichen Gesellschaft« gewesen wären! Wobei übrigens der Anfang einer Umkehr, wie jeder weiß, von der Sowjetunion selbst unter Führung Chruschtschows gemacht wurde, den wir für einen wesentlich antistalinistischen und bedeutenden Politiker halten. Als ob ein paar humanistische Parolen einiger Denker und Dichter allein ausreichen würden, ganze Völker in Bewegung zu bringen!

Diese Parolen und ihre theoretischen Vertreter für die Auswirkungen der stalinistischen Herrschafts- und Erziehungsmethoden verantwortlich zu sprechen, bedeutet eine doppelte Missachtung historischer Tatsachen und Notwendigkeiten. Einmal bedeutet es, dass man noch immer nicht begriffen hat, wie sehr man sich gerade durch die Abkehr von den zukunftsträchtigen humanistischen Idealen des Marxismus und von den Massen des Volkes isoliert hat, weil man sich auf diese Weise, wie wir oben zeigten, des besten Mittels begeben hat, auf das Bewusstsein des Volkes einzuwirken. Zum anderen bedeutet es, dass man sich durch die Maßnahmen gegen die bekanntesten und markantesten marxistischen Humanisten noch weiter von den Massen isoliert und zudem der bürgerlichen Welt einen endlosen Stoff der Kritik bietet.

Das berühmte Wort von Lenin: »Wir müssen mehr träumen, in unserer Bewegung gibt es zu wenige Träume«, ist den Kritikern Blochs in seiner ganzen Bedeutung niemals aufgegangen. Bloch hat gleichzeitig

1 [Leo Kofler: Das Wesen und die Rolle der stalinistischen Bürokratie, Köln 1952 – neu aufgelegt in: ders.: Stalinismus und Bürokratie, Neuwied/Berlin 1970, sowie in Christoph Jünke (Hrsg.): Marxistische Stalinismus-Kritik im 20. Jahrhundert, Köln 2017. Nachdruck der genannten Beiträge der Deutschen Universitätszeitung in: Leo Kofler: Zur Kritik bürgerlicher Freiheit, Hamburg 2000.]

begriffen, dass man solche Träume nicht nur träumen, sondern auch begrifflich erklären muss, sollen sie reale Wirksamkeit auf das Denken der Sozialisten gewinnen. Bloch hat nicht nur geträumt. Er hat der Philosophie der Verzweiflung, von der die dekadente bürgerliche Welt lebt, eine Philosophie der Hoffnung, von der die sozialistische Welt allein leben kann, geistvoll entgegengesetzt. Er hat durch umfassende Studien gezeigt, was es heißt, den Menschen von der Hoffnung her anthropologisch zu begreifen – natürlich nicht von ihr allein her, denn das würde eine unzulässige Vereinseitigung des Menschenbildes bedeuten – und mit der heute mächtigen (direkt oder indirekt) existenzialistischen und nihilistischen Ideologie des Kapitalismus fertig zu werden. An die Stelle der »kritischen« Phrase der kleinen »marxistischen« Geister hat er wirkungsvoll und von der Welt beachtet ein System gesetzt, das nichts anderes enthält als den bis in die letzten Phasen möglichen Weiterdenkens zu Ende gedachten Marxismus selbst.

Gewiss kann nicht übersehen werden, und keiner der bedeutenden marxistischen Theoretiker übersieht das, dass im gegebenen Entwicklungsstadium von einer Verwirklichung des humanistischen Endziels, das Marx und seine bedeutenden Nachfolger als das Ziel der positiven Freiheit im Sinne der Befreiung des Menschen von allen seine Persönlichkeit entmenschlichenden und hemmenden Schranken beschrieben haben, noch nicht die Rede sein kann. Aber heißt das deshalb, dass die Bewusstmachung und Propagierung eines solchen Zieles keine Bedeutung hat? Die praktizistisch-bürokratischen Funktionäre, die darüber zu jammern pflegen, dass die christliche Ideologie bereits seit vielen Jahrhunderten als eine mächtige gesellschaftliche Macht aufzutreten die Kraft hat, obgleich doch diese Ideologie nichts verspricht als das Jenseits, sind nicht davon zu überzeugen, dass sich der marxistische Humanismus mit seiner großartigen Freiheitslehre zu einer noch größeren geistigen Macht ausgestalten ließe, da er doch nichts weniger verspricht als das Diesseits. Das »menschliche« Diesseits in seiner ganzen Fülle natürlich (was nichts mit Eschatologie zu tun hat) und nicht jenes dürftige Gebilde, das der bürokratische Kopf mit seinem mechanischen Einmaleins als allein der Verwirklichung würdig zu begreifen vermag. Die Ausgestaltung der sozialistischen Lehre zu einer solchen ideologischen Macht, die den Menschen vom Diesseits träumen lehrt (Lenin) statt vom Jenseits, würde alle Sorge beenden, wie mit dem Menschen fertig zu werden sei, mit diesem gegenüber der bürokratischen Menschenbehandlung so widerspenstigen Menschen.

So ist mit dem Ernstnehmen und Zuendedenken der humanistischen Freiheitslehre des Marxismus vielerlei gewonnen. Erstens: Es wird dem bürgerlichen ziellosen Denken von heute ein überzeugendes und klares humanistisches Ziel entgegengesetzt. Zweitens: Ein solches, dauernd propagiertes Ziel – man denke an die klassische Anfangszeit der Arbeiterbewegung, die fast ausschließlich vom »Zielidealismus« lebte – vermag die Massen mit jenem hoffenden Idealismus und jener tätigen Überzeugung zu erfüllen, auf die eine in Entwicklung begriffene sozialistische Gesellschaft nicht verzichten kann. Drittens: Es würde damit weitgehend das Mittel des bürokratischen Zwanges überflüssig werden, der die Massen zwar vorübergehend im Zaume halten kann, aber ständig entmutigt und sie der notwendigen freiwilligen Aktivität beraubt. Viertens: Die Bürokratie als eine von allen bedeutenden Marxisten seit Marx als gefährlich beurteilte Macht würde unter die Kontrolle der selbstbewussten und überzeugungstreuen Massen geraten, statt umgekehrt diese unter Kontrolle zu halten und die Ausweitung der sozialistischen Demokratie zu behindern. Fünftens: Die Einschränkung der bürokratischen Machtbefugnisse würde wiederum werbend auf die sozialistische Idee zurückwirken und des Weiteren das demokratische und humanistische Bewusstsein des Volkes stärken.

Der angeblich so abstrakte und praxisfremde sozialistische Humanismus erweist sich als eine immense praktische Gewalt, die die Köpfe ergreifen muss, um die Wirklichkeit erfolgreich umwälzen zu helfen.

Erstveröffentlichung in: Die Andere Zeitung, 23. Januar 1958.

Orthodoxes Pfaffentum

NICHT ZU GLAUBEN, ABER der reaktionäre Orthodoxismus lebt noch. (»Orthodox« steht hier für eine [marxistisch-sozialistische] Richtung, die der Zeit vor dem 20. Parteitag angehört.[1]) Man erkennt ihn an der Redensart, die den oberflächenhaften Kurzschluss an die Stelle der konkreten Untersuchung setzt, wie zum Beispiel: »Alle bedeutenden Gestalten der Weltgeschichte (...) waren nicht mehr und nicht weniger ›Verbrecher‹ als Stalin.«[2] Es wird nicht gefragt, ob der Stalinismus mit seinen Methoden dem russischen und internationalen Sozialismus mehr genützt oder geschadet hat, ob nicht ein Weg ohne blamable Schauprozesse mit unmenschlichen Selbstbeschuldigungen, ohne die Ermordung namhafter Bolschewiken, ohne die Herabwürdigung der marxistischen Wissenschaft und der Kunst zu einer Farce, ohne bürokratischen Irrsinn und ohne stalinistische Beschränktheit, eben ein geschickterer und milderer Weg (der zumindest für die Zeit seit der neuen Verfassung von 1936 sehr ernst erwogen werden muss) möglich gewesen wäre. Vielmehr wird kaltblütig zur Antwort gegeben: Sie waren alle so, folglich ...! Weiß der Autor dieser These, dass wir ohne den Stalinismus längst ein sozialistisches Land oder mehrere im Westen hätten, nämlich da, wo der Sozialismus infolge der reiferen ökonomischen Voraussetzungen sich mit weitaus größerer Leichtigkeit experimentieren ließe und wo selbst der Reformismus ihn nicht hätte verhindern können, wenn der Stalinismus und seine Satelliten einen anderen als einen enttäuschenden Eindruck auf die Völker hinterlassen hätten? Er erwägt diese Frage trotz seiner so selbstbewussten, aber bei ihm zur leeren Phrase degenerierten Berufung auf seine »Konkretheit« mit keinem Wort.

Da die neueste Polemik gegen die Vertreter des modernen, auf der Höhe der marxistischen Theorie stehenden Humanismus sich weitgehend gegen deren angeblichen »Irrationalismus« richtet, muss dieser Punkt (auf den wir weiter unten nochmals zurückkommen) wenigstens in den grundlegenden Aspekten klargestellt werden. Nichts ist typischer für die orthodoxe

1 [Der 20. Parteitag der Kommunistischen Partei der Sowjetunion tagte im Februar 1956 und ging aufgrund der »Geheimrede« des Generalsekretärs Nikita Chruschtschows als Parteitag der Entstalinisierung in die Geschichte ein.]

2 Die hier im Text aufgeführten Zitate eines »orthodoxen Pfaffen« sind einem Artikel von Ludwig Paul in der *Anderen Zeitung* vom 13. Februar 1958 entnommen.

Theorie als die vulgäre Verwechslung von »rational« und »irrational«. Die marxistische Theorie hat, nicht zuletzt auch durch die Arbeit der modernen marxistischen (angeblichen) »Irrationalisten«, in streng rationaler Ableitung gezeigt, dass das vulgäre Bewusstsein sich gerade da am irrationalsten verhält, wo es glaubt, die Welt rational zu interpretieren, die Erscheinungen rational zu sondieren und seine praktischen Schlussfolgerungen danach einzurichten. Indem nämlich der Träger dieses Bewusstseins infolge seines vulgären Alltagsrationalismus die Zusammenhänge auf solche Gemeinplätze reduziert wie zum Beispiel in dem oben erwähnten: »Sie waren alle so«, bleibt er an der Oberfläche der Erscheinungen und verfällt deshalb unbewusst, das heißt in irrationaler Weise genau jenen ihn gängelnden Erscheinungen, die er rational begriffen und durchschaut zu haben glaubt. In einer solch scheinrationalen, in Wahrheit höchst irrationalen ideologischen Situation muss das persönliche (und vielleicht sogar subjektiv mutige) Bekenntnis zu einer Sache zur Unfähigkeit führen, sie zu verstehen, und damit zu einer heillosen Fesselung auch an die düsteren Seiten dieser Sache, bei der dann alles oder das meiste als verteidigenswert erscheint.

Das sieht so aus: Hat sich der russische Bolschewismus in einer schwierigen ökonomischen Lage befunden, ist daher der Bürokratismus eine unvermeidliche Erscheinung des Aufbauprozesses gewesen, so kann man zwar versuchen, ihm einige Pflästerchen aufzulegen, aber im Großen und Ganzen war er gerade so, wie er war, notwendig. Das nennt sich Rationalismus! Dagegen zu verstehen, dass es die Aufgabe der leitenden Staatsmänner gewesen wäre, das Entstehen, die Festsetzung und die Ausbreitung eines eigenen und gefährlichen bürokratischen Bewusstseins zu verhindern (statt es sich anzueignen und sich ihm zu unterwerfen), eines »Bürokratismus«, der naturgemäß völlig unfähig war, die an ihn herangetragenen Probleme der Erziehung, Begeisterung, Organisierung des Volkes auf freiwilliger Grundlage zu lösen, deshalb in steigendem Maße zum Mittel des Terrors (Millionen von Inhaftierten und Verbannten) greifen musste – das ist für die Orthodoxen »Irrationalismus«. Daher muss die stalinistische Bürokratie, getarnt durch eine Scheinopposition gegen sie (!), gerechtfertigt werden. Das geschieht etwa auf die folgende »rationale« Weise: »Gibt es eine ›stalinistische Bürokratie‹? Stalin wie auch Lenin vor ihm hat sich wiederholt mit aller Schärfe gegen jede Art von Bürokratisierung gewandt.« »Stalinistische Bürokratie« also in Gänsefüßchen! Weil Stalin sich gegen die Bürokratisierung gewandt hat, deshalb gibt es keine stalinistische Bürokratie! Solche Aussprüche entlarven die sozialistisch getarnte bürgerliche Methodik der Betrachtung. In meiner Schrift über die stalinistische Bürokratie[3] habe ich ausführlich gezeigt, wie unter

3 [Leo Kofler: Das Wesen und die Rolle der stalinistischen Bürokratie, Köln 1952 (erweiterte Fassung in Leo Kofler: Stalinismus und Bürokratie, Neuwied 1970, und Nachdruck in Christoph Jünke (Hrsg.): Marxistische Stalinismus-Kritik im 20. Jahrhundert. Eine Anthologie, Köln 2017).]

den Bedingungen, die der Stalinismus vorfand, Stalins »Kampf gegen die Bürokratisierung« keine andere als gerade die Funktion erfüllte, die Sowjetunion restlos der Herrschaft der mit dem Stalinismus verbündeten Bürokratie zu unterwerfen. Solche dialektischen Purzelbäume der komplizierten Realität gehen natürlich nicht in den Kopf des orthodoxen Alltagsbewusstseins, für das eine solche theoretische Erkenntnis »Irrationalismus« ist. »Rationalismus« ist, wenn es deshalb »keine stalinistische Bürokratie gibt«, weil Stalin dagegen war. Man muss schon sagen: Ein solcher Rationalismus ist nicht nur dumm, sondern obendrein pfäffisch!

Das orthodoxe Pfaffentum lässt sich zum Beispiel auch mit dem folgenden Ausspruch belegen: »Man kann also den ›Stalinismus‹ (in Gänsefüßchen; L.K.) nicht aus dem Gegensatz zur sozialistischen Humanitas erklären, man kann ihn höchstens aus dem überdimensionalen Maß seiner Aufgaben ableiten.« Das ist doch einfach zu verstehen, nicht? Aus dem »überdimensionalen Maß seiner Aufgabe« erklären sich auf die einfachste Weise solche Vorkommnisse wie der Mord an Bucharin, das von Chruschtschow angeprangerte Hineinjagen der Bauern in den verzweifelten Widerstand, die von der Bürokratie unter Stalins Führung erzwungene Degeneration des anfänglich großartigen Film- und Theaterwesens, die Reduktion des Marxismus auf die hohlste und damit propagandistisch wirkungsloseste und geradezu abstoßende Phrase, Ulbrichts Methode der Demoralisierung der Massen der Anhänger der SED und ihr Hinabstoßen in die antisozialistische Opposition mit einer methodischen Ausdauer, die keinem kapitalistischen Gegner je gelungen wäre, die Terrorisierung der besten marxistischen Köpfe und unzählige andere Erscheinungen des sozialistischen Selbstmords – das alles erklärt sich zwanglos und »rational« aus dem »überdimensionalen Maß der Aufgaben«.

Es ist eine alte Erfahrung, dass orthodoxer Materialismus und Ökonomismus leicht geneigt sind, sich der Ausflucht in den vulgären Idealismus zu bedienen, wenn es darum geht, die Haltlosigkeit der Unfruchtbarkeit der eigenen theoretischen Position zu verschleiern. So kommt es immer wieder vor, dass ungeachtet der »materialistischen« Erklärung der Phänomene an für den Orthodoxismus unlösbaren Knotenpunkten der Analyse die gute oder böse Individualität wie ein *deus ex machina* erscheint, um alles zu »erklären«. Das sieht dann so aus: »Falsch scheint mir zu sein, das, was man (...) als ›Stalinismus‹ bezeichnet, aus dem System sowjetischer Aufbauarbeit zu erklären. Eher könnte man von einem ›Fall Stalin‹ reden, von der Tragik eines Marxisten und Staatsmannes, der sich in der Wahl seiner Mittel vergriff.«

Erstens: die typische schwindelhafte Unterstellung, um mit allen Mitteln recht zu behalten, dass nämlich die Vertreter des dem Orthodoxismus nicht genehmen (weil »irrationalen«) marxistischen Humanismus den Stalinismus »aus dem System sowjetischer Aufbauarbeit« erklären. Wahr ist vielmehr, dass es der hier infrage stehende Vertreter des Orthodoxismus tut, wenn er, wie oben gezeigt, die Schwierigkeiten Stalins aus dem »überdimensionalen Maß der Aufgaben« ableitet, die natürlich Aufgaben des »Systems« waren. Aber abgesehen davon: Bei dem Hinweis auf den bedauernswerten »Fall Stalin«, der sich in tragischer Weise »in der Wahl seiner Mittel vergriff«, wird einem leicht übel. Man glaubt in einer Vorlesung über Carlyles Geschichtsauffassung zu sitzen. Wäre der »tragische Stalin« unter den Bedingungen zum Beispiel eines englischen Sozialismus überhaupt zu Wort gekommen? Keine Ahnung von der wirklichen Rolle der Persönlichkeit nach marxistischer Vorstellung usw. Auf der gleichen subjektivistisch-idealistischen Linie liegt die Ausrede mit den »Agenten«, die »seit vielen Jahren schon eingeschleust werden«, während die Wahrheit doch darin liegt, dass die »Agenten« nur da gefährlich werden können, wo man »viele Jahre« lang die Bevölkerung durch stalinistische Methoden der Terrorisierung bis in das Privatleben hinein der Enttäuschung und der Abstoßung in die Arme dieser Agenten treibt.

Die für das primitiv-orthodoxe »Denken« unlösbare Schwierigkeit ist die, die Fehlleistungen des Stalinismus mithilfe des historischen Materialismus *zu erklären* und sie trotzdem *nicht zu entschuldigen*. War trotz aller Schwierigkeiten ein anderer Weg möglich und ist heute in der Ostzone ein anderer Weg möglich? Eine sehr ernste Frage: Waren wenigstens seit der Verfassung von 1936 nicht demokratischere Methoden möglich und nötig? Hat der orthodoxe Phrasendrescher verstanden, dass Bewusstsein ein Element der Praxis ist und dass daher bei einem Abbau des bürokratischen Bewusstseins (der allerdings wahrscheinlich *gegen* Stalin und seine Clique hätte erzwungen werden müssen) sich viele Schwierigkeiten, die sich aus der falschen Behandlung des Menschen ergaben, verschwunden wären – siehe wieder Ostzone, wo diese Zusammenhänge faustdick zutage treten! Man kann den stalinistischen Bürokratismus, der auch ein grundlegendes Problem der Ideologie darstellt, in seiner ganzen, von den Orthodoxen überhaupt nicht erkannten Komplexität marxistisch erklären und trotzdem zeigen, dass das Moment der marxistisch-humanistischen Kritik, wenn nur wirklich ernst genommen und nicht unterdrückt, unter denselben gesellschaftlichen Bedingungen einen anderen Weg zu eröffnen vermag. Einen Weg, der trotz allen Geschwätzes von der »Überdimensionalität der Aufgaben« (jede echte Phrase hat das Eigenartige an sich, Richtiges zu enthalten, aber keine wirkliche Aussage zu sein) damit beginnt, dass man die Massen des Volkes für den Sozialismus gewinnt, statt sie abzustoßen und mit dem Terror als letztem Mittel zu »regieren«.

Und an diesem Punkt setzt die eigentliche Rolle des sozialistischen Humanismus ein, der den Orthodoxen als »Irrationalismus« erscheint, weil sie (und nicht wir) ihn erstens mit dem bürgerlichen Humanismus verwechseln und zweitens diesen bürgerlichen Humanismus infolge der grenzenlosen orthodoxen Unwissenheit als »Irrationalismus« interpretieren. Es ist leicht zu zeigen, dass es gerade die stalinistische und orthodoxe Auffassung der Probleme des sozialistischen Humanismus ist, die kaum ernstlich über den bürgerlichen Horizont hinauskommt (obgleich gleichzeitig beweisbar wäre, dass der alte bürgerliche Humanismus in manchen Punkten haushoch über dem der Orthodoxen stand).

Der Humanismus, den wir, die modernen marxistischen Theoretiker, vertreten, stellt auch aus anderen als bloß systematischen Gründen ein streng rationales Gebilde dar, mögen diese systematischen Gründe dem beschränkten Bürokratengeiste (der in tiefer Unwissenheit sogar den großen bürgerlichen Humanismus solcher Männer wie Diderot, Ferguson und Condorcet mit dem theologisch beschränkten Humanismus von Erasmus, Reuchlin und Ulrich von Hutten, die Ludwig Paul anführt, verwechselt) als »irrational« erscheinen. Den ihm entgegengesetzten »Humanismus« der Orthodoxen erkennt man daran, dass er sich in der Theorie durch seine Hohlheit und in der Praxis durch seine Erfolgslosigkeit ständig blamiert. Die Kraft des modernen unorthodoxen Humanismus resultiert daraus, dass er in konsequenter und unerbittlicher Rationalität in der Analyse des Menschen durchhält, angefangen von der anthropologischen Erkenntnis des Wesens dieses Menschen[4] durch alle komplizierten Zwischenstadien hindurch bis zur Erkenntnis des Menschen im Prozess seiner »Selbstverwirklichung« in der reifen sozialistischen Gesellschaft, ohne welche Erkenntnis der orthodoxe Bürokrat sich in seiner engstirnigen Praxis bewegt wie ein leichtes Segelschiff ohne Kompass auf einem stürmischen Meere. Was dabei beruhigt, das ist sein sicherer Untergang.

Nur der moderne unorthodoxe und wahrhaft marxistische Humanismus hat die Kraft, von Grund auf umwälzend auf das Bewusstsein des Menschen zu wirken, in ihm gerade wegen seiner rationalen Härte und Konsequenz den Glauben an die Zukunft zu wecken, ihn in tiefer Durchdrungenheit von der Wahrheit einer höheren und freieren künftigen Ordnung »träumen« zu lehren, wie es Lenin gefordert hat. Gewiss erweckt er mit dieser Wirkung in den ungeschulten und daher mehr dem irrational-träumenden Bekenntnis als der rationalen Erkenntnis zuneigenden Volksmassen Gefühle (»Träume«), die nicht als rational angesprochen werden können, die aber selbst beim rational begreifenden Theoretiker eine unvermeidliche Begleiterscheinung seines revolutionären Bewusstseins bilden, das eben ein komplizierteres Gefüge aufweist als die orthodoxen »breitmäuligen Faselhänse« (Marx) sich denken können.

4 Vgl. dazu meinen Beitrag »Das Prinzip der Arbeit in der Marxschen und in der Gehlenschen Anthropologie«, in: Schmollers Jahrbuch für Gesetzgebung, Verwaltung und Volkswirtschaft, Heft 1/1958, S. 71–86.

Auch der orthodoxeste unter den Orthodoxen hisst gelegentlich rote Fahnen in der Hoffnung, durch diesen doch gewiss nicht rationalen Akt auf den Menschen zu wirken. Er singt Lieder, deren Gehalt und deren Melodie nicht Elemente einer rationalen Theorie sind. Es wirkt daher nur komisch, wenn die Orthodoxen, die anspruchsvollen Monopolisten des Leninismus, durch einen seiner Vertreter sagen lassen, dass »selbst das Wort Lenins: ›Wir müssen mehr träumen (...)‹ nicht darüber hinwegzutäuschen vermag«, dass wir, die Humanisten à la Lukács und Bloch, den falschen Weg des Irrationalismus gehen. Die Sprache verrät den Verräter: Lenin, der Gott der Orthodoxen, »täuscht also hinweg«! Haben sie Lenin verstanden? Genau wie sie Marx und uns verstehen, nämlich in bürokratischer Manier. In völliger Unkenntnis der dialektischen Beziehung von Rationalismus und Irrationalismus im praktisch sich vollziehenden Umwälzungsprozess (nicht in der Theorie, die in ihrer marxistischen Gestalt den Irrrationalismus ablehnt!) unterstellen sie dem echten marxistischen Humanismus einen von aller Realität losgelösten utopischen »Zielidealismus«, nicht begreifend, wie aus der marxistischen Theorie des untrennbaren Verhältnisses von Vergangenheit, Gegenwart und Zukunft ein wechselseitiger Einfluss von Realität und »Zielidealismus« entsteht. Nämlich so: Aus dem gewissenhaften Studium der Wirklichkeit und des Menschen in ihr ergibt sich die »Zielidee«, die den »Zielidealismus« gebiert, und aus der Kenntnis dieser »Zielidee« ist ein Hilfsmittel gewonnen im Dienste der Bewältigung der praktischen Aufgaben, besonders jener, die sich um die Umerziehung des Menschen bewegen.

Das Allerrationalste daran ist aber, dass dem in der »Zielidee« kulminierenden sozialistischen Humanismus, allein schon in der Gestalt der Kritik, die er am Orthodoxismus übt und die deshalb von diesem so sehr gefürchtet wird, die Kraft innewohnt, umwälzend zu wirken und die Löcher zu stopfen, die der Stalinismus in das Gefüge des Sozialismus gerissen hat. Dann wird auch die phrasenhaft geforderte, aber in dieser Gestalt nicht zu erreichende »Heilung der westlichen Welt von der antikommunistischen Psychose« keine phrasenhafte Forderung mehr bleiben, denn nur dann werden Sozialismus und Kommunismus beweisen können, dass sie mehr als eine stalinistische Karikatur sind. Erst wenn diese Karikatur verschwunden, das heißt überwunden sein wird durch den »dritten Weg« über Kapitalismus und Stalinismus hinaus, erst dann wird das ideologische Spiegelbild des Stalinismus, der reaktionäre Orthodoxismus, in Nichts zerstieben.

Erstveröffentlichung in: Funken. Ausspracheheft für internationale sozialistische Politik, April 1958.

Der Arbeiter und die sterbende Zeit

DREI ZUSAMMENWIRKENDE FAKTOREN rufen die das Leben des Arbeiters durchziehende Grundstimmung der Trauer hervor: erstens das Milieu, das sich aus der Arbeitsstätte samt Umgebung und den Zufahrtsstraßen und Arbeitsmitteln (z. B. typische Arbeiterzüge) zusammensetzt; zweitens das Wissen des Arbeiters um seine soziale und menschliche Inferiorität; und drittens das Ausgeliefertsein des Arbeiters an ein beherrschendes Phänomen seines Lebens, an die sterbende Zeit. Um dieses Phänomen zu verstehen, müssen zwei Begriffe geklärt werden, der Begriff der Arbeit und der Begriff der hier infrage stehenden (nicht bloß physikalischen) Zeit. Es ist ein weitverbreiteter Irrtum zu meinen, dass die Begriffe Arbeit und Arbeiter in direkter Wechselwirkung zueinanderstehen, und zwar so, dass sich der Arbeiter schlechthin durch die Tatsache seiner Arbeit bestimmt und eben wegen dieses Merkmals, Träger der Arbeit zu sein, sich von den übrigen Menschen erkennbar unterscheidet. Die Wahrheit ist vielmehr, dass der Arbeiter deshalb ein arbeitendes Wesen ist, weil er Mensch im allgemeinen Sinne ist. Dagegen als Arbeiter im spezifisch gesellschaftlichen Sinne ist er ein der Arbeit – genauer (wie noch zu zeigen): ihrer ursprünglichen Bestimmung – entfremdetes Wesen. Denn in ihm äußert sich die Arbeit, sofern wir sie als ursprüngliche, anthropologische Wesenheit des Menschseins begreifen, geradezu als Nichtarbeit, das heißt als Verderbnis der ursprünglichen Eigenheit des Menschen, als eine ihn verwüstende Erscheinung. Wie ist das genauer zu verstehen?

Der mit Bewusstsein begabte Mensch, der kraft dieses Bewusstseins sich Ziele zu setzen vermag, nach deren Verwirklichung er dadurch strebt, dass er Elemente der Wirklichkeit (Objekte) verändert, erscheint aus diesem Grunde bereits seiner Natur als Mensch nach als ein tätiges oder arbeitendes Wesen. In anthropologischer »Absicht« ist es der Zweck der Tätigkeit (= Arbeit) des Menschen, »selbstverwirklichend« zu wirken, das heißt die menschlichen Kräfte, Anlagen und Gaben und damit den Menschen selbst zu harmonischer Entfaltung zu bringen. Eine solche Arbeit heißt schöpferische Arbeit, und sie zeigt überall da die Tendenz zum Schöpferischen, wo sie ihren freien, weil auf die Selbstverwirklichung ausgerichteten Charakter behält und nicht der menschlichen Bestimmung fremden, ihr »entfremdeten« und in dieser Gestalt zumeist aufgezwungenen Zielen dient. Im Bereiche einer solchen freien Tätigkeit oder Arbeit erhält diese eine neue Eigenschaft dahingehend, dass sie gleichzeitig mit dem zusammenfällt, was wir als Spiel zu bezeichnen pflegen (wovon die sinnfreie Spielerei, die übrigens gleichfalls eine Form der Arbeit darstellt, scharf zu unterscheiden ist). Es ist daher durchaus richtig zu sagen, dass die eigentliche anthropologische Wesenheit des Menschen sich darstellt im Spiel; die Begriffe Tätigkeit, Arbeit und Spiel gelangen hier zu voller Identität.

Zwar ist der Arbeiter tätig, weil er Mensch ist, zwar arbeitet er. Doch unter den entfremdeten Bedingungen seiner Existenz (und er ist nur da »Arbeiter«, wo Entfremdung herrscht, denn unter nicht entfremdeten Bedingungen hebt er sich als besonderer »Arbeiter« auf) ist seine Arbeit genau das Gegenteil von Arbeit im ursprünglichen und eigentlichen Sinne oder, was dasselbe bedeutet, vom freien Spiel. Der Arbeiter ist die personale Verkörperung der Entfremdung vom Spiel, er ist ihr Gegenteil. Die wesenhafte Identität von Mensch und Arbeit, die wir als wesenhafte Identität von Mensch und Spiel nachgewiesen haben, ist gestört, weil der Arbeiter in seiner Arbeit nicht mehr als wahrer Mensch erscheint, sondern als verdorbener Mensch. Jetzt versteht man, warum der Arbeiter in den meisten Fällen sich in der Arbeit unbehaglich und erst außerhalb der Arbeit wohlzufühlen pflegt. Hinzuzufügen ist nur, dass infolge der Formung des Arbeiters durch seine entfremdete Arbeit auch die Freizeit als Zeit der freischöpferischen Tätigkeit zu misslingen pflegt, obgleich aus der niemals ganz erlahmenden Abwehr gegen das vollständige Unterliegen unter die Entfremdung gelegentlich sogar starke Residuen einer solchen Tätigkeit zu beobachten sind.

Der Begriff der Arbeit, mit dem wir es heute zu tun haben, ist also ein solcher der Entfremdung. Will man unbedingt eine enge Verknüpfung zwischen den Begriffen Arbeit und Arbeiter behaupten, so ist das nur möglich, sofern eine solche Verknüpfung zwischen der entfremdeten Arbeit und dem Arbeiter besteht. Durch sie erscheint der Arbeiter selbst als der Entfremdung unterworfen, nicht frei, als ein unter ihrer Last Leidender, als ein Verworfener, dessen Bewusstsein dementsprechend kein glückliches, sondern nur ein unglückliches sein kann und dessen Grundstimmung die Trauer ist. Langeweile und Trauer, sagt der französische Industriesoziologe Georges Friedmann (»Die Zukunft der Arbeit«, 1953, S. 47ff.), durchziehen den Arbeitstag des modernen Industriearbeiters.

Wie die Trauer dem entfremdeten Tun, so entspringt die Langeweile der entfremdeten Zeit. Seit Bergson und Heidegger sind wir genötigt, uns mit ihrem intuitiv und irrationalistisch vereinseitigten und auch subjektivistisch aufgeblasenen Zeitbegriff auseinanderzusetzen. Aber wie immer wir den Zeitbegriff fassen, psychologisch oder »philosophisch«, es bleibt bei genauer Untersuchung von ihm letztlich nichts übrig als das subjektive Erleben der Zeit. Das heißt, die objektive, nach physikalischen Maßstäben ablaufende Zeit kann von den einzelnen Individuen je nach den Umständen, unter denen sie abläuft, verschiedenartig erlebt werden. Auf dieses psychologische Faktum reduziert sich das »Geheimnis« der angeblich irrationalen Zeit. Aber dieser mystische Irrationalismus löst sich auf und wird rational durchschaubar, sobald wir die Zeit von der Abstraktion, in die sie die Metaphysiker hineingestellt haben, befreien und wieder in Beziehung zu jenen konkreten Faktoren bringen, ohne die sie als Zeit ein leeres Phantom bleibt, nämlich zu dem, was in ihr geschieht, zu ihrem Inhalt. Die Zeit, die der Arbeit des modernen Arbeiters zugehört, müssen wir natürlich in Beziehung zur Tätigkeit dieses Arbeiters bringen. Nicht die Zeit für sich löst das »Rätsel« ihrer Wesenheit, sondern das in ihr ablaufende Geschehen, in unserem Falle die sie ausfüllende Tätigkeit. Das, was die »reine« Zeit sein soll, erhellt sich nur in ihrer Beziehung zu dem vom Menschen in ihr Vollzogenen. Anthropologisch betrachtet ist Zeit nichts anderes als eine Erscheinungsweise des Tuns des Menschen, ohne das es keine Zeit geben kann. (Selbst das »Nichtstun« erscheint so als eine Art des Tuns.)

Aus dem Gesagten lässt sich nun ohne Schwierigkeit schließen, dass entsprechend den von uns herausgearbeiteten extremen Polen des Tätigseins, und zwar der schöpferisch-spielenden und der unschöpferisch-entfremdeten Tätigkeit, auch die Zeit den Charakter des einen oder des anderen erhält, sich als erfüllte schöpferische oder als entfremdet sterbende Zeit darbietet und als solche auch von Menschen erlebt wird.

Praktisch kann das Tun allerdings niemals rein als das eine oder das andere dieser Extreme auftreten, denn weder gibt es ein nur schöpferisches noch ein nur unschöpferisches Tun. Jede Tätigkeit, auch die der Bestimmung des Menschen am meisten entfremdete, die jedes Spiels bare Tätigkeit, zeigt spontane Züge des Schöpferischen, wie auch umgekehrt die schöpferische Tätigkeit Momente des Unschöpferischen enthält. Aber gerade diese dialektische Spannung zwischen dem Schöpferischen und dem Unschöpferischen aller menschlichen Tätigkeit (worin sich übrigens – entgegen dem vulgär-optimistischen wie auch dem nihilistischen Menschenbild – die anthropologische Position des Menschen widerspiegelt, nach allen Seiten »offen« zu sein) zwingt dem Menschen jene Unruhe auf, die eine Art Kampf gegen das Tote und um das Lebendige in seiner Arbeit darstellt.

Deshalb bleibt selbst unter der Bedingung der stärksten Gewöhnung an den entfremdeten Arbeitsprozess der Arbeiter sich mehr oder weniger bewusst, in welcher Situation er menschlich steht. Es erklärt sich daraus auch weitgehend, dass einer französischen Untersuchung zufolge nicht nur 73 Prozent der Hilfsarbeiter, sondern sogar 78 Prozent der mittel qualifizierten Arbeiter und 59 Prozent der hoch qualifizierten mit guter Bezahlung aus ihrem Beruf auswandern möchten. Es mag gewiss die Lohnfrage ein Faktor sein, die dem Arbeiter das Streben aufdrängt, seinen Beruf zu verlassen, aber der Tieferblickende weiß, dass es ebenso sehr das durch Langeweile und Trauer gekennzeichnete Unbefriedigende ist, das die gleiche Wirkung ausübt. Diesem Zustand entspringt die bekannte Sehnsucht des Arbeiters, seine Arbeit möglichst rasch zu beenden, oder das Verlangen nach gesetzlicher Verkürzung der Arbeitszeit. Die Arbeitszeit selbst erlebt der Arbeiter zumeist als eine für ihn sinnlose Zeit, als eine dahinsterbende, mit der sein eigenes Leben stückweise unerfüllt bleibt und dahinstirbt. Die entfremdet-unmenschliche Arbeit äußert sich in nichts eindeutiger als in der sterbenden Zeit. Das Dahinsterben des Arbeiterlebens in der sterbenden Zeit wird aber erst recht in seiner Bedeutung verständlich, wenn man sich gegenwärtig macht, dass es der wichtigste Teil seines Lebens ist, den der Arbeiter seiner Berufstätigkeit hingibt, weil darin der beste Teil seiner Kräfte aufgeht. In der allgemeinen Tragik der sozialen und menschlichen Situation des Arbeiters ist das ein wesentliches Moment. Darüber hilft ihm auch die ständige Flucht in die Freizeit wenig, weil er auch nach der Arbeitszeit das bleibt, was er in ihr geworden ist: ein kapitalistisch entfremdetes und menschlich unterdrücktes Wesen. Deshalb kann ihm die von ihm so sehr ersehnte Verkürzung der Arbeitszeit allein aus seiner Misere nicht heraushelfen. Hier hilft nur eine grundlegende Veränderung der gesellschaftlichen Lebensbedingungen.

Schon Walther Rathenau hat das Problem der sterbenden Zeit gekannt (wir zitieren nach dem Vortrag von Kasnarich-Schmid, »Recklinghausener Gespräche des DGB«, 1957, in dem übrigens auch viel reaktionärer Unsinn geredet wurde): »Wer mechanische Arbeit am eigenen Leib kennengelernt hat, (...), das Grauen, wenn eine verflossene Ewigkeit sich auf einen Blick auf die Uhr als eine Spanne von zehn Minuten erweist, wer das Sterben eines Tages nach einem Glockenzeichen misst, wer Stunde um Stunde seiner Lebenszeit tötet, mit dem einzigen Wunsch, dass sie rascher sterbe, wird zugeben, dass eine Kürzung der Arbeitszeit, gleich viel, was an ihre Stelle tritt, für den mechanisch Arbeitenden ein Lebensziel bedeutet.« Rathenau hat den Tatbestand glänzend beschrieben, aber er hat keine ausreichende Erklärung zu geben vermocht. Heute wissen wir, nicht zuletzt durch die Herausgabe der Frühschriften von Karl Marx und bei Vermeidung des üblichen Hinweglesens über die entsprechenden Stellen in den marxschen Spätschriften, besonders des »Kapitals«, dass wir ohne tiefensoziologische und anthropologische Hilfsmittel nicht auskommen.

Erstveröffentlichung (unter dem Titel »Der Arbeiter und die sterbende Zeit. Zum Problem der Trauer, Entfremdung und Freizeit im Arbeiterdasein«) in: Die Andere Zeitung, 20. März 1958: nachgedruckt in: Leo Kofler: Zur Kritik bürgerlicher Freiheit, Hamburg 2000.

Der Begriff der Ideologie

ES STEHEN ZWEI ANSICHTEN über das Wesen der Ideologie einander gegenüber, die sich beide von Marx herleiten. Erstens: Ideologie ist alles an das gesellschaftliche Sein gebundene Denken, mag es inhaltlich richtig oder falsch sein; da alles Denken gesellschaftlich bedingt ist, gibt es nur Ideologie. Zweitens: Unter Ideologie ist nur jenes gesellschaftlich bestimmte Denken zu verstehen, das irrig, falsch ist. Im marxistischen Schrifttum wird der Begriff der Ideologie nicht einheitlich gebraucht.

Marx äußert sich nicht eindeutig, dagegen äußert sich Engels folgendermaßen: »Die Ideologie ist ein Prozess, der zwar mit Bewusstsein vom sogenannten Denker vollzogen wird, aber mit falschem Bewusstsein. Die eigentlichen Triebkräfte, die ihn bewegen, bleiben ihm unbekannt, sonst wäre er eben kein ideologischer Prozess.« Max Adler zum Beispiel formuliert noch schärfer: »Unter Ideologie versteht man alles Denken, das täuschender und ideeller Schein ist; in der ›Deutschen Ideologie‹ wird gezeigt, wie die verschiedenen ideologischen Richtungen jener Zeit Ideologien sind, das heißt täuschenden ideellen Schein tragen.« Entgegengesetzter Meinung ist August Thalheimer: »Die Philosophie ist, obgleich unselbstständiger Reflex der materiellen Geschichte der Gesellschaft, sowohl Ideologie im einfachen Sinne von Irrtum als auch, eng verschlungen damit, eine Entwicklung wirklicher Erkenntnis.« Im Bereiche des östlichen Marxismus ist es üblich, von »marxistischer Ideologie« und »ideologischer Schulung« usw. zu sprechen, also den Ideologiebegriff nicht bloß auf das falsche Bewusstsein einzuschränken. Diese Beispiele mögen genügen. Fast könnte man es als Geschmackssache ansehen, welche Definition der Ideologie man akzeptiert, wenn nicht ein modernes Problem aufgetreten wäre, das Engels nicht voraussehen konnte.

Es ist bekannt, dass die Ideologiefrage, wie sie von Marx und Engels als Frage der Abhängigkeit des gesellschaftlichen Bewusstseins vom gesellschaftlichen Sein entdeckt und energisch gestellt wurde, nicht ohne Einfluss auf die bürgerliche Wissenschaft geblieben ist. Der marxistischen stellt sich heute eine bürgerliche Ideologielehre mit starken Abwandlungen entgegen. Mit ihr haben wir es hier nicht weiter zu tun. Aber eines ihrer Argumente, das große Verwirrung gestiftet hat, scheint uns bedeutsam für die Beantwortung der Frage, welchen der beiden möglichen marxistischen Ideologiebegriffe man heute vorziehen soll. Dieses Argument lautet: Wenn Marx das Denken als seinsgebunden und damit als falsches Bewusstsein nachgewiesen hat, ist es naheliegend, das ebenso seinsbedingte Denken von Marx selbst als falsches Bewusstsein aufzufassen. Bezeichnend sind folgende Auslassungen Sombarts: »Wenn Lukács nach dem Vorbild von Marx in so häufigen Fällen den glücklichen Nachweis von dem ideologischen Charakter des bürgerlichen Denkens führt, so scheint es mir an der Zeit zu sein, den orthodoxen Proletismus selbst als das, was er viel mehr als die meisten Systeme der bürgerlichen Denker ist, zu erweisen, nämlich als ›Ideologie‹ der Handarbeiter.« Und [Albert] Salomon bemerkt bissig: »Die Stellung zur Ideologie wird den Marxismus als Ideologie erklären.«

Das herrschende Durcheinander in Bezug auf den Ideologiebegriff lässt sich nur beseitigen durch ein energisches Zurückgreifen auf den theoretischen Boden, aus dem die Ideologievorstellung stammt, das heißt auf die materialistische Geschichtsauffassung von Marx. Man muss sich daran erinnern, dass der Marxismus unabhängig und abseits der materialistischen Geschichtsauffassung eine eigene Ideologielehre nicht kennt, sondern dass materialistische Geschichtsauffassung und Ideologielehre im marxistischen System ein und dasselbe sind. Ein terminologisch geklärter und widerspruchsloser Ideologiebegriff lässt sich nur aus dem theoretischen Gehalt der materialistischen Geschichtsauffassung gewinnen. Man darf sich davon nicht beirren lassen, dass Marx und Engels zumeist und aus ihrer kritischen Stellung zu den ideologischen Erscheinungen ihrer Zeit heraus tatsächlich »falsches Bewusstsein« meinten, wenn sie Ideologie sagten. Aber andererseits beschränkten sie den Ideologiebegriff keineswegs auf das falsche Bewusstsein. Besonders dann nicht, wenn sie sich in der bekannten Weise bildlich ausdrückend vom »ökonomischen Unterbau« und »ideologischen Überbau« sprachen. Hier wird offensichtlich im Gegensatz zur »Deutschen Ideologie« und zu der vorhin zitierten Briefstelle von Engels als »ideologisch« einfach alles das bezeichnet, was vom ökonomischen Unterbau abhängig ist, und das ist das *gesamte* Denken und Vorstellen, somit auch das richtige. Die in der »Deutschen Ideologie« vorgenommene Gleichsetzung von Ideologie und falschem Bewusstsein erklärt sich aus historischen Gründen, die maßgebend gewesen sein mögen, als die Verfasser sich vor die Notwendigkeit gestellt sahen, die Ideologien ihrer Zeit in ihrer Gesamtheit zu kritisieren. Zeigte sich der damalige bunte philosophische Ideologienhimmel der ehrfurchtsvoll lauschenden Menge als Künder der ausschließlichen und reinen Wahrheit, so galt es ihn einmal im Ganzen und radikal als leeren Schein zu entlarven. Daher suchten Marx und Engels den Beweis zu erbringen, dass die philosophischen Systeme jener Zeit nichts anderes als reine Spekulation seien und dass sie, gleichsam über den Wolken schwebend, den wirklichen, mit der Ebene der gesellschaftlichen Realität sich abspielenden Zusammenhängen ahnungslos gegenüberstehen, ohne deshalb weniger von dieser Realität veranlasst zu sein und ihr zu dienen. Wurden so die damaligen geistigen Strömungen als Ideologien nachgewiesen und überdies unter die schärfste kritische Lupe genommen, so versteht es sich von selbst, dass die Bezeichnung »ideologisch« den Beigeschmack von unwirklich und trügerisch erhalten musste. Diese ursprüngliche Bedeutung des Begriffs der Ideologie kehren nun die bürgerlichen Theoretiker, ohne die erwähnten historischen Gründe zu achten, bewusst hervor, um sie in mehr oder weniger geschickter Umkehrung der Positionen nun gegen den Marxismus zu verwenden.

Es kann natürlich niemand daran gehindert werden, Ideologie als falsches Bewusstsein zu definieren. Aber der Forderung nach möglichster Zweckmäßigkeit der Definition wird nur dann entsprochen, wenn man sich an der Anschauung von der Selbstspiegelung des gesellschaftlichen Seins im ideologischen Überbau so orientiert, dass der Ursprungstheorie keine Gewalt angetan wird. Der Marxismus, der in der Einsicht von der Gebundenheit *aller* Denkgebilde an das gesellschaftliche Sein den Grundpfeiler seines theoretischen Systems erblickt, hat zweifellos aus dem »ideologischen Überbau«, wie die Bezeichnung bei Marx und Engels selbst lautet, sein eigenes Denken nicht ausgenommen. Es ist bekannt, dass der historische Materialismus eine Annahme der Entwicklung des immer gesellschaftlich bestimmten Bewusstseins von der Täuschung zur Wahrheit nicht nur gestattet, sondern mit allem Nachdruck behauptet. Das bedeutet keinerlei Widerspruch zur hier vorgetragenen Ideologieauffassung, sondern beweist vielmehr, dass innerhalb der Theorie des historischen Materialismus eine Vorstellung, in der Seinsgebundenheit und falsches Bewusstsein von vornherein gleichgesetzt werden, keinen Platz hat. Es wäre unsinnig, aus der Annahme einer Entwicklung des Denkens vom falschen zum richtigen Bewusstsein etwa folgern zu wollen, dass durch diese Entwicklung der ideologische Charakter der Denkgebilde sich allmählich abschwächte, mit anderen Worten: dass sich die Ideologien von der Bestimmung durch die ökonomischen Verhältnisse in steigendem Maße befreiten, um schließlich, die letzten Fesseln abwerfend, ein völlig von der Ökonomie unbeeinflusstes und eigenen Antrieben folgendes, allein der Wahrheitserkenntnis dienendes Dasein zu führen.

Bernstein hat diesen Gedanken tatsächlich in seinen »Voraussetzungen des Sozialismus« ausgesprochen. Eine solche Deutung weist auf das Unverständnis gegenüber dem Marxismus hin, der eine Vorstellung wie die einer geringeren oder größeren Gebundenheit des Denkens an das Sein als unmöglich empfinden muss. Denn die Gebundenheit des Denkens an das Sein ist eine soziologische, das Ganze der Gesellschaft betreffende, strukturmäßige Gegebenheit, die sich weder steigern noch mildern lässt. Die Entfaltung und Bewegung des sogenannten ideologischen Überbaus ist nur eine Seite ein und desselben totalen gesellschaftlichen Prozesses, der, da die Gesellschaft sich aus bewusstseinsbegabten Individuen zusammensetzt, sich in der Form der Ideologie selbst begreift, und zwar immer von Neuem, den jeweils anderen, veränderten gesellschaftlichen Verhältnissen entsprechend. Ideologie und Sein gehören zusammen wie, bildlich gesprochen, Inhalt und Form eines Gegenstandes. Ebenso wie es wenig Sinn hat zu behaupten, dass sich die Form vom Inhalt allmählich unabhängig macht, ebenso ist es sinnwidrig, eine steigende Unabhängigkeit der Ideologie vom Sein sich vorstellen zu wollen. Ideologie und Sein stehen nicht nur in einem kausalen, sondern auch in einem funktionalen Verhältnis zueinander.

Wenn also Ideologie und Sein als immer zusammengehörige Elemente ein und desselben Prozesses erkannt werden, so entspricht dem voll und ganz, dass der ursprüngliche, aus dem Gesamtzusammenhang der Überbau-Unterbau-Theorie sinnvoll abgeleitete Ideologiebegriff in Wahrheit zwei Momente enthält, sowohl die Tendenz zur objektiven Erkenntnis wie zur Täuschung. Die Tatsache der Seinsgebundenheit allein entscheidet noch in keiner Weise über den Wahrheitsgehalt einer Ideologie. Vielmehr ist der soziologischen Forschung die Aufgabe gestellt, erst in jedem einzelnen Falle die Ideologien auf ihren objektiven Gehalt zu untersuchen. Und diese Untersuchung hat sich neben der immanent wissenschaftlichen Beweisführung, die durch nichts zu ersetzen ist, in der Richtung auf das Sein selbst hin zu bewegen, hat zu untersuchen, wie weit der soziale Träger einer Ideologie die Voraussetzungen zu einer objektiven Erkenntnis der Wirklichkeit mitbringt. Will man trotzdem eine Unterscheidung treffen, so ist die zwischen richtigem und falschem Bewusstsein vollauf genügend.

Erstveröffentlichung in: Die Andere Zeitung, 20. November 1958.

Marxismus und Ethik

WIE STETS, WENN ES um einen Vergleich zwischen der marxistischen und einer ihr widersprechenden oder ihr entgegengesetzten Auffassung geht, stellt sich, wie die Sachlage heute nun einmal ist, die umständliche Notwendigkeit ein, vorerst klarzustellen, was der Marxismus selbst sagt und meint. Denn was er sagt und meint, ist in unseren Tagen nicht nur vielfach ausgedeutet, sondern viel mehr noch missdeutet, sodass die Verfälschung erst nachgewiesen werden muss, bevor man von der Sache selbst zu reden beginnt.

Eines scheint von den Parteien pro und contra unbestritten: Eine marxistische Ethik im Sinne eines theoretischen Systems gibt es nicht. Und dem muss man fürs Erste zustimmen. Denn sofern theoretische Ethik sich zum Ziele setzt, die Grundsätze individuellen Verhaltens auf ein als sittlich erlebtes und nachgewiesenes Sollen hin in ihrer allgemeinen und das heißt auch überhistorischen Geltung aufzuhellen, trennt sie (wenigstens in der Ausgangsbasis, um bestenfalls erst nachträglich die beiden Pole zueinander zu bringen) das Sollen, das Normative, vom Sein, dem Kausalen oder Gesetzlichen, oder wie Kant sagen würde, die »Idee« von der Faktizität. Eine solche Trennung widerspricht aber der marxistischen und dialektischen Vorstellung von der »Einheit« des gesellschaftlichen Seins, genauer: von der dialektischen Identität des Entgegengesetzten, die die Trennung von Sein und Sollen nicht zulässt. So wenig sich der Mensch zerlegen lässt, sondern eine Einheit bildet, die anthropologisch zu begreifen ist, so wenig lassen sich seine gedanklichen Funktionen in ein bloßes Reflektieren der praktischen Seinszusammenhänge und ein abstraktes Setzen eines ideell konstruierten Sollens, das er nachträglich dem Sein aufzudrängen habe, zerteilen. Irgendwie muss es sich anders verhalten, soll der Mensch als ein gleichzeitig praktisches (an die Praxis gebundenes) und das »Richtige« wollendes oder sollendes Wesen möglich sein. Auf das Verständnis dieser Gleichzeitigkeit kommt es an. Die nichtmarxistische theoretische Ethik macht es sich zu leicht, wenn sie über ein von der Realität losgelöstes Sollen Spekulationen anstellt und Systeme entwirft. Ihr Versagen ist offensichtlich, sei es, dass sie, wie äußerst geistvoll bei Kant, im ethischen Formalismus stecken bleibt, sodass sittliche Normen für das wirkliche Handeln daraus nicht erschlossen werden können, sei es, dass sie, wie weniger geistvoll bei Scheler, ein inhaltliches (»materiales« – beileibe nicht materialistisches) System von ethischen Grundsätzen aufzustellen versucht, die infolge ihrer »überhistorischen« Geltung genauso gut in das Gegenteil verkehrt werden können, wenn jemand nur will. Ersteren fehlt der Inhalt, letzteren die zwingende Geltung.

Die marxistische Ablehnung der Ethik als eines besonderen Systems ist aber nur eine solche der Theorie oder, was hier dasselbe bedeutet, eine Verneinung der traditionellen individualistischen und damit idealistischen Ethik. Idealistisch heißt hier so viel wie vom Gesamtbereich des Seins abstrahierend. Als individualistisch und deshalb höchst einseitig erweist sich diese Ethik vor allem innerhalb des denkmöglichen als auch philosophiegeschichtlich wirklich vorhandenen Gegensatzes zwischen dem subjektiven (z. B. Kant und Fichte) und dem objektiven (v.a. Schelling und Hegel) Standpunkt. Die Scheidung der philosophischen Richtungen nach subjektivem und objektivem Idealismus, in welch letzterem ursprünglich der dialektische Materialismus der marxistischen Gesellschaftslehre wurzelt, sollte weitaus mehr beachtet werden, als dies tatsächlich geschieht.

Was ist, in wenigen Worten, der Unterschied zwischen dem subjektiven und dem objektiven Standpunkt? Die objektive oder dialektische Philosophie lässt im Gegensatz zur subjektiven Philosophie das Bewusstsein in der Weise im Sein wurzeln, dass eine Stufenfolge von der Natur zum Geist behauptet und daraus der Schluss gezogen wird, dass das Sein durch das ihm zwar entgegengesetzte, aber gleichzeitig verwandte Denken »an sich« erkannt werden kann. Doch interessiert uns an diesem Ort mehr der Unterschied hinsichtlich der ethischen Problematik. Kurz gesagt besteht er in Folgendem: Während für die subjektive Philosophie das Bewusstsein sich in verschiedene voneinander völlig unabhängige Sphären zerlegen lässt, unterstreicht die objektive Philosophie entsprechend ihrer bezeichneten erkenntnistheoretischen Position den unaufhebbaren dialektischen Zusammenhang von kausaler Bindung und ethischem Verhalten. Der junge Hegel hat hierin in kritischer Opposition gegen Kant Bedeutendes geleistet. Auf dieser Linie entwickelt auch Marx den Standpunkt weiter. Nur der Gegensatz zu der fast allgemein herrschenden subjektivistischen Ethik, deren abstrakte ethische Grundsätze er als »leere Allgemeinheit« und »Gemeinplätze« klassifizierte, hat Marx bewogen, die Ethik als selbstständiges theoretisches Gebilde zu verneinen. Aber sie ist trotzdem im marxschen System da, immanent enthalten, und von einer marxistischen Ethik zu sprechen ist nicht sinnlos. Ja, noch mehr als das: Sie durchzieht das ganze marxistische Denkgebäude und verleiht ihm jenen ethischen Glanz, der nach einer (vor nicht langer

Zeit gefallenen) Äußerung eines evangelischen Theologen dem Marxismus eine »Durchschlagskraft« gibt, die den einen Bewunderung entlockt, den anderen Furcht einflößt.

Die sogenannten »ethischen Sozialisten«, die dem Marxismus mit großer Reserve begegnen, ohne ihn anders als mechanistisch-vulgär »begriffen« zu haben, erklären die im Marxismus enthaltene Ethik aus dem Zwang zur ethischen Entscheidung für jeden kämpfenden Geist, so auch für Marx, der genau dieselben, dem Bewusstsein eigenen und a priori mitgegebenen formalen Kategorien ethischer Natur (wie das Gerechte, das Wahre, das Gute usw.) zum Maßstab seines Tuns erhob, wie sie für jedes menschliche Verhalten Geltung haben. Indem sie aber diese Kategorien als schlechthin, und das heißt auf mystische Weise, dem Bewusstsein gegeben und nicht weiter ableitbar erklären, erklären sie überhaupt nichts. Sie übersehen, dass diese Kategorien in ihrer inhaltsentleerten Allgemeinheit bloße Abstraktionen sind, gewonnen aus der gewohnheitsmäßigen Verallgemeinerung wirklichen Geschehens, Urteilens und Entscheidens zum Zwecke ihrer für das menschliche Denken unvermeidlichen Festlegung in Wort und Begriff. Um sagen zu können, dass etwas gerecht oder wahr sei, muss vorher der Begriff des Gerechten und des Wahren dem menschlichen Denken bekannt, ihm gegeben sein. Aber auch um ihm gegeben zu sein muss, vorher das Denken bei Millionen von Gelegenheiten, bei denen es um Entscheidungen und Beurteilungen ging, gelernt haben, das Bejahte unter einen anderen Begriff zu bringen als das Verneinte, das heißt die Begriffe selbst zu normieren, sie in abstrakter Weise einander entgegenzusetzen. Marx' und Engels' Leistung besteht hinsichtlich der sozialistischen Ethik gerade darin, ihr eine reale historisch-soziologische Grundlage gegeben zu haben, sie von der leeren Allgemeinheit befreit, vom Kopf auf die Füße gestellt zu haben. Und dies ist ihnen so gut gelungen, dass ihr ethisches Begriffssystem zum unumgänglichen Richtmaß der Diskussion selbst innerhalb des Marxismus geworden ist, zum Richtmaß der richtigen Anwendung des Marxismus selbst. Diese Grundlage finden wir im marxistischen System, in der Theorie des Humanismus.

Zunächst: Die im marxistischen System immanent vorhandene objektivistische Ethik lehrt, dass der im geschichtlichen Raume agierende und zur ständigen Entscheidung gedrängte Mensch innerhalb seiner ideellen Seinsweise sittliche Normen aufstellen muss, soll Handeln für ihn überhaupt sinnvoll und möglich werden. Die eigentliche Schwierigkeit liegt nicht darin, dies einzusehen, sondern darin, die objektiv geltenden sittlichen und humanistischen Normen zu erkennen und wissenschaftlich herauszuarbeiten, denen das Menschengeschlecht bewusst oder unbewusst folgt, obwohl die einzelnen Individuen oder sozialen Kräfte ihnen aus diesen oder jenen Gründen folgen oder widersprechen mögen und der tatsächliche höchst widerspruchsvolle Gang der Geschichte durchaus keine geradlinige Befolgung dieser Normen darstellt. Dazu kommt das entscheidende Moment, dass selbst bei bester Kenntnis der infrage stehenden humanistischen Grundsätze diese trotz ihrer inhaltlich konkret gefassten Natur von Gesellschaftsordnung zu Gesellschaftsordnung und innerhalb dieser von Epoche zu Epoche eine diesen Epochen entsprechende und daher für keine andere Zeit geltende einmalige Konkretisierung erfahren. Wir haben es hierbei mit einer Dialektik von allgemein menschlicher humanistischer Grundsätzlichkeit und historisch bestimmter Konkretheit der humanistischen Grundsätze zu tun. Werden diese beiden Seiten voneinander getrennt, verbleibt das humanistisch-sittliche Gebot entweder in zu nichts verpflichtender Allgemeinheit oder im haltlosen Praktizismus stecken. Es ist leicht einzusehen, dass letztlich beide Haltungen auf dasselbe hinauslaufen: der allgemein gehaltene abstrakte Humanismus auf die Haltlosigkeit und der Praktizismus auf die allgemeine ethische Phrasenhaftigkeit.

Für das marxistische Bewusstsein sind Ethik und Humanismus ein und dasselbe. Echter Humanismus begründet sich immer auf positiver Ethik, die den Menschen in seiner Ganzheit, das heißt in seiner anthropologischen Anlage, seiner daraus entspringenden Fähigkeit zur Weiterentwicklung auf der Grundlage der ständigen, wenn auch von Rückfällen, Zusammenbrüchen und Barbareien (die durchaus ihren historischen Grund haben) unterbrochenen Höherentwicklung der Gesellschaft sieht. Innerhalb einer solchen Sicht wird auch die Fähigkeit zur Sittlichkeit und zur Versittlichung der Gesellschaft kompromisslos bejaht. Gleichsam als Mittelpunkt der marxschen Anthropologie gibt sich seine Lehre von der »Selbstverwirklichung des Menschen« zu erkennen.

Ihre Bedeutung liegt in ihrem humanistischen Optimismus. Sie besagt Folgendes: Es ist dem mit Bewusstsein begabten Menschen angemessen, nicht nur wie das Tier nach einfacher Erhaltung des Lebens zu streben, sondern die in der Tatsache der Bewusstseinsbegabtheit begründete Anlage zu einer stets fortschreitenden (wenn auch niemals »endlich« zu erreichenden, wie Engels energisch betont) gesellschaftlichen wie individuellen Weiter- und Höherentwicklung zur Triebkraft des geschichtlichen Prozesses zu machen. Schon in dem einfachsten Vollzug der menschlichen Tätigkeit zeigt sich diese Grundlage. Der Mensch verändert nicht nur die Gegenstände, sondern sich selbst, indem er seine Fähigkeiten »arbeitend« entwickelt und in der Arbeit die Beziehung zum Mitmenschen ständig umwälzt. Und seine »Genialität« ist sowohl individuelle als auch die der Gattung, an der er in dieser oder jener Form teilhat, auch wenn er »persönlich« nicht so genial sein sollte wie zum Beispiel Goethe, an dessen Geist er aber bei Besuch eines seiner Theaterstücke teilnimmt und sich an ihm emporrankt. Wäre dem nicht so, dann wäre alle geistige Erziehung sinnlos, zu welcher Konsequenz gerade jene antihumanistischen und nihilistischen Pessimisten gelangen müssten, die sonst mit großen Worten den Idealismus gegen den Materialismus zu verteidigen pflegen. Das bewusstseinslose Tier hat nur »Entwicklung«, der Mensch vollzieht aber »Geschichte« (und nicht bloß blinde »Entwicklung«) im Bewusstsein seiner selbst und im Streben, alle in ihm angelegten Möglichkeiten, die Möglichkeiten seiner Bewusstseinsbegabtheit sind, Wirklichkeit werden zu lassen, sich »selbst zu verwirklichen«. Trotz aller Komplikationen, die gerade Marx und Engels genauestens beachtet haben, erscheint ihnen die Geschichte als eine Stufenfolge dieser Selbstverwirklichung oder, was dasselbe bedeutet, als eine Stufenfolge von immer höheren Stufen der Freiheit. Selbstverwirklichung und Freiheit erweisen sich hier (natürlich als Prozess begriffen) als völlig identisch. Die Selbstverwirklichung des Menschen als geistigem und sittlichem Wesen ist Freiheit. Die ethischen Normen für das Handeln des Menschen ergeben sich also nicht aus abstrakten Allgemeinheiten oder konstruierten Grundsätzen, sondern aus seinem Streben nach menschlich selbstverwirklichender Freiheit.

Das von Marx und Engels optimistisch gezeichnete, wenn auch in seinem ausgeführten Wesen dialektisch-widerspruchsvoll verstandene Menschen- und Geschichtsbild bietet die vollkommen zureichende Grundlage für die Beurteilung der einzelnen Momente, Handlungen und Meinungen als in Übereinstimmung mit oder in Gegensatz zu den historisch sich verwirklichenden Tendenzen der menschlichen Selbstverwirklichung, das heißt für die Beurteilung dessen, ob etwas ethisch oder unethisch ist. Was nicht heißt, dass wir es hierbei mit einem ethischen Deus ex Machina zu tun haben, der es uns erspart, darüber nachzudenken und in schwerer Arbeit herauszufinden, welche Faktoren im Einzelnen wirklich oder nur scheinhaft auf dem Wege der Selbstverwirklichung des Menschen, seiner Befreiung liegen. Das humanistisch-ethische Richtmaß des Marxismus hilft uns, diese Arbeit zu bewältigen. Ohne es verliert sich das Denken in allgemeine Phrasen »erhabener« Art einerseits und in praktizistisches (wenn auch, was bei Sozialisten noch schlimmer ist, unbewusstes) Mitbauen am Kerker der Entfremdung andererseits.

Es genügt, im historischen Recht zu sein, wahrhaft auf der Linie des historischen Fortschritts zu stehen und von Augenblick zu Augenblick die humanistischen Grundsätze des Marxismus messend vor Augen zu haben, um auch die ethische Rechtfertigung auf seiner Seite zu haben. Dass im Streite der Richtungen nicht immer und nicht unbedingt das Urteil hierüber, ob alles recht eingesehen wurde und jeder einzelne Schritt der richtige war, gelungen ist, besagt nicht viel. Die nachfolgende Generation sieht unbefangener und mit größerer, weil von unmittelbaren Interessen nicht belasteter, Klarheit und muss die Fehler korrigieren.

Erstveröffentlichung in: Die Andere Zeitung, 9. Oktober 1959.

Die progressive Elite

OBERFLÄCHLICH BETRACHTET, GIBT es die progressive Elite, von der im Folgenden die Rede sein soll, nicht, denn sie ist nirgends als eine besondere, scharf abgegrenzte Gruppe auffindbar. Sie stellt auch nicht einen bestimmten Teil einer Klasse dar wie die herrschende Elite. Sie setzt sich vielmehr aus vielerlei Elementen zusammen, die einander nicht selten in Anschauung, Zielsetzung und Habitus entgegengesetzt sind, die einander kaum beachten und nicht kennen. Genau besehen ist sie eine gestaltlose Masse mit stark fluktuierenden Tendenzen.

Die progressive Elite der Epoche der bürgerlichen Dekadenz ist das Ergebnis zweier historischer Komponenten, einer negativen und einer positiven: Der Zersetzung des einst eindrucksvollen und angesehenen Volkstribunentums der sozialistischen Arbeiterbewegung und ihrer humanistischen Ideenwelt einerseits und des Weiterwirkens eines überall in der Asche der kapitalistischen Dekadenz und des Nihilismus glimmenden Antinihilismus und Humanismus andererseits. Immer von Neuem erhebt sich der Geist des Widerstandes in allen Klassen (sogar in der bürgerlichen), in den Bereichen der verschiedenen Weltanschauungen und religiösen Richtungen, wo sich in einer geringeren oder größeren Zahl selbstständig denkende Menschen finden, die sich weder mit dem Geist der nihilistischen Verneinung noch des hochtrabenden, hohl freiheitslüsternen und aristokratisch volksfeindlichen Subjektivismus abfinden können. Deshalb geht heute neben der Hauptlinie zwischen Sozialismus und Antisozialismus eine sie variierende und für das Verständnis der modernen geschichtlichen Auseinandersetzungen bedeutsame Scheidelinie quer durch die traditionellen, sozialen und weltanschaulichen Fronten. Deshalb ist das Abzeichen des Sozialisten, das sich mancher aus guter Tradition stolz ins Knopfloch steckt, kein zuverlässiges Zeichen seiner wirklich fortschrittlichen Gesinnung mehr. Mancher Sozialist und mancher Gewerkschaftsfunktionär hat sich längst »integrieren« lassen, das heißt, ohne dass ihm dies voll bewusst geworden wäre, in das Gefüge des bürgerlich-kapitalistischen Apparats einordnen lassen. Und mancher, nur zum Teil sozialistisch überzeugte, manchmal sogar dem sozialistischen Denken mit kritischer Vorsicht begegnende und nicht selten von der sozialistischen Praxis enttäuschte Geist bewahrt sich aus einer tiefen Animosität gegen alle Unmenschlichkeit und Entfremdung seine Selbstständigkeit des Denkens und die Kraft zum humanistischen Nein, das mit dem nihilistischen nicht zu verwechseln ist.

Die Geschichte, die den Menschen zu immer höheren Stufen der Freiheit emporführt, lässt sich nicht betrügen. Sie ist in ihrer Gesamtheit klüger als ihr individueller Exponent, denn wo sie von den zur Beschleunigung ihres Prozesses berufenen Individuen betrogen wird, wo die revolutionären Kräfte versagen, schafft sie sich einen Ersatz, dem die Aufgabe zufällt, den Übergang zu sichern. In unserer Zeit ist die progressive Elite dieser Ersatz. Aber sie ist Ersatz und nicht Surrogat, deshalb eine ernst zu nehmende Kraft, die allein schon durch ihr Dasein, geschweige denn durch ihre, wenn auch oft nur vorsichtig zurückhaltende und im Stillen wirkende Tat, zu einem wichtigen Faktor des öffentlichen Lebens geworden ist. Ihre Vertreter findet man, oft sich furchtsam tarnend und selten alles in die Waagschale werfend, überall, wo es Institutionen gibt: in den Gemeinderäten, den Schulen und Bildungsanstalten, den religiösen Organisationen, den kulturellen Vereinigungen, den politischen und unpolitischen Verbänden, selbst gelegentlich in den Ministerien, und selbstverständlich findet man sie unter den selbstständigen Schriftstellern, Künstlern und Wissenschaftlern, wofür die Physiker in den letzten Jahren ein markantes Beispiel gegeben haben, als sie sich in der Frage der atomaren Aufrüstung exponierten.

Die progressive Elite kann aber die zur Umwandlung der Gesellschaft historisch berufene Arbeiterbewegung nicht ersetzen. Sie bleibt ein bloß vorübergehender Ersatz für diese Bewegung in den Zwischenzeiten der Entartung dieser Bewegung, ein unentbehrlicher Gärstoff, der die Gesellschaft vor der Todesstarre bewahrt. Aber andererseits wird sie auch nicht überflüssig in Zeiten des zuverlässigen Funktionierens der Arbeiterbewegung, denn in solchen Zeiten wird sie zu einem integrierenden Bestandteil, besonders in der öffentlichen Wirkung dieser Bewegung. In Zeiten der Dekadenz lässt sie das Leben nicht zur Ruhe kommen, bewahrt sie das Leben vor dem Tode. Sie ist überall da, wo man sie am wenigsten erwartet, allerdings (und das gehört zu ihren gefährlichsten Widersprüchen) nicht ohne die Neigung auszubleiben, wo man sie mit Sicherheit erwartet. Sie pflegt konsequent in ihrer inneren und inkonsequent in ihrer äußeren Haltung zu sein. Hier spiegelt sich ihre unglückliche Herkunft, ihr Sammelcharakter und der Umstand wider, dass sie nicht in einer bestimmten, geschichtlich aufstrebenden Klasse ihr Rückgrat findet. Ihre Stärke ist nicht ihre Abkunft, nicht ihre soziale Verwurzelung, sondern ihre unbestechliche Sehnsucht nach Herstellung wahrhaft menschlicher Verhältnisse. Aus dieser Sehnsucht heraus empfindet sie Mitleid mit dem einfachen, von den Schlägen der Entfremdung am meisten getroffenen arbeitenden Volke und zeigt deshalb oft (wenn auch wiederum in starker Abstufung) einen sozialrevolutionären Zug.

Aus dem weitläufigen Streite darüber, was eigentlich als Elite anzuerkennen sei, heben wir für unseren Zweck die Stimme Prof. Ernst Steinbachs hervor. Auf einer 1956 von der Evangelischen Akademie in Bad Boll veranstalteten Tagung sagte er: »Elite ist zunächst einmal dadurch ausgezeichnet, dass sie sich in Zucht hält. Wer nicht um eines bestimmten Wertbewusstseins willen Entscheidungen treffen kann, wer nicht Vorteile, die ihm geboten werden, abzulehnen imstande ist um einer guten Sache willen, der gehört nicht zu Elite, denn jede Elite ist asketisch. Zu dieser Elite gehört weiterhin, dass man sich jeden Augenblick der Gesamtheit verantwortlich weiß, dass man nicht vom nächsten Tagesgesichtspunkt ausgeht, sondern eine Sache durchdenkt und eine Entscheidung verantwortlich trifft.«

Dieser Standpunkt, so viel Richtiges er in Hinsicht auf *bestimmte* Eliten trifft (wir denken an einige revolutionäre und religiöse), ist zu formalistisch, zu wenig soziologisch geprägt. So müsste in konsequenter Anwendung seiner Bestimmungen die herrschende dekadente Elite ausgeschlossen werden und hätte in der modernen Problematik der Elite keinen Platz. Damit wäre aber die wahre geschichtliche Sachlage nur verwischt.

Am wichtigsten scheint uns jedoch die Abgrenzung gegen Steinbachs Verbindung von Elite und Askese. Zwar unterstützen wir seinen Hinweis, dass jede ethisch hochstehende Elite jederzeit zum Verzicht bereit, unbestechlich sein muss. Deshalb finden wir in den Reihen gerade der progressiven Elite viele, die unter äußerstem Verzicht auf die Annehmlichkeiten des Lebens ihrer Arbeit nachgehen. Allerdings widerspricht der Genuss nicht grundsätzlich dem Wesen der progressiven Elite, denn er wird von ihr als ein Moment der Entlastung und des Freiwerdens der Kräfte für andere Aufgaben begriffen.

In der Unterscheidung zwischen der progressiven und allen sonstigen Eliten genügt auch die Bestimmung der unbestechlichen Bereitschaft, die Verantwortung auf sich zu nehmen, nicht. Der Faschismus zum Beispiel hat es durchaus verstanden, asketische und einsatzbereite Eliten heranzuziehen, die das Menschengeschlecht schändeten. Wenn es eine Elite im steinbachschen, das heißt im wahren und echten Sinne geben soll, dann kann es nur eine progressive und humanistische sein. Aber was heißt denn eigentlich: progressiv und humanistisch? Ohne uns hier mit diesen Begriffen eingehend beschäftigen zu können, kommen wir auch um diese Frage nicht ganz herum.

Die progressive Elite ist, ungeachtet ihrer sonstigen inneren Unterschiede und wo immer man ihre Grenzen suchen mag, die einzige wirkliche Bewahrerin des Bewusstseins von der primären Geltung der großen, durchgängigen, die Totalität des Lebens, Vergangenheit, Gegenwart und Zukunft als unzerreißbaren Zusammenhang im Auge behaltenden Menschheitsprobleme. Sie stellt sich gegen die arbeitsteiligen, spezialisierten Perspektiven der dekadenten Elite und der ihr folgenden Intelligenz, die den Blick auf das Ganze behindern und deshalb stets den unmenschlichen Tendenzen der Klassengesellschaft unterliegen, sie direkt glorifizieren oder indirekt »philosophisch« verklären. Daraus entspringt der Hass der herrschenden gegen die progressive Elite, die nicht nur aus (teilweise) materiellen Gründen, sondern aus gesellschaftlichen Gründen ein Pariadasein führt, das allerdings einhergeht mit dem Stolz des um die verborgenen Dinge des menschlichen und gesellschaftlichen Daseins Wissenden.

Die unbestechliche Sehnsucht nach humanistischer Freiheit treibt das Denken der progressiven Elite über die Gegenwart in die Zukunft hinaus, in die Utopie. Die für die progressive Elite typische innere Spannung zwischen der Neigung zu einem subjektivistischen Utopismus und dessen ständiger Korrektur auf das Maß eines zwar weit ausgreifenden, aber realistisch und mit rationalen Denkmitteln abgeleiteten Zukunftsdenkens, das mit dem sinnvoll begrenzten Utopismus als unvermeidlicher geschichtlicher Triebkraft des Handelns als »weit ausgreifender Zielidee« zusammenfällt, spiegelt sich ausgezeichnet in Herbert Marcuses bedeutendem Werk »Eros und Kultur«. Marcuse unterstreicht energisch, dass auf der gegenwärtigen Höhe der ungeheuersten Reichtumsentfaltung die Möglichkeit des Umschlagens in eine Ordnung ohne Repression und ohne Entfremdung in die Nähe gerückt ist. So großartig und richtig die Perspektiven sind, die Marcuse mit allem notwendigen rationalen Scharfsinn zeichnet, so bleiben seine Vorstellungen in einer für die progressive Elite unserer Zeit typischen Weise nicht vor utopischen Überzeichnungen bewahrt. Der von ihm erwartete Zustand der Gesellschaft ohne Unterdrückung, der repressionslosen Freiheit, kennzeichnet sich dadurch (wenigstens an bestimmten Stellen seiner Ausführungen), dass der Mensch sich in »zeitlosem« kontemplativem Genuss einem Zustand des glückerfüllten Nirwana nähern wird. Einerseits sieht Marcuse sehr richtig, dass die grundlegend revolutionäre Wirkung der Verkürzung der Arbeitszeit noch nicht von sich aus die Überwindung des repressiven Realitätsprinzips nach sich zieht, sondern dass nur die völlige Überwindung der unterdrückenden Arbeit auf dem Wege ihrer revolutionären Umwandlung in »Spiel«, in freie Tätigkeit, zu wirklicher Freiheit führen kann. Aber andererseits scheint er der bestechenden These Freuds zu unterliegen, dass es keinen ursprünglichen Arbeitstrieb gibt, der Mensch an einer »natürlichen Arbeitsscheu« leidet und daher unter allen Umständen Arbeit und Unglücklichsein identisch sind.[1]

1 Herbert Marcuse: Eros und Kultur, Stuttgart 1957, S. 84.

Aus dieser unkritischen Begegnung mit Freud und in offenkundiger Abneigung gegen die Ansicht, dass der Mensch »anthropologisch« als ein »tätiges« Wesen zu definieren ist, verfällt Marcuse in das Extrem, Freiheit mit zeitloser Beschaulichkeit gleichzusetzen. Er misstraut der Behauptung, dass repressive Arbeit in freie Betätigung umwandelbar sei. Die Gefahr, dass der Mensch zum Zwecke seiner Unterwerfung unter nur neue Formen der Unterdrückung irregeführt werden könnte, fürchtet er so sehr, dass er geradezu fordert, das Spiel müsse unproduktiv sein. Dadurch entsteht eine utopische Überspannung, die, denkt man weiter, letztlich dazu führen muss, eine Gesellschaft des völlig unproduktiven, rein maschinell versorgten, kontemplativen Nirwana zu konstruieren. Vergleicht man mit Marx, so wird klar, dass sich für diesen frei-schöpferische und mühevolle, die Individualität nach allen Seiten hin fördernde und beglückende Tätigkeit und »Produktivität« keineswegs ausschließen müssen. Eher ist das Gegenteil der Fall.

Marcuses Verbundenheit mit Freud und dessen Ansicht, dass *alle* Kulturschöpfung das Ergebnis eines unmenschlichen Verzichts sei (der bei Freud mit dem Verzicht auf Triebbefriedigung zusammenfällt), drängt ihn dahin zu folgern, Freiheit und produktive Tätigkeit schlössen sich *a priori* aus. Wenn auch unbestreitbar bleibt, dass bisher, das heißt in der Klassengesellschaft, alle Kultur durch die Unterdrückung und die Opfer der großen Mehrheit des Menschengeschlechts erkauft wurde, so kann andererseits nicht bestritten werden, dass große Kulturen wie zum Beispiel jene der Sklaverei von herrschenden Schichten und nicht ihren Sklaven geschaffen wurden, von nicht nur vollkommen freien Kulturträgern, sondern auch solchen, die in Gegensatz zu Freuds Ansicht ein Leben des allseitigen unsublimierten Genusses, das heißt eines Genusses ohne jeglichen Trieb- und Lustverzicht führten, also trotz der für sie weitgehend geltenden Situation des uneingeschränkten Eros in kultureller Hinsicht äußerst produktiv waren. Trotz bestimmter richtiger Perspektiven bleibt die psychoanalytische Theorie, dass Kulturgüter nur auf dem Wege der sublimierenden Aufopferung der Lust geschaffen werden können, ein wissenschaftlicher Mythos.

Auch das Prinzip der rationalen Kontrolle ist Marcuse bekannt. Trotz gewisser Schwankungen, die wir aufgewiesen haben, betont er die positive Rolle der Vernunft, so auch wenn er sagt: »Utopien geraten leicht unter den Verdacht, unrealistische Planungen zu sein; auf die Bedingungen für eine freie Gesellschaft trifft dies nicht zu. Sie sind eine Angelegenheit der Vernunft.«[2]

Im Zusammenhang mit dem Problem der Elite ist auch von höchster Wichtigkeit, was Marcuse zur Erhellung des Wesens der Kunst beiträgt. Daran, dass dekadente Formalisierung und Verjenseitigung überhaupt

2 Ebd., S. 217.

möglich ist, ist die Kunst selbst, die ein widerspruchsvolles Wesen zeigt, nicht schuldlos. Bei der Aufhellung dieses Umstandes geht Marcuse von der Interpretation der Fantasie als einer unabhängig von aller repressiven Rationalität sich betätigenden seelischen Sphäre aus, die von den von Geschlecht zu Geschlecht weitergetragenen Erinnerungen an die glückhaften urzeitlichen (»paradiesischen«) Zustände lebt und in ungehemmter Freiheit ein Reich der wiederhergestellten Harmonie sowohl zwischen Individuum und Gattung als auch innerhalb des Einzellebens erträumt. »Die Fantasie besteht darauf, dass hinter der Illusion ein Wissen steht.«[3] Aber so sehr die Kunst hiermit eine fortschrittliche Funktion übernimmt, so ist es doch ihre ästhetische Form, die zu einer Versöhnung der retardierenden Bedürfnisse der unterdrückenden Gesellschaft mit dem revolutionären Inhalt aller echten Kunst führt, die kritische Funktion der Kunst für diese Gesellschaft erträglich macht und letztlich zur Wirkungslosigkeit verurteilt. Denn indem die Kunst infolge ihrer ästhetischen Gestalt es ermöglicht, dass ihre Inhalte »genossen« und damit »vergessen« werden, erhält sie Narrenfreiheit zugestanden, wird sie harmlos und kann sogar zu einem dekadenten Mittel der subjektiven Selbsterhöhung der herrschenden Elite werden.

Wir haben gesagt, dass die progressive Elite sich primär durch ihre grundsätzlich humanistische und antinihilistische Haltung kennzeichnet. Der sich daraus ergebende fortschrittliche Optimismus bleibt aber nicht ungetrübt. Die tiefen Widersprüche der hochkapitalistischen Gesellschaft führen nicht unbedingt und unter allen Umständen, nicht sofort zu einem offenen Widerstand des Volkes gegen die zersetzenden Wirkungen der Entfremdung, sondern bewirken vorerst, das heißt so lange infolge der Dekadenz der Arbeiterbewegung keine zureichende fortschrittliche Bewusstseinsbildung möglich ist, eine noch stärkere, noch tragischere und noch zersetzendere Bindung an diese Entfremdung. Auf diese Tatsache reagiert die progressive Elite, die nicht zu einer einheitlichen Kraft organisiert ist und keine feste politische Macht hinter sich hat, leicht mit einer Stimmung tiefer Verzweiflung und Resignation. Zwar hält die progressive Elite unerschütterlich an ihrem humanistischen Ideal fest, aber unter dem Eindruck der steigenden Aushöhlung, Bestialisierung und kapitalistischen Vermaterialisierung des Menschen, der zunehmenden Schwächung der Widerstandskräfte des Volkes und der sich ausbreitenden Leere und Lethargie siegt allzu leicht die Neigung, das Ideal ins Utopische zu verlagern, über den realistischen Sinn und die gegenwartsgerichtete Aktivität. Die Lethargie des Volkes überträgt sich auf die progressive Elite und ruft hier einen ähnlichen Hang zum abwartenden Abseitsstehen hervor, der als Ausdruck ihrer Verzweiflung über die bestehenden Zustände zu verstehen ist. Ihrerseits bleibt diese Stim-

3 Ebd., S. 142.

mung der Verzweiflung nicht ohne Rückwirkung auf den humanistischen Optimismus. Indem das Ideal, gehemmt durch die Verzweiflung, sich nicht voll ausleben kann, sondern gleichsam nur gebrochen erscheint, als ob es erst in ferner Zukunft verwirklicht werden könne, erfährt es eine durch die Verzweiflung mitbedingte Färbung, die man als Ironisierung bezeichnen kann, nicht unähnlich der bekannten »romantischen Ironie«, jedoch zum Unterschied zu dieser mit einer ausgesprochen humanistischen und im geschichtsphilosophischen Aspekt optimistischen Grundhaltung.

Alle diese widersprüchlichen Momente finden wir in der Kunst Bert Brechts wieder, wenn auch zu einer einheitlichen ästhetischen Theorie aufgehoben und verarbeitet. Brecht zeigt das Wegweisende des humanistischen Ideals nur in der Form auf, dass er es am vorhandenen, jedoch optimistisch begriffenen Menschen in seiner Berechtigung erweisen und sich bewahrheiten lässt. Das Mittel hierzu ist ihm die positive Volksgestalt, die den zentralen Punkt seines großen Theaters bildet. Weil aber diese Gestalt nicht außerhalb, sondern innerhalb der Klassengeschichte, nicht außerhalb, sondern innerhalb der Entfremdung steht und selbst als weitgehend entfremdet erscheint, verkörpert sie das Ideal nicht in voller Reinheit, sondern es scheint gleichsam nur durch diese Gestalt hindurch und gibt sich gebrochen. Damit entsteht auch bei Brecht ein Problem der Ironie, das sich aber vom Romantischen grundsätzlich durch seinen realistischen Charakter unterscheidet. Aus der geschichtlichen Realität selbst, aus ihrer Gesetzlichkeit folgt, dass das Ideal verwirklicht werden kann. In dieser Sicht ist nicht nur das optimistische Ideal ironisch, sondern in dialektischer Wechselwirkung auch die aus der Verzweiflung kommende Ironie optimistisch gebrochen. Wir können hier nicht ausführen, sondern nur vermerken, dass Brecht die Stimmung der Verzweiflung, insbesondere durch die Erlebnisse mit der Arbeiterbewegung und dem Faschismus veranlasst, nicht unbekannt ist. Sie bleibt aber lediglich ein integrierendes Element seines dialektisch begriffenen Optimismus, der sich als ironischer Optimismus darstellt.

Wenn auch in künstlerisch zu Ende gedachter Form, so entspricht diese Perspektive dem spontanen Bewusstsein der progressiven Elite. Mit diesem Hinweis ist aber nicht nur das Schwanken dieser Elite zwischen Optimismus und Verzweiflung gekennzeichnet, das sich in der spontanen Reflexion nur selten zu einer dialektischen Vermittlung (wie bei Brecht selbst) ausarbeitet, sondern auch ihr realistischer, durch die unbestechliche humanistische Orientierung gestärkter Sinn. Denn die Ironisierung des eigenen Ideals bedeutet nichts weiter als das praktische Begreifen des optimistisch gedeuteten Menschen, wie er eben in der kapitalistischen Realität ist und sein muss, wobei aber trotzdem die Vernichtung des Ideals angesichts dieser Praxis vermieden wird. Die ständige

Korrektur des Utopismus durch den Realismus setzt sich hier (tendenziell) ebenso durch wie umgekehrt die ständige Korrektur des leicht in blinden Praktizismus ausmündenden einseitigen Realismus durch den utopisch-hoffenden Zielidealismus. Dass wir es hierbei in der Wirklichkeit mit einer bloßen, wenn auch starken Tendenz zu tun haben, dass die verschiedenen Angehörigen der progressiven Elite sich sehr verschieden verhalten, daher diese Tendenz gleichzeitig gefährdet ist und oft in ein bloßes Schwanken zwischen Optimismus und Verzweiflung ausmündet, gehört zur Eigenart der infrage stehenden Elite, die sich aus ihrer eigenartigen, komplizierten und widerspruchsvollen gesellschaftlichen Situation erklärt. Brechts ideologische Position unterscheidet sich von jener der progressiven Elite dadurch, dass in ihr die bloß spontanen Reflexionen zu Ende gedacht und zur ideellen Einheit gebracht werden.

Brechts positive Volksgestalten sind positiv, weil sie beweisen, dass sie in einer Welt der menschlichen Verworfenheit, der egoistischen Charakterlosigkeit und Brutalität sich ein hohes Maß von Selbstständigkeit und Haltung bewahrt haben, dass sie individuell die letztlich unverwüstlichen, weil dem menschlichen Wesen zugehörigen urwüchsigen Kräfte des Menschen verkörpern. Aus diesem Widerspruch zwischen Entfremdung und Urwüchsigkeit entsteht eine ins Tragische spielende dialektische Spannung zwischen den alltäglich-negativen und den den Alltag überragenden positiven Eigenschaften der im Vordergrund stehenden Volksgestalten auf der brechtschen Bühne, womit auch das Schuldproblem in der brechtschen Kunst eng zusammenhängt.

Diese Widersprüchlichkeit ist es vornehmlich, die das Ideal nirgends ganz zum Durchbruch kommen lässt, nirgends Gestalten erlaubt, die dieses Ideal rein verkörpern. Sie bewirkt, dass das Heroische, Selbstlose, Erhabene und Würdige nur in ironischer Verkleidung vor den Zuschauer tritt. Da aber gleichzeitig dieses Heroische, Selbstlose, Erhabene und Würdige ein Ideal ausdrückt, das der Realität nicht bloß unvermittelt und abstrakt entgegengesetzt wird (wie in der reaktionären Romantik), nicht als eine bloß gedankliche Ergänzung zu einer »auf ewig verworfenen« Wirklichkeit begriffen ist, sondern umgekehrt trotz aller Widersprüchlichkeiten, trotz aller Düsternis und Tragik aus ihr selbst herausdestilliert wird, kann es bei Brecht niemals zum Ausdruck einer abstrakten romantischen Verzweiflung werden, sondern es verbleibt auf dem Boden des grundsätzlichen humanistischen Optimismus. Indem die optimistischen Tendenzen das Versinken der Ironie in Verzweiflung und die ironischen Tendenzen die Verführung zu einem vulgär-gradlinigen Optimismus wechselseitig und zugunsten einer verfeinert-dialektischen Ausgestaltung der Kunst verhindern, bewegt sich diese Kunst in eine dritte, die Widersprüche vermittelnde Richtung, in die Richtung der von Schmerz und Hoffnung gleichzeitig erfüllten humanistischen Sehnsucht. Über die Sehnsucht geht Brecht nirgends hinaus. In seiner reifsten Epoche seit seiner Emigration 1933, der alle seine großen Stücke (mit Ausnahme der »Dreigroschenoper«) angehören, bietet er nirgends »Lösungen« an. Das hat man ihm gelegentlich zum Vorwurf gemacht. Doch fällt die klare Entscheidung schwer, ob dieses Verhalten sich aus der künstlerischen Klugheit erklärt, die durch offensichtlich revolutionäre »Lösungen« den Andersdenkenden nicht abstoßen möchte, oder etwa aus der Stimmung der progressiven Elite, die ihrem inaktiven Charakter entsprechend zur praktischen Tat aufrufenden Schlussfolgerungen gern aus dem Wege geht. Vielleicht spielt beides eine gewisse Rolle.

Wie alle echt realistische Kunst ist auch die brechtsche naiv. Und wie alle progressiven Kräfte der Geschichte verhalten sich auch die modernen einschließlich der progressiven Elite naturgemäß naiv. Negativ ausgedrückt, das heißt in scharfer Abgrenzung gegen die Haltung der modernen nihilistischen Kunst und der mit ihr verbundenen dekadenten bürgerlichen Elite, heißt Naivität zunächst so viel, wie: in Opposition gegen jede Vereinseitigung und Versubjektierung, jede Formalisierung und Verjenseitigung stehend. Positiv ausgedrückt bedeutet Naivität, an der auch die bürgerliche Klassik noch teilhatte, so viel wie das Leben in seiner umfassenden Totalität, in seinen vielfältigen Widersprüchen und Vermittlungen, wie es wirklich ist, dabei unter Vermeidung der naturalistisch-oberflächenhaften Unvermitteltheit, auf sich wirken lassen, es in seiner ganzen Breite und Tiefe ausschöpfen. Alle einseitige Psychologisierung und Mythologisierung des Denkens und der Kunst, die der Naivität widerspricht, widerspricht auch der Wahrheit. Naivität und demokratische Gesinnung gehören untrennbar zusammen, gleichgültig ob in der spontanen ideologischen Reflexion des Lebens durch die progressiven Kräfte, ob in der rationalen Theorie oder in der Kunst. Deshalb gibt es für die progressive Elite keinen Gegensatz zwischen Elite und »Masse«, sondern nur den Gegensatz zwischen Klassen. Ihre demokratische Gesinnung manifestiert sich hierin am deutlichsten. Ungeachtet ihrer Widersprüche und Schwächen stellt sie daher eine wichtige und nicht zu unterschätzende Säule im Gefüge des progressiven Blocks unserer Zeit dar, der selbstverständlich mit dieser Elite nicht identisch ist und es auch unter anderen Bedingungen nicht sein kann.

Die Haltung der Kontemplativität und der passiven Negation bleibt auf die Dauer nicht ohne Folgen für die weitere Ausgestaltung des progressiven Elitebewusstseins. Da die Passivität das Ausleben von Optimismus und humanistischer Sehnsucht im Bereiche der praktischen Betätigung so gut wie ausschließt, schlägt die Ironie nicht selten in Verzweiflung um, die das progressive Individuum an den Rand des tragischen Zusammenbruchs treibt und bei den schwächeren Charakteren ein Umschlagen in völlige Gleichgültigkeit, in ein, wenn auch nur ausnahmsweise, direktes Mitmachen am bürgerlichen Sodomismus bewirkt. Bei den stärkeren und ausdauernderen Naturen dagegen drängt sich der Hang zum Utopischen vor, nicht ohne die Note des Irrational-Träumerischen und Spielerischen anzunehmen. So entsteht oft eine tiefe Spaltung zwischen der rationalen und scharfsinnigen, im strengsten Sinne realistischen Beurteilung der Tagesereignisse und der Welt der utopischen Träumereien. Unter günstigeren, ermutigenderen Bedingungen pflegt dann ein rückläufiger Prozess der kritischen Sichtung der utopischen Ideen und Vorstellungen einzusetzen mit dem Effekt der rationalen Angleichung der auf die Zukunft gerichteten Zielvorstellungen an die Voraussetzungen der gesellschaftlichen Praxis, an die gesetzlichen Tendenzen der historischen Wirklichkeit. Hierin zeigt sich gleichzeitig die Überlegenheit der progressiven Elite über die zwar stets aktive, aber oft in bloße Scheinaktivität ohne sichtbaren Fortschritt und Erfolg versinkende progressive Bürokratie, aus der sich in der besten Zeit der Arbeiterbewegung das wirkungsvolle Volkstribunentum rekrutierte. Sie äußert sich in ihrer Neigung, das mehr oder weniger utopische Zukunftsziel in ihr Urteil einzubeziehen, sodass sie ein zuverlässiges Korrektiv bei der Bemessung der täglichen Vorgänge im Bereiche der sozialen und politischen Auseinandersetzung findet.

Der trotz aller Neigung zur Utopie realistische Sinn der progressiven Elite bewahrt sie davor, sich Mythen hinzugeben, vor denen die Bürokratie nur bewahrt bleibt, weil sie in ihrer praktizistischen Dürre überhaupt keine Fantasie aufzubringen vermag. Keine Vorstellung, kein Begriff ist so sehr von mythologischen Entstellungen bedroht wie der der Freiheit. Wie nahe läge es für die in sich so widerspruchsvolle Elite, sich den »revolutionär« gebärdenden Exaltationen über Freiheit hinzugeben, wie sie die Existenzialisten anbieten (darunter einige, die in Widerspruch zu ihrer philosophischen Position politisch selbst der progressiven Elite angehören wie z. B. Sartre). Der aus der Unorganisiertheit und dem amorphen Charakter der progressiven Elite erklärbare individualistische Zug legt das Aufgreifen eines Freiheitsbegriffs nahe, der in seiner individualistischen Überspanntheit behauptet, dass jeder in jeder Situation so frei ist, wie er frei sein will und kann, zum Beispiel in der kurzen Zeitspanne vor der Erschießung. Ihr Festhalten am sozialen und kollektiven Begriff der Freiheit, einer Freiheit, die die Bedingung für die individuelle Freiheit erst schafft, bezeugt jedoch die unbestechliche Wirklichkeitsnähe der progressiven Elite, ihren kritischen und unbestechlichen Sinn.

Aber die Existenz der progressiven Elite kann ohne ihre Absicht und ohne, dass sie es bemerkt, zu einem regressiven Moment im Gefüge der modernen dekadenten Gesellschaft werden. Dies ist dann der Fall, wenn sie wegen ihrer Neigung zum Verharren in vorsichtiger und abwartender Passivität ungefährlich erscheint und ihr die herrschenden Mächte

Narrenfreiheit zugestehen mit der sehr bewussten Absicht, gerade durch die Existenz einer progressiven Opposition demokratische Freiheit zu demonstrieren. Zum Feigenblatt der Repression, das vollendete Freiheit beweisen soll, eignet sich kaum eine andere gesellschaftliche Schicht besser als die progressive Elite, die in ihrer Verstreutheit über alle Gebiete der Tätigkeit und der Kultur überall als die personelle Verkörperung der Möglichkeit des Andersdenkens, der oppositionellen Kritik ins Bewusstsein der Öffentlichkeit tritt. Die materielle Not, der materielle Ruin, die gesellschaftliche und kulturelle, nicht selten sogar den Beruf ergreifende Isolierung, das Schicksal des Totgeschwiegenwerdens, des Rufmords und der höhnischen Verweisung in das Niemandsland der »genialischen« Narretei erscheinen dieser Möglichkeit gegenüber als die selbstverschuldete Folge eines radikalen Übereifers. Die öffentliche Meinung ist so gut auf das Mitmachen in der Verfolgung der mutigeren und hartnäckigeren Elemente der progressiven Elite präpariert, dass sie deren »normale«, das heißt zurückhaltende Teile als den gewissesten Ausdruck herrschender Freiheit empfindet, nicht ahnend, wie gerade sie nur geduldet werden, weil die dekadente Ordnung ihrer zur Selbstrechtfertigung bedarf. Der renitente Hochschullehrer, der kritische Volkshochschuldozent, der Mitarbeiter an den wenigen oppositionellen Organen, die es noch gibt, der Beamte, der nicht in allem mitspurt, der Betriebsrat, der nicht zu allem ja sagt, der Zuhörer, der gelegentlich aufsässig diskutiert, der politisch Interessierte, der Veranstaltungen mit bekannten Oppositionellen organisiert, der Schüler, der die Meinung seines Vaters ausplaudert und den Lehrer in Verlegenheit bringt, der Priester, der die Bibel progressiv auslegt usw. – sie alle, wenn sie bestimmte Grenzen des Denkens und der Aktion nicht überschreiten, dürfen mehr oder weniger sich frei bewegen, denn ohne sie bliebe alle Berufung auf die bürgerliche Freiheit nur ein leeres Wort.

Auch dies gehört zu den Widersprüchen in der Wirkungsweise der progressiven Elite. Ihr Nonkonformismus hat zwei Seiten: neben der gewollt progressiven eine unbewusst regressive. Nur wo diese Elite sich mit den fortschrittlichsten Ideen, mit dem unnachsichtigsten kritischen Bewusstsein und mit den fortschrittlichsten Kräften verbündet, erfüllt sie die Aufgabe, die ihr die Geschichte zugedacht hat.

Erstveröffentlichung (unter dem Pseudonym Stanislaw Warynski) in: Periodikum für Wissenschaftlichen Sozialismus, Heft 6/1959.

Karl Marx und das religiöse Bewusstsein

ES GIBT NICHT WENIGE einprägsame Schlagwörter, die zu Weltberühmtheit gelangt sind. Sie nehmen das Bewusstsein der Völker gefangen, überziehen es mit einer unsichtbaren dünnen, aber zähen ideologischen Masse und spielen sich mit jener Selbstverständlichkeit auf, die eben Schlagwörtern eigen ist. Nicht selten provozieren sie die gerade entgegengesetzte der beabsichtigten Wirkung. Und dies mit dem Effekt, dass die auf diese Weise provozierte Idee sich ebenso ideologisch verfestigt und sich mit der gleichen kritiklosen Selbstverständlichkeit aufspielt. Eines der berühmtesten Schlagwörter dieser Art lautet: »Religion ist das Opium für das Volk.«

Es ist nicht genau bekannt, wann es entstanden ist. Jedenfalls hat es seine entschiedenste Wirkung ausgeübt im revolutionären Kampf des aufsteigenden Bürgertums des 18. Jahrhunderts, das heißt als sich dieses darauf vorbereitete, seine große Schlacht gegen die feudalen Mächte, und das bedeutete damals auch: gegen die herrschende Kirche, zu schlagen. Die führenden bürgerlichen Philosophen, an ihrer Spitze Diderot, d'Holbach und Helvetius, waren geneigt, alles gesellschaftliche Denken entweder aus den klimatischen Bedingungen oder aus dem egoistischen Interesse herzuleiten. In diesem Sinne waren sie ausgesprochene Materialisten und verstanden sich auch selbst als solche. Aus dieser für Marx längst überwundenen und scharf kritisierten primitiv-materialistischen Position heraus vermochten sie in der Religion nichts anderes zu erkennen als ein künstliches Produkt der in vielerlei, besonders staatlicher und kirchlicher Gestalt das Volk bedrückenden gesellschaftlichen Mächte. Sie glaubten, in der Religion nichts anderes erkennen zu müssen als ein bewusst produziertes ideologisches Gift, ein seelisch-geistiges »Opium« zum Zwecke der Irreführung, Entnervung und Unterdrückung des Volkes.

Dass Marx und Engels einen weitaus subtileren Materialismus vertraten als ihre bürgerlichen Vorgänger und sie deshalb auch zum Phänomen der Religion eine subtilere Haltung einnehmen mussten, würde allein schon die Tatsache zureichend belegen, dass sie die Fortsetzer des *alten* Materialismus im 19. Jahrhundert, [Jakob] Moleschott, Ludwig Büchner und [Carl] Vogt, höhnisch als die »naturwissenschaftlichen Reiseprediger des Materialismus« abtaten. Was die künftige Entwicklung betraf, konnten sie nicht voraussehen, dass ihre russisch-kommunistischen Nachfahren, nicht weniger der sonst gewissenhaftere Lenin als der weitaus gewissenlosere Stalin, in Anpassung an die propagandistischen Bedürfnisse eines zurückgebliebenen und in einer unseligen Tradition der Kirche segelnden Landes in die Schlagwortatmosphäre des 18. Jahrhunderts zurückfallen würden. Es ist, wie wir noch zeigen werden, keine bloße Äußerlichkeit und kein Zufall, dass der marxsche Ausspruch aus der »Kritik der Hegelschen Rechtsphilosophie«: »Religion ist das Opium *des* Volkes« – also des Volkes selbst – in die alte Version umgemünzt wurde: »Religion ist das Opium *für* das Volk« – also böse Mächte haben sie bewusst *für* das Volk *erfunden.* Und selbst wo in den stalinistischen Ländern gelegentlich richtig zitiert wurde, widersprachen, wie aus Textstellen leicht nachzuweisen, die interpretierenden und selbstständigen Äußerungen dem von Marx Gemeinten. Sie gaben dem Gesagten die alt-materialistische Bedeutung zurück: Die Religion blieb das giftige und einlullende Opium *für* das Volk.

Stammte Marx aus einer jüdischen Priesterfamilie und war Engels in seiner Jugend noch selbst einer tiefen pietistischen Religiosität verhaftet, so waren sie der religiösen Erlebniswelt zu nahe gewesen, um sie in der vorhin geschilderten Weise abzuwerten. Dazu kommt, dass ihre komplizierte und heute noch in weiten Kreisen unterschätzte geschichtsphilosophische Konzeption bei ausnahmslos allen gedanklichen Strömungen von weltgeschichtlicher Bedeutung kategorisch nach der Aufdeckung der verborgenen objektiven Wurzeln ihres Zustandekommens verlangte. Eine subjektive Erklärung der Religion lehnten sie ab.

Ein Hinweis, den Marx gibt, ist von besonderer Bedeutung. Marx sagt: »Religion ist der Seufzer der bedrängten Kreatur.« Dieser fast theologisch klingende Ausspruch verweist auf den Menschen, das Volk selbst, als den ursprünglichen und unmittelbaren Produzenten des religiösen Bewusstseins. Mag dieses Bewusstsein später von institutionellen Mächten missbraucht worden sein, so erklärt es sich nicht aus der bloßen Existenz dieser Mächte. Es enthüllt sich für Marx als ein tiefes Anliegen, ein tiefes Bedürfnis des Menschen selbst, allerdings nur des *unterdrückten* Menschen, nach seiner eigenen Formulierung der »*seufzenden* Kreatur«. Aus dem gleichen Grunde aber kann sie für Marx weder naturhaft-materialistisch, also aus außermenschlichen Kräften, noch metaphysisch, das heißt aus übermenschlichen Kräften, erklärt werden. Sie wird eben deshalb auch zu einer geschichtlichen Erscheinung, die nicht nur als geschichtlich wandelbar, sondern auch als geschichtlich überwindbar begriffen wird.

Hinter allen äußeren Wandlungen verbirgt sich jedoch ein allem Religiösen gemeinsames Wesen. Die »seufzende Kreatur«, der unterdrückte

Mensch, sucht, wie Marx weiter ausführt, in der Religion *»das Gemüt einer herzlosen Welt, den Geist geistloser Zustände«*. Er sucht also etwas *hinter* dieser Welt, er sucht den verborgenen Geist als das Unwandelbar-Höhere, an dem sich seine leidende und religiös protestierende Fantasie emporranken kann. An ihm rankt sich, wie Marx sagt, der dem irdischen Elend naiv widerstrebende »Enthusiasmus« empor. Deshalb kann Marx geistvoll bemerken, dass, weil in der entfremdeten Welt »das menschliche Wesen keine Wirklichkeit besitzt«, die Religion *»die fantastische Verwirklichung des menschlichen Wesens«* ist. Zwar stellt sie, sagt Marx weiter, »ein *verkehrtes* Weltbewusstsein« dar, aber in dieser Gestalt ist sie gleichzeitig *»die allgemeine Theorie dieser Welt, ihr enzyklopädisches Kompendium, ihre Logik in populärer Form«*. Das Wort »populär« heißt hier so viel wie: vom Volke her geprägt. Entspringt also der marxschen materialistischen Analyse der Religion ein vertieftes Verständnis ihrer Belange, so misstraut er ihrer nicht populären Version, der Theologie, umso mehr. Er nennt sie »die faule Ecke der Philosophie«. Zwar wurzelt auch sie wie die Philosophie in tieferen und spontan sich ausformenden Regionen des ideologischen Selbstverständnisses des gesellschaftlich bestimmten Zeitgeistes, aber sie ist nicht mehr volkshaft, sondern steht von Anfang an den herrschenden Mächten weitaus näher. Der bekannte katholische Theologe der Wiener Universität August Knoll hat in einer aufsehenerregenden Schrift im Einzelnen nachgewiesen, wie sehr sich die Theologie der letzten anderthalb Jahrtausende ständig an die Bedürfnisse der herrschenden sozialen Mächte angeschmiegt hat. Dass Marx in einseitig kritischer Absicht seinen Blick auf die Theologie richtet, Knoll aber aus tiefer Sorge um seine Kirche, macht hinsichtlich des Ergebnisses keinen großen Unterschied.

Gewiss kann sich die Theologie in einigen, gelegentlich sogar bedeutenden Strömungen in einer gesellschaftlich fortgeschrittenen Linie bewegen – wir haben für die katholische Seite auf August Knoll hingewiesen und weisen für die protestantische Seite auf Karl Barth hin. Aber sie kann es nicht unabhängig und abgetrennt von den übrigen Erscheinungen, Denkströmungen und Interessen. Sie »hockt« ebenso wenig wie der Mensch, wie Marx sagt, »außerhalb der Welt«, sie ist vielmehr ein Element *dieser* Welt. Keine Kritik, auch nicht die im Dienste ihrer eigenen Katharsis vollzogene Selbstkritik der Theologie, ist vollziehbar ohne die Kritik »der Erde, des Rechts und der Politik«. Diese letztere Bestimmung von Marx will besagen, dass die realen geschichtlichen Verhältnisse keine Aussonderung irgendwelcher Gegebenheiten und Strömungen aus dem Allgemeinen (wohin auch Leben, Recht, Politik und Religion gehören) gestatten, es sei denn um den Preis der fatalen Illusion ihrer Selbstständigkeit.

Die Kritik des religiösen Bewusstseins, die Marx übt, schließt also ein vertieftes Verständnis dieses Bewusstseins nicht aus, sondern geradezu ein. Umso merkwürdiger ist es, dass das marxsche Wissen um das Geheimnis des Religiösen und um das von diesem nicht zu trennende Geheimnis der Entfremdung eine mögliche Äußerungsform ebendieser Entfremdung außer Acht gelassen hat. Ist nach Marx moderne Entfremdung der totale Verlust des Schöpferisch-Menschlichen, dann selbstverständlich vor allem der Verlust der Fähigkeit, die *geistigen* Kräfte *frei* zu gebrauchen. Gerade deshalb hätte er die Möglichkeit in Rechnung stellen müssen, dass der *vermaterialisierte* Mensch der hochbürgerlichen Epoche sich sogar seiner urwüchsigen Fähigkeit entschlägt, seinem bedrückten Herzen in einem »Seufzer« seiner religiösen Fantasie Ausdruck zu verleihen. Mit anderen Worten: Marx hat zwar das religiöse Bewusstsein als das Ergebnis des profanen Elends nachgewiesen, aber ein anderes Ergebnis dieses selben Elends übersehen, nämlich das sich immer weiter ausbreitende *areligiöse* Bewusstsein, erklärbar aus der sich ausbreitenden Gleichgültigkeit und Aversion gegen alles Geistige.

Gewiss ist diese letztere Erscheinung erst nach dem Tode von Marx so recht zu einem Problem geworden. Jedoch gehört es zur widerspruchsvollen Dialektik der ideologischen Situation unserer Zeit, dass der heutige Mensch in seiner Masse sich einerseits mit seinem Dasein als Mitglied der Kirche abfindet und damit seine Religiosität bejaht, wie andererseits sich von der aktiven Ausübung und vom Kirchenbesuch fernhält und damit diese Religiosität gleichzeitig verneint. Der marxsche »Seufzer der bedrängten Kreatur« ist abgeflacht zum Nichts der totalen Geistlosigkeit, in der auch die Religion begraben wird. Nach einer Untersuchung, die in Marl durchgeführt wurde, besuchen nur noch drei Prozent der Arbeiter regelmäßig die Kirche. Das religiöse Bewusstsein beginnt also nicht erst in der »klassenlosen« Gesellschaft abzusterben, wie der Marxismus annimmt, sondern bereits in der bürgerlichen Gesellschaft – wenn auch aus den genau entgegengesetzten Gründen. Da wir es aber hierbei mit völlig verschiedenen Formen des Absterbens zu tun haben, besagt dies in dem einen Fall und angesichts des Weiterbestehens der nach Marx »bedrängten Kreatur« ein ununterbrochenes religiöses Wiederaufflackern, im anderen Falle ein noch offenes Problem, über das die Geschichte selbst zu entscheiden haben wird. Für das freireligiöse Bewusstsein ist das Problem damit sehr konkret gestellt, aber nicht gelöst.

Erstveröffentlichung in: Freies Denken. Mitteilungsblatt der Freireligiösen Landesgemeinde Nordrhein-Westfalen, Mai 1964; nachgedruckt in: Rote Revue (Zürich), Juni 1966.

Apollon und Dionysos im 20. Jahrhundert

DER VON NATUR MIT DER Fähigkeit des Denkens begabte Mensch vermag im Geiste in die Vergangenheit zurückzugehen und ins Künftige vorzugreifen. Das Tier kann Kommendes nicht vorwegnehmen, nicht erträumen. Es hat keine Sehnsucht, keinen Erlösungsgedanken: Es hat keine Utopie. Es hat aber auch keine Erinnerung, aus der das angeblich oder wirklich verlorene Goldene Zeitalter als Vorbild für Künftiges emporsteigt. Erinnernder Rückgriff und ersehnter Vorgriff gelangen zur Identität und schlagen sich in vielen Formen nieder. Ernst Bloch sagt: »Sie gehen zusammen als nach unten gelagerte archaische Vergangenheit hier, als nach oben ansteigende utopische Zukunft dort.«

Das Künftig-Ersehnte muss sich dem Denken aus dem Gegensatz zu einem Mangel aufdrängen, sonst wäre es nichts Ersehntes. Dieser Mangel besteht in der tragischen Trennung der beiden wesentlichen Prinzipien aller menschlichen Existenz voneinander: des Geordneten und des Anarchischen, des Verzichtenden und des Genießerischen. Diese beiden Prinzipien haben in der griechischen Mythologie ihren großartigen Ausdruck gefunden in den beiden Gestalten des Apollon und des Dionysos. Ihre Trennung voneinander, veranlasst durch geschichtliche Verwicklungen, wird zu einem dringlichen und dauernden Problem, mit dem sich der Mensch in zumeist ihm selbst nicht voll bewussten Formen ständig auseinandersetzt. In der mythologischen Aussage der Griechen begegnen Apoll und Dionysos einander nicht. Aber die Idee ihrer Wiedervereinigung, entstanden aus der Ahnung, dass nur ihre gegenseitige schöpferische Befruchtung die Gefahren ihrer Einseitigkeit und Entfremdung verhindern kann, setzt sich auf Umwegen durch. Karl Kerényi berichtet von einem aufschlussreichen Beispiel: In der kretisch-griechischen Überlieferung nimmt Dionysos Ariadne, das Symbol des »Überaus-Reinen« und »Überaus-Klaren«, wieder in Besitz, vereinigt sich mit ihr. Für Nietzsche ist Prometheus das Symbol einer solchen Vereinigung von Apollinischen und Dionysischem. Im Grunde haben wir es in diesen Vorstellungen mit Utopien zu tun, wenn auch recht abstrakten und nur allegorisch angedeuteten.

In allen echten Utopien lebt das Versprechen der Erlösung weiter. Begreift man die Tragik der menschlichen Geschichte, besonders seit der

Entstehung der Klassengesellschaft vor etwa 6000 Jahren, als die Tragik der Trennung des Apollinischen vom Dionysischen, dann begreift man die Tragik der gesellschaftlichen Entwicklung bis in das 20. Jahrhundert hinein. Einander nunmehr feindlich entgegengesetzt, werden die beiden Prinzipien des Apollinischen und Dionysischen zu besonderen »Funktionen« degradiert und verwandeln sich aus ursprünglich wohltuenden, weil einander schöpferisch befruchtenden Kräften in gefährliche Abgründe. Aus dem den Genuss zum Gleichmaß zwingenden und der gleichmütigen Heiterkeit ergebenen Apollinischen wird ein Prinzip des düster-repressiven Arbeitszwanges. Aus dem Schöpferisch-Genießerischen des Dionysischen, das das Apollinische in den Strom des Ungebundenen reißt und befruchtet, wird das Orgiastisch-Eigensüchtige und Trunken-Kriegerische. Aus der wahrhaft gelebten Zeit, in der infolge der apollinisch-dionysischen Harmonie in jedem ihrer Augenblicke Erfüllung das tragende Lebensgefühl ist, wird die dürftig gelebte, unerfüllte und dem Tode sichtbar entgegengehende Zeit. Sie heißt deshalb auch die »sterbende Zeit«. Schon Schiller nimmt darauf Bezug mit den folgenden Worten: »Anstatt die Menschheit in ihrer Natur auszuprägen, wird der Mensch zu einem Ausdruck seines Geschäfts.« Der Mensch, fährt er fort, »entwickelt nie die Harmonie seines Wesens«, weil »die Kultur es selbst war, welche ihm die Wunde schlug«. Diese Harmonie wieder zu erringen bleibt die unstillbare Sehnsucht aller Epochen, die ihrer ermangeln. Deshalb die ewige Wiederkehr des utopischen Gedankens! Schon im sechsten Gesang der Odyssee träumt Homer in die grausame Welt die Utopie der Phäaken hinein: »Wahrlich, der lebt noch nicht, und niemals wird er geboren, welcher käm' in das Land der phäakischen Männer, mit Feindschaft unsere Ruhe zu stören; denn sehr geliebt von den Göttern wohnen wir abgesondert im wogenrauschenden Meere.« Hier leuchtet die Sehnsucht nach ungestörter Harmonie und ewigem Frieden wunderbar auf.

Wir haben es hierbei mit einer diesseitig-humanistischen Sehnsucht zu tun. Es ist nicht ohne einen gewissen Reiz, den Unterschied zwischen diesem Erlösungsgedanken und dem religiösen sich klar zu machen. Die religiöse Erlösungsvorstellung ist nicht bloß jenseitig orientiert, sondern sie setzt zudem ein absolutes Endziel für den Erlösten. Im Gegensatz dazu gibt die humanistische Erlösungsidee nicht nur ein diesseitiges Versprechen, sondern sie verbindet sich außerdem mit der historisch-konkreten Vorstellung eines *endlosen* geschichtlichen Prozesses zu immer höheren Stufen der Freiheit. Dementsprechend erfordern diese beiden Formen des Erlösungsgedankens verschiedene Formen der individuellen Aktivität: der religiöse Erlösungsgedanke eine subjektiv-verinnerlichte, zu der die praktische, etwa in der Gestalt des guten Werkes, wie eine äußere Ergänzung hinzukommt. Dagegen sind für den humanistischen Erlösungsgedanken beide Formen der Aktivität, nämlich jene der inneren Überzeugung und jene der äußeren Handlung, untrennbar verbunden, in einem dialektischen Sinne identisch. Deshalb kann für den religiösen Menschen die *Veränderung der Zustände* nicht das primäre Anliegen sein, dagegen muss es für den humanistisch überzeugten zum dringlichsten werden. Aber noch ein weiterer interessanter Unterschied ergibt sich aus den verschiedenen Haltungen: Das religiöse Bewusstsein verhält sich völlig gleichgültig gegenüber jeglicher inhaltlichen Bestimmung der Erlösung; das humanistische dagegen tendiert bewusst oder unbewusst auf die Konkretisierung des harmonischen Verhältnisses von Apollinischem und Dionysischem.

Auch das Wesen der Moral wird gegensätzlich aufgefasst. Da das religiöse Bewusstsein dem metaphysisch-jenseitigen Bereich vertraut, begreift es die Moral als Ausfluss der von diesem dem irdischen Bereich geschenkten Zehn Gebote. Anders das humanistische Bewusstsein: Es versucht die geltenden Moralgebote als das Ergebnis realer historischer Prozesse zu verstehen. Demgemäß begegnet es ihnen mit äußerst kritischer Vorsicht und Distanz. Die Moral unterscheidet sich vom Gesetz dadurch, dass sie als dem Wesen und der Innerlichkeit des Menschen zugehörig erscheint und deshalb von diesem normalerweise auch ohne äußeren Zwang befolgt wird. Die humanistische Kritik hat sich aber daran gewöhnt (seit Freud mit wissenschaftlichen Mitteln), das widerspruchsvolle Janusgesicht vieler Moralvorschriften zu beleuchten. »Du sollst nicht stehlen!« bleibt zwar einerseits ein das Zusammenleben *aller* sinnvoll ordnendes Gebot, bietet gleichzeitig aber den Besitzenden auch dann einen zuverlässigen Schutz gegen die sogenannte »Begehrlichkeit der Massen«, wenn offensichtlich (denken wir etwa an die Verhältnisse in einigen südamerikanischen Staaten) ihr Besitz auf eine sozial nicht zu rechtfertigende Weise zusammengekommen ist.

Das moralische Gebot erweist sich hier in einem doppelten Sinne als Ausfluss des zum Mittel der Unterdrückung degradierten apollinischen Prinzips. Einerseits, indem es als streng zu befolgende Vorschrift sich gesellschaftlichen Bedingungen anpasst, unter denen die Konsequenzen dieser Vorschrift nicht alle Schichten der Gesellschaft gleichermaßen treffen. Andererseits und noch wesentlicher: Durch die Moral und die sie stets begleitende innere Überzeugung von ihrer Richtigkeit wird die Unter- und Einordnung der Individuen in den repressiven gesellschaftlichen Prozess zu einer Angelegenheit der normalen Freiwilligkeit, ja der Freiheit. Die Freiwilligkeit besteht darin, am Netz, in dem man gefangen ist, aus vermeintlichen Gründen der Freiheit mitzuspinnen. Auch das Ventil des schalen pseudo-dionysischen Genusses wirkt in Wahrheit nach der gleichen Richtung der Fesselung des Individuums an den Prozess der menschlichen Entfremdung.

In den vergangenen Epochen empfand man angesichts der unverschleierten Zustände der Sklaverei und der Leibeigenschaft die moralische Verpflichtung noch weitgehend als gefordertes Gesetz. Im Verlaufe der formalen Demokratisierung der Gesellschaft zieht sich das moralische Empfinden immer mehr ins Innere des Individuums zurück, um von daher kraft Übereinstimmung von Pflichtgefühl und Unterordnung als Freiheit statt als Bindung erlebt zu werden. Die Selbsttäuschung gelingt hier viel lückenloser als in den vorangehenden Epochen. Das auf der anarchisch-individualistischen Undurchschaubarkeit des Geschehens beruhende Nichtwissen wird zur Bedingung des Erlebnisses der bürgerlichen Freiheit, wie dieses Erlebnis der Freiheit zur Bedingung des Nichtwissens, der Verschleierung des wirklichen Verhältnisses zwischen Individuum und repressiver Gesellschaft wird. Das entfremdet-apollinische Prinzip der Unterdrückung stimmt mit der verinnerlicht-moralischen Anforderung überein und *erscheint* deshalb als Prinzip der Freiheit. Das passive Objektsein im Prozess der entfremdet-apollinischen Unterordnung kleidet sich in das Gewand des freien Subjektseins. Die Aktivität wird zur Form der Passivität, aktiviert durch eine apollinische Moral, die infolge ihrer das Individuum in eine bestimmte Richtung drängenden Kraft es gleichzeitig total unterwirft, das heißt in die Passivität drängt. Die Zerstörung der ursprünglichen Einheit von Apollinischem und Dionysischem wirkt insbesondere unter dem Einfluss der extremen Entfremdung und Vermaterialisierung des modernen Lebens formend auch auf die Kunst ein.

Man sagt nicht zu viel mit dem Hinweis, dass die moderne Kunst geradezu das Produkt dieses geistigen Prozesses ist, wobei auch die gegenständliche einzubeziehen ist, vor allem die expressionistische. Der unbefangene und aus der realistischen Tradition kommende Betrachter empfindet zumindest die inhaltlichen Aussagen dieser Kunst als *hässlich*. Er weiß nicht, dass er sehr oft eine *Groteske* vor sich hat, entstanden aus der künstlerischen Reflexion eines extrem dem Repressiv-Apollinischen unterworfenen und daher selbst zutiefst hässlichen Lebens. Die moderne Groteske ist nun tatsächlich in dem Sinne hässlich, als sie einseitig und ungeniert das Hässliche des modernen Lebens hervorkehrt. Ihre Einseitigkeit besteht darin, dass sie ausschließlich dieses Hässliche sieht und gleichsam zum Eigentlichen der menschlichen Existenz erhebt.

In der alten realistischen Kunst, die noch nicht der totalen Verdinglichung und Entästhetisierung des Lebens gegenüberstand, blieb das Hässliche ein bloßes Moment des Ganzen. Es war das Ergebnis der intuitiv-kritischen Begegnung des Künstlers mit einer Welt, die sich trotz der vielen hässlichen Züge noch immer durch Manier, Form und Ausstattung zu verschönern verstand. Erinnern wir uns etwa an die Bilder von Velasquez und Goya. Je nach der faktischen Situation, dem Thema und der Anschauung des Künstlers trat das Moment des Hässlichen manchmal mehr, manchmal weniger hervor. Es bestimmte noch nicht dominant die künstlerische Tendenz. In einer als total entfremdet und daher »gespenstisch« erscheinenden Welt verfällt der Künstler allzu leicht den ihr eigenen Zügen des Grotesken. Das braucht nicht unbedingt der Fall zu sein, denn niemals verschwinden die entgegengesetzten Tendenzen des Widerstandes, des Kritischen, sogar des Schönen und Erhabenen ganz, ist es aber aus verständlichen Gründen. Die hohle Redewendung Adornos, des bekannten Frankfurter Marxo-Nihilisten, von der »schockierenden Wirkung« der modernen Kunst hat nur so viel an sich, dass diese Kunst zwar wirklich schockiert, aber mit ihrem Schock das Publikum noch mehr in die Richtung der entsagenden Resignation und Verzweiflung drängt.

Was die westliche Welt heute benötigt, das ist eine kräftige Injektion gleichzeitig kritischer und optimistischer Perspektiven, die sogar vor utopischen Versprechen nicht zurückschrecken – vor Versprechen der Erlösung, die sich in der Richtung der Wiederherstellung der zerstörten Einheit von Apollinischem und Dionysischem bewegen. Mag eine solche Utopie zunächst ein abstraktes Ideal bleiben – die Anstrengung des Menschengeschlechts, in diese Richtung zu marschieren, bringt es wenigstens einige Schritte vorwärts, während die utopielose Resignation es in den Abgrund führt.

Erstveröffentlichung in: Freies Denken. Mitteilungsblatt der Freireligiösen Landesgemeinde Nordrhein-Westfalen, Oktober 1964. Ausführlich behandelt hat Kofler das hier angeschnittene Thema in seinem (mehrfach nachgedruckten) Aufsatz »Das Apollinische und das Dionysische in der utopischen und antagonistischen Gesellschaft« in der von Frank Benseler 1965 herausgegebenen Festschrift für Georg Lukács (Festschrift zum achtzigsten Geburtstag von Georg Lukács, Neuwied 1965).

Utopie und Wahrheit

DIE UTOPISTEN WURDEN STETS zweimal verlacht: einmal von ihren Zeitgenossen, das andere Mal von ihren Nachfahren. Von ihren Zeitgenossen, weil man ihnen das angeblich Ungeheuerliche ihrer fantastischen Ausmalung der Zukunft nicht glaubte. Von ihren Nachfahren, weil man ihnen leichterhand ihre Zurückgebliebenheit hinter den wirklichen Fortschritten der Geschichte nachweisen konnte. In ihrer realen Praxis pflegt sich die Geschichte stets als klüger zu erweisen denn alle utopischen Klügeleien der Fantasie und stets als weitreichender denn alle scheinbar so haltlosen fantastischen Träumereien. Nicht bloß die technischen Utopien Jules Vernes und die wissenschaftlichen eines Francis Bacon sind heute weit überholt. Auch die sozialen Utopien, die philosophischen, politischen und moralischen Ordnungsvorstellungen eines Plato, Morus, Campanella, Morelly, Mably, de Vairasse, Cabet bis zu den großen Utopisten des beginnenden vorigen Jahrhunderts erscheinen uns, den Angehörigen des 20. Jahrhunderts, mit Recht höchst begrenzt, dürftig, ja fade und sogar den einfachen Bedürfnissen des Menschen in keiner Weise zureichend Rechnung tragend. Wie ist das möglich, was ist geschehen? Wie kann es kommen, dass die Miterlebenden selbst dem bedeutendsten Utopismus jedes Mal mit einem bestenfalls herablassenden Lächeln begegnen, um sich als Nacherlebende ebenso oft zu blamieren angesichts der wirklichen Fortschritte der Geschichte?

»Fortschritte der Geschichte?« höre ich skeptisch einwenden. Geht es denn nur um äußere Fortschritte? Geht es nicht vielmehr um den inneren Menschen und seine Vermenschlichung? Gewiss, es geht nicht zuletzt auch um den inneren Fortschritt! Die Frage nach der menschlichen Veränderung im Verlaufe des Fortschreitens der Geschichte zu immer höheren Stufen der Freiheit (und nur diese Stufung bezeichnet den Fortschritt in der Geschichte) wird zumeist missverstanden. In einem wohlverstandenen Sinne bleibt sich der Mensch unzweifelhaft stets gleich: Er behält über sehr lange Zeiträume seine körperliche Konstitution, ebenso seine (wissenschaftlich auf Gesetzmäßigkeiten reduzierbare) psychische Struktur, er muss sich konstant mit der Natur auseinandersetzen, des Weiteren sich dauernd seiner Denkfähigkeit (seines Bewusstseins) bedienen usw. Und dieses Und-so-weiter besagt zum Beispiel auch, dass er, wie mit Recht oft unterstrichen wird, unter welcher äußeren Form auch immer ein egoistisches Wesen bleibt.

Aber was, um diesen letzteren Hinweis aufzugreifen, aus dem Egoismus faktisch wird, ob er sich (wohlverstanden als unverminderter Egoismus) in schöpferisch-geistiger Konkurrenz oder in blindem Hass, in der freundschaftlichen Beziehung, die gleichfalls egoistische Bedürfnisse des Einzelnen befriedigt, oder in kriegerischen Auseinandersetzungen, im demokratisch organisierten Selbstschutz der Gesellschaft oder im sozialen und nationalen Raub auslebt, das steht ihm nicht auf der Nase geschrieben. Was aus den aufgezählten urtümlichen und unveränderlichen Anlagen tatsächlich wird, das hängt von vielerlei Umständen ab, die es eben entsprechend zu gestalten gilt. Nun scheint es, als ob der ständige Rückfall in die Barbarei der stärkere Faktor wäre, und die Erfahrungen mit der neuesten Zeit scheinen dies vollauf zu bestätigen. Hier wird übersehen, dass die immer wieder aufkeimende Barbarei nicht zu verstehen ist wie der Rückschlag einer mechanischen Pendelbewegung (diese Erklärung macht es sich zu einfach), sondern aus der Tatsache, dass sich trotz aller sichtbaren Fortschritte auf vielen Gebieten in den Grundlagen des gesellschaftlichen Lebens eine Konstante erhalten hat: nämlich der zählebige soziale Antagonismus, durch den das ihm unterworfene Individuum immer von Neuem dazu angereizt wird, sich entweder mit allen Mitteln ein anderes Individuum nutzbar zu machen oder sich dagegen mit allen Mitteln wehren zu müssen. Entsprechende, aus dieser Situation geborene Ideologien treiben die Individuen zusätzlich in die Kampf- und Hasssituation, für die eine Grenze nur schwerlich abzusehen ist. Besonders wirksam bleibt dieser Tatbestand in den Niedergangs- und Zerfallsepochen der sozialen Ordnungen – und in einer solchen befinden wir uns gegenwärtig. Eine energische und weittragende Änderung der Gesellschaft bewirkt zwar noch nicht von sich aus schon eine Änderung des Menschen, bewirkt aber eine Änderung seines Verhaltens und seiner Handlungsweise – und dies gerade im Dienste seines viel zitierten Egoismus. Das bedeutet jedoch nichts weniger, als dass dieser Egoismus sich neue Objekte und neue Ziele suchen muss, nämlich solche, die dem alten gesellschaftlichen und individuellen Antagonismus nicht mehr entsprechen und daher einer höheren Stufe der historischen Entwicklung angehören.

Dazu kommt ein noch viel wesentlicherer Einwand gegen die allzu formalistische und leichtfertige Egoismus-Theorie. Im Grunde ist der Mensch das, was er denkt und kann, meint und will. Nicht ohne einen guten Grund unterscheidet man wohlweislich zwischen Analphabeten und Lesekundigen, Wissenden und Unwissenden, Gebildeten und Ungebildeten. Man erkennt sie sogar in dieser Unterscheidung oft an ihrem

Habitus und an ihrer Gestik, so tief vermögen Unbildung und Bildung den Menschen zu formen. Unter der Voraussetzung der Änderung und wirklichen Demokratisierung der Gesellschaft wird Bildung, die als echte stets auf den bejahten Menschen bezogen ist, eine *humanistische*, die den Egoismus in Bahnen leitet, auf welchen sich dieser, eben weil mit wohlbedachten Mitteln befriedigt, mit geringem Schaden für den Menschen auszuleben vermag. Unter Umständen mag dieser Egoismus sogar zu einem wohltuenden Werkzeug im Verhalten der Menschen zueinander sich ausbilden. Wir sehen: Egoismus ist nicht gleich Egoismus! Nur der ideologisch unkritisch an die antagonistische Ordnung Gebundene begegnet ihm mit der gleichen Hilflosigkeit wie der Wilde dem Blitz und dem Donner, womit er seine verheerenden Wirkungen nur fördert, was ihm wiederum recht zu geben scheint.

Man kann daraus, beabsichtigt zugespitzt, den Schluss ziehen: Der Mensch ist das, was man ihm einredet. Der Sklave forderte selten Freiheit, weil seine Zeit glaubte, er wäre von Natur zur Sklaverei geboren. In Indien existiert eine noch unter den Paria stehende Volksschicht, die zutiefst verachtet ist, die aber trotz aller Bemühungen Nehrus nicht dazu zu bewegen war, ihre unterwürfige Haltung aufzugeben, weil sie sich einredete, durch Gottes Willen verworfen zu sein. Leiten wir mithilfe der technischen, wissenschaftlichen, pädagogischen usw. Erkenntnisse den menschlichen Egoismus in die Bahnen des Humanen, dann fühlt sich der Mensch menschlicher, zufriedener, befriedigter, entspannter, und sein Egoismus wird sich in eine fruchtbare, ja schöpferische und das Leben humanisierende Kraft verwandeln. Was kann nicht alles erst recht aus jenen Kräften werden, die *nicht* auf der Basis des Egoistischen sich bewegen und die wir gar nicht in Betracht gezogen haben!

So sind wir mit unserer Betrachtung wieder mitten im utopischen Denken. Man wird uns widersprechen und uns verlachen – bis die späteren Generationen sagen werden: Was war das schon! Die Tragik aller Utopie besteht nicht so sehr darin, dass sie der Fantasie freien Lauf lässt; vielmehr umgekehrt darin, dass sie sich an den Schranken wundreibt, die dieser die Zeit setzt. Um ihre utopischen Errungenschaften einigermaßen sichern zu können, befehlen Thomas Morus und [Tommaso] Campanella, dass jeder früh zu Bette zu gehen hat. Ja, Morus gestattet sogar, um die auf seinem glücklichen Eiland lebenden Menschen vor schmutzigen und unwürdigen Arbeiten zu bewahren, die Haltung von Sklaven. Ähnliches finden wir bei [Denis] de Vairasse und anderen. Die Zeit, in der sie lebten, hat ihnen keine andere Möglichkeit zur Lösung der Probleme angeboten. Sie blieben deshalb stets im Beengten stecken. Erst mit dem 19. und 20. Jahrhundert werden in einem vorher niemals geahnten Ausmaße bessere Möglichkeiten angeboten. Sie zwingen uns sogar die Überlegung auf, wie der künftige Mensch für die sich anbahnende Freizeitordnung umzuerziehen sei. Ist der Mensch, wie wir zeigten, das, was man ihm einredet, so müssen wir ihm das einreden, was er angesichts der neuartigen Entwicklung sein muss. Was sich dem Menschen alles einreden lässt, beweist schlagend die heute manipulierte Konsumgesellschaft. In unseren Tagen ist die Wirklichkeit selbst utopisch geworden, wenigstens der ihr innewohnenden Möglichkeit nach. Mit Recht spricht man daher von der sich anbahnenden Tendenz zur Aufhebung der Utopie in der Utopie. Diesmal hat sich nicht bloß in der Zukunft, sondern vor unseren Augen die Geschichte als klüger erwiesen denn unsere klügste Fantasie.

Einige beginnen sogar vor dieser Klugheit der Geschichte Angst zu bekommen und ratlos die Hände zu ringen. Sie sind nichts als Opfer einer eingewurzelten pessimistischen Ideologie, der die Aufgabe zufällt, eine humanistische Umwälzung möglichst zu verhindern. An einem markanten Beispiel wollen wir aufzeigen, wie diese Ideologie arbeitet. In einer Rundfunkdebatte über die Utopie (die Namen mögen ungenannt bleiben) versuchte der eine der beiden Teilnehmer, das utopische Denken mit dem Hinweis auf den Tod zu diffamieren. Der Tod sei, führte er aus, der neuralgische Punkt, an dem alle utopischen Bestrebungen scheitern. Der Gedanke der Utopie könne nicht gedacht werden ohne den Gedanken der Abschaffung des Todes, die Utopie könne deshalb nur negativ gedacht werden, in der Form der Abwertung dessen, was ist. – Die ominöse und letztlich dem Bestehenden scheinkritisch begegnende und nach dem Munde redende sogenannte »negative Dialektik« klingt hier durch. Sie gibt sich modern, modernisiert aber nur Vorderlader, nämlich nihilistische. Das Argument zu Ende gedacht und auf seinen nihilistischen Nenner gebracht, besagt so viel, dass angesichts des Todes das Leben nur negativ zu betrachten sei, als ein im Grunde nichtiger Durchgang zu einem unvermeidlichen Endpunkt.

Einer solchen Entwertung des Lebens hat schon Herbert Marcuse, der mit der marxo-nihilistischen Frankfurter Soziologenschule befreundete, aber ungeachtet dessen mit einer Vehemenz sondergleichen aus ihr ausbrechende Humanist, Folgendes entgegengehalten: Die Erhebung des Todes zu einem Existenzial, das heißt zu einem das Leben zentral bestimmenden Merkmal, hat seit jeher den Zielen der Unterdrückung gedient. Die Verleumdung der Utopie will die Tatsache verschleiern, dass es sich gerade umgekehrt verhält: dass es in einer repressionslosen Ordnung oder in einer Ordnung mit verminderter Repression für die meisten Menschen wieder sinnvoll werden kann, jeden Augenblick des Lebens bewusst und glückhaft zu gestalten und zu genießen, um schließlich im Bewusstsein von den Lieben und Freunden zu scheiden, dass ihnen ein ebensolches Leben beschieden ist. Der Tod verlöre, sagt Marcuse, seinen Schrecken, den er in einer Ordnung haben muss, in der viele buchstäblich dem Lebensende entgegensterben. Der bekannte junge protestantische

Theologe [Horst] Symanowski berichtet von einem Gespräch mit einem Arbeiter nach Beendigung der Schicht. Auf die Bemerkung, dass man froh sein muss, wenn eine zwölfstündige Schicht zu Ende gegangen ist, antwortet der Arbeiter: »Wieder zwölf Stunden dem Tode näher!« Ob er dies nach einer erquickenden Bergwanderung auch gesagt haben würde?

Utopien wird es geben, solange Menschen in Nöten leben. Es ist die größte Hoffnung unserer Zeit, dass sich die Aufhebung der Utopie in der Utopie bereits am Horizont abzeichnet. Dies trotz der Wirksamkeit einer Entfremdung, wie sie vorangehende Zeiten in dieser Kompliziertheit und Widersprüchlichkeit nicht gekannt haben. Kein offener oder getarnter Nihilismus kann diese Entwicklung aufhalten. Die Wahrheit der Utopie liegt weniger in ihren inhaltlichen Ausführungen als in ihrem Versprechen realer, diesseitiger und greifbarer Freiheit und ebensolchen Glücks. Greifbar ist diese Freiheit nicht, weil die Utopie sie greifbar gestaltet und als solche nachweist. Vielmehr umgekehrt, weil sie den Menschen zu Hoffnungen und Handlungen anregt, die ihre eigenen Grenzen praktisch überschreiten und Tendenzen realisieren helfen, die, als in der Geschichte angelegte, sich ohne sie niemals realisieren würden. Der Traum von einer beglückenden Zukunft ist stets der Traum einer vorwärtsschreitenden Gegenwart.

Erstveröffentlichung in: Freies Denken. Mitteilungsblatt der Freireligiösen Landesgemeinde Nordrhein-Westfalen, Februar 1965; nachgedruckt in: Volkshochschule im Westen, April 1965, und in: Volksrecht (Zürich), 11. Juni 1965.

Herr und Knecht in der »Formierten Gesellschaft« einer »Herrschaft der Verbände«

Vorbemerkung der AZ-Redaktion: [Der Bundeskanzler] Ludwig Erhard hat [1965] als Ziel der CDU-Politik eine »formierte Gesellschaft« bezeichnet, in der eine dem »Gemeinwohl« untergeordnete Zusammenarbeit aller Gruppen der »pluralistischen« Gesellschaft an die Stelle der »Herrschaft der Verbände« treten soll.

DIE ENTWICKLUNG DES BÜRGERTUMS seit dem vorigen Jahrhundert ist widerspruchsvoll. Man pflegt darauf hinzuweisen, dass im Bereiche der Wirtschaft die persönliche Führung der Unternehmer durch die Manager abgelöst worden ist, was gewiss richtig ist. Aber man übersieht hierbei, dass dieses selbe Bürgertum, unterstützt von einer menschenfeindlich-pessimistischen und einer mystisch-aristokratischen Sumpfphilosophie, eine größere Entschlossenheit zeigt, ja noch mehr als das, zu allem entschlossen ist. Gerade deshalb hat sich die tatsächliche Stellung des zielbewussten Teils der Bourgeoisie, der Elite, die um die Bedrohungen weiß und die Konsequenzen aus diesem Wissen zieht, nicht abgeschwächt, sondern im Gegenteil gefestigt. Ihr gesellschaftlicher Einfluss ist im Vergleich zum vorigen Jahrhundert, als die feudale und industrielle Elite noch in Konkurrenz zueinander standen und da infolge der Unentwickeltheit der Arbeiterbewegung eine extreme Herausbildung einer eigenen Führungsschicht innerhalb des Bürgertums noch überflüssig war, weitaus größer als damals – mag dieser Umstand auch durch die inzwischen zum Siege gelangten demokratischen Lebensformen verdeckt sein.

Was die Rolle des Managertums betrifft, trügt wie so oft auch hier der Schein. Denn die Manager sind nur die Diener der Kapitalistenklasse, ohne deren Willen sie nicht einen Tag existierten. Sie existieren nur als Ausführungsorgane dieses Willens, der ihrer allerdings infolge der veränderten ökonomischen und technischen Gegebenheiten dringend bedarf. Sie existieren, indem sie sich der Organisation und der Ideologie des Kapitalismus nicht nur anpassen, sondern vollkommen unterwerfen. Indem das Managertum aber gleichzeitig unbestreitbar zu einem wichtigen Zweig des Bürgertums herangewachsen ist, sich jedoch nicht im Besitze der Produktionsmittel und nicht einmal in der Verfügungsgewalt über sie befindet, kann von einer wirklichen Gleichberechtigung zwischen den kapitalistischen Auftraggebern und den manageriellen Beauftragten nicht die Rede sein. Innerhalb der bürgerlichen Klasse hat sich eine Art Abhängigkeitsverhältnis herausgebildet, das das liberale Bürgertum des vorigen Jahrhunderts kaum kannte. Überdies haben die monopolistischen Tendenzen zur Unterwerfung der Schwächeren unter die Stärkeren dieses Abhängigkeitsverhältnis noch weiter verstärkt. Auf diese Weise ist das Kräfteverhältnis sowohl im Schoße des Bürgertums selbst als auch innerhalb der ganzen Gesellschaft (besonders was den hintergründigen und verborgenen Einfluss betrifft) zugunsten der mächtigsten Schichten des Bürgertums und hier wiederum zugunsten der bürgerlichen Elite noch weiter verlagert worden. Aus allen diesen Gründen besteht heute mehr denn je zuvor die Berechtigung, von einer Sonderstellung, ja von einer (demokratisch getarnten) Diktatur dieser unter Führung der Elite stehenden Schichten zu sprechen, deren Rolle im Dienste der Festigung der kapitalistischen Ordnung nicht dramatisch genug eingeschätzt werden kann.

Von einer Schwächung der Stellung der kapitalistischen Klasse als Ganzer kann deshalb nicht die Rede sein. Es kann allerdings auch nicht die Rede davon sein, dass die bezeichnete Diktatur eine solche der sattsam bekannten offenen Formen ist, wenngleich die latenten faschistischen Neigungen unverkennbar sind. Wollen wir ein wenigstens entfernt ähnliches Beispiel aus der Geschichte gewinnen, um einen Vergleich ziehen zu können, dann greifen wir am besten auf die florentinische Geschichte der Renaissance zurück. Das in seiner Macht von den handwerklichen Zünften bedrohte großhändlerische Patriziat von Florenz konstruierte eine höchst komplizierte und nach außen durchaus demokratische Verfassungs- und Volksvertretungsmaschinerie, hinter deren demokratischer Fassade es seine im Stillen getätigte Alleinherrschaft aufrichten konnte, gemildert durch gewisse ungefährliche Konzessionen an die Opposition. Die heutige Elite, die eine industrie- und finanzbürgerliche ist, ist gleichfalls klug genug, nicht gegen die Demokratie, sondern mithilfe der Ausnützung ihrer Möglichkeiten zu regieren – bis zu dem Augenblick, da diese Möglichkeiten erschöpft sind und das antidemokratische Elitebewusstsein sich neuerdings der faschistischen Methode verschreibt.

Man soll auch nicht übertreiben und behaupten, dass die vom Volke bitter erkämpften demokratischen Errungenschaften nunmehr ohne Bedeutung wären. Doch es bleibt unbestreitbar, dass die den führenden Schichten des Bürgertums zufallende Aufgabe, die demokratischen Bedrohungen nicht bis an die Wurzel der morschen kapitalistischen Eiche gelangen zu lassen, von Erfolg gekrönt ist. Dem von den Managern und der Arbeiterbewegung, im ersteren Falle ungewollt und im letzteren gewollt, gelieferten Beweis der Überflüssigkeit des kapitalistischen Unternehmertums, und damit der bürgerlichen Klasse überhaupt, setzt die Elite den Beweis ihrer eigenen historischen Unentbehrlichkeit entgegen. Aus Angst vor dem Untergang und froh darüber, dass sie sich im Ansehen ihrer Elite sonnen kann, unterwirft sich die Masse des Bürgertums dem Kommando der Elite.

Wir können also sagen, dass die bürgerliche Elite den einflussmäßig stärksten »Verband« unserer Gesellschaft darstellt, der sich jedoch von den meisten übrigen Verbänden nicht nur durch ein großes Maß von Anonymität unterscheidet, sondern vor allem dadurch, dass er nicht organisiert ist und in keinem Verbandsregister erscheint. Betrachtet man die Elite als einen »Verband« (was formaljuristisch gewiss nicht ganz richtig ist, aber in Hinsicht auf die Frage nach der »Herrschaft der Verbände« und der damit eng zusammenhängenden Frage, »wer eigentlich herrscht«, notwendig erscheint), dann kann nicht bestritten werden, dass die übrigen Verbände, was ihren tatsächlichen gesellschaftlichen Einfluss betrifft und sofern sie nicht selbst von der Elite beaufsichtigt und geleitet werden, geradezu als schwächlich bezeichnet werden müssen. Diese Verbände können grob in zwei Gruppen eingeteilt werden: in solche, die auf der Linie der Elite liegen, sich ihr direkt oder »nur« ideologisch anschließen und unterordnen, ihre direkten oder indirekten Werkzeuge abgeben; und in solche, die in grundsätzlicher Opposition zur gegebenen Ordnung stehen, ihre weitere Demokratisierung verfolgen und sich dem Einfluss der bürgerlichen Elite zu entziehen versuchen, was ihnen nicht immer, zum Beispiel gerade auf dem ureigensten Gebiet der Elite, dem ideologischen, teilweise sogar recht schlecht gelingt. Vom bürokratischen Bewusstsein vieler Gewerkschaftsfunktionäre über das verwaschene Menschen- und Gesellschaftsbild der »der Sozialdemokratie angehörenden« Intellektuellen bis zum geschlossenen System des sogenannten »ethischen Sozialismus« gibt es für letzteres genug Beispiele.

Der formale Demokrat sieht nur die Form, aber nicht den Inhalt der bürgerlichen Ordnung. Und sofern er zudem ein bürgerlicher Demokrat ist und die Erfahrung gemacht hat, dass die bürgerliche Demokratie, von Ausnahmefällen abgesehen, sogar den besten Schutz für diese Ordnung darstellt, weil sich mithilfe dieser Demokratie die Klassenherrschaft besser tarnen und sichern lässt als ohne sie (eine sehr überraschende Erfahrung, die die einstige Furcht des Bürgertums vor Wahlrecht, Sozialgesetzgebung, Koalitionsrecht usw. überwinden half), hält er die streng einzuhaltenden demokratischen Formeln für das Heiligste der Welt. Den Maßstab für alle demokratische Objektivität findet er daher darin, ob die formaldemokratischen Regeln in Reinheit eingehalten werden oder nicht. Das sieht so aus: Das Volk entscheidet aufgrund seiner vollen Autonomie und Souveränität durch die Wahl, sein Wille wird durch das Parlament und das Gesetz respektiert, und was dann noch zu tun übrig bleibt, das ist, dass der Beamte den durch das Gesetz zum Ausdruck gebrachten Volkswillen verwirklicht. Seine »Objektivität« und »Unbeeinflussbarkeit« entspricht deshalb ebendiesem Volkswillen, dagegen verfälscht ihn jegliche Bindung des Beamten an irgendwelche Interessengruppen oder Verbände.

Es gibt keine größere Illusion als diese. Denn der Volkswille ist längst verfälscht, bevor er sich in der parlamentarischen Wahl äußert und bevor die Verbände Gelegenheit haben, sich einzuschalten (und dabei nicht selten die Verfälschung des Volkswillens korrigierend!). In seiner konkreten, historisch gewordenen Gestalt ist der »Volkswille« kein der himmlischen Reinheit entstammender Wille eines engelhaft und souverän dastehenden Volkes, sondern ganz im Gegenteil nichts als die Widerspiegelung (wenn auch zumeist verkehrte Widerspiegelung) der Entfremdung und Knechtung des Volkes. Selbst in seinem oppositionellen, weil vom Widerspruch getragenen und sozialistische Formen annehmenden Bewusstsein, nimmt das Bewusstsein des Volkes überwiegend das in sich auf, was ihm die gegebenen Umstände diktieren: zwar aus der Not geborene Wünsche und Forderungen, die aber die Grenzen des gewohnten düsteren Alltags der Klassengesellschaft nicht oder kaum überschreiten. Und selbst dieser in ein ärmliches Bettelkleid gehüllte »Volkswille« wird noch weiter verfälscht durch jene Kräfte, denen gleichsam die Aufsicht über die Gesellschaft zufällt, von den ideologisch und praktisch mit Argusaugen wachenden Eliteschichten, der ihr verbündeten bürgerlichen Intelligenz und der dem Staate blind dienenden Bürokratie.

Deshalb trifft die gelegentlich schon von älteren marxistischen Kritikern beobachtete Tatsache heute noch voll und ganz zu, dass je »objektiver« und gewissenhafter die Bürokratie dem Gesetz dient, je unabhängiger und unbeeinflussbarer sie bleibt, sie desto zuverlässiger im Dienste des Staates, der ihm zugrunde liegenden Klassenordnung und Herrschaft einer Klasse über eine andere funktioniert. Es ist bezeichnend, dass die gesetzliche Unbestimmtheit und Willkür im Übergang von der feudalen zur bürgerlichen Ordnung (heute noch in zahlreichen Ländern des Orients und Südamerikas zu beobachten) noch dem Mittel der Bestechung weiten Raum gab, wollte man zu seinem Recht kommen oder Unrecht erlangen. Die strenge Rationalisierung und Formalisierung des Gesetzes erlaubt eine solche Willkür nicht mehr, aber dafür wirkt sie unabdingbar in der Richtung des Vollzugs des Willens des Klassenstaates, der den Willen des Volkes vorschützt. Daher kann die Einmischung der Verbände, in diesem Falle der oppositionellen, kaum mehr bedeuten als den schwachen Versuch einer Korrektur an den Auswirkungen der Klassenordnung. Die konservativen Verbände ihrerseits erfüllen in diesem Ringen der Verbände um Einfluss nur die Aufgabe, der Opposition zu widerstehen und die durch das Gesetz selbst (z. B. in der Gemeindeverwaltung) zugestandenen geringen Möglichkeiten oppositioneller Einflussnahme so gut es geht einzuschränken.

Gewiss gibt es auch innerhalb der bürgerlichen Klasse Strömungen, die in wirtschaftlicher, politischer oder religiöser Konkurrenz zueinander stehen. Der Zweck der Einmischung und des Versuchs der Beeinflussung der Beamtenschaft seitens der Verbände, die diese Strömungen verkörpern, ist ohne Weiteres einzusehen. In normalen Zeiten hat diese Einmischung ein normales Ausmaß, in Zeiten des verschärften Klassenkampfes und besonders des Vordringens des Faschismus ein stürmisches Ausmaß. Jedoch stehen die bürgerlichen Verbände zumeist zusammen, sobald es gegen die Verbände der Arbeiterschaft geht.

So sehr es verständlich ist, dass der Konservative den Wunsch hat, die Verbände sollten sich möglichst der Einmischung in die Belange der Beamtenschaft enthalten, weil gerade damit, wie wir sahen, ein zuverlässiges Funktionieren der staatlichen Apparatur im Interesse der gegebenen Ordnung gewährleistet ist, so sehr täuscht er sich gleichzeitig über die Gefahren eines solchen Abseitsstehens der Verbände für ebendiesen Staat und diese Ordnung. Sofern sich nämlich die oppositionellen, das heißt der Arbeiterschaft und den Unterdrückten zugewandten Verbände keine Mühe geben, sich in den Apparat einzuschalten, verbleiben sie in grundsätzlicher und unversöhnlicher Gegnerschaft gegen den bürgerlichen Staat überhaupt. Dagegen fördert deren »Einmischung« das Interesse an den verzweigten und spezialistischen (daher das Ganze der sozialen Problematik aus den Augen verlierenden) Aufgaben und die »Integration« der oppositionellen Kräfte, das heißt ihre Ein- und Unterordnung unter die klassengesellschaftlich gebundenen Normen des kapitalistischen Staates. Sehr oft endet daher die Einflussnahme der oppositionellen Verbände mit ihrer völligen Entrevolutionierung und Verbürgerlichung, was durchaus, wie jeder weiß, im Interesse der bürgerlichen Klasse liegt.

Angesichts dieser starken und infolge des Versagens wesentlicher Teile der Arbeiterbewegung noch immer zunehmenden Tendenz zur Integration der oppositionellen Kräfte kann die kapitalistische Gesellschaft bestimmte, teilweise sogar ansehnliche Sparten der Regierung und Verwaltung, besonders der Gemeindeverwaltung, Organen überlassen, die sich aus der Opposition herleiten. Der Aufgabenkreis und selbst die Technik der Durchführung sind letztlich »gesetzt« und auf einem bestimmten Umkreis beschränkt, sodass nichts passieren kann, selbst wenn der Bürgermeister oder gar der Minister im Rufe einer unnachgiebig »roten Gesinnung« stehen. Sie vermögen auch bei einer »revolutionären« Gemeinde- oder Länderpolitik einen bestimmten Umkreis der Tätigkeit und der Einflussnahme nicht zu überschreiten, sodass die Grundlage, die soziale Struktur der Klassengesellschaft stets vollkommen unangetastet bleibt.

Das bedeutet nicht, dass es im Einzelnen für die unteren Klassen nicht von einer gewissen Bedeutung sein kann, ob fortschrittliche oder reaktionäre Elemente die sekundären und tertiären Probleme des alltäglichen öffentlichen Lebens in Angriff nehmen. Davon ist hier nicht die Rede. Worauf aber energisch hingewiesen werden muss, das ist die Gefahr für die in gesellschaftlicher Opposition stehenden »Verbände«, sich durch »Einmischung« so zu engagieren, dass sie den sozialkritischen Charakter weitgehend verlieren oder ihn nur auf jenen Feldern der sozialen Auseinandersetzung behalten, auf denen sie der Natur der Sache gemäß gleichzeitig zur Abfindung mit der Klassenordnung als »gegebener Tatsache« gezwungen werden (wie beispielsweise in dem der Wirklichkeit entnommenen Streitfalle, ob zuerst eine zerstörte Kirche wiederaufgebaut oder ein Schwimmbad gebaut werden soll). Auch wenn sie sich im Bereiche der politischen und verwaltungspolitischen Teilgebiete dazu verstehen, die hier auftauchenden Fragen möglichst zugunsten der unteren Klassen zu lösen, übersehen sie infolge ihres Unterliegens unter die »Notwendigkeiten« der spezialistischen Praxis allzu leicht die Bedeutung der grundsätzlichen Fragen des Menschen, die Frage des ganzen Menschen und des historischen Fortschritts zu einer höheren menschlichen Ordnung, die sie, etwa angesichts der augenblicklichen Dringlichkeit des Baus von Wohnungen, mit einem Stoßseufzer in die Utopie verweisen. Unter dem Druck des spezialistischen Alltags vollzieht sich die Abdankung völlig reibungslos, sodass oft nicht einmal eine Ahnung um die vollzogene Wandlung ins Bewusstsein dringt und die Betroffenen sich ungerecht attackiert fühlen, wenn man ihnen ihre Abweichung vom Wege des Sozialismus vorhält.

Im Wechselspiel zwischen der Elite und den Verbänden integriert sich die kapitalistische Ordnung wie auch in anderen Sphären ihrer Existenz zu einer Einheit, die nichts auslässt. Das nennt sich dann sehr offenherzig, aber von den irregeführten Massen und deren Ideologen nicht verstanden: »Formierte Gesellschaft«.

Erstveröffentlichung (unter dem Pseudonym Peter Vansen und dem Titel »›Herrschaft der Verbände‹ oder ›Formierte Gesellschaft‹?«) in: Die Andere Zeitung, 30. September 1965. Eine frühere, ausführlichere Fassung erschien in: WISO. Korrespondenz für Wirtschafts- und Sozialwissenschaften, 15. März 1957.

Herrn Habermas' Umwälzung des Totalitätsbegriffs

DIE AUGEN HABE ICH MIR gerieben, um die Gespenster zu vertreiben – aber es waren keine. Schwarz auf weiß stand es da in der Schrift »Theorie und Praxis« von Jürgen Habermas, des stolzen Vorreiters der Frankfurter »kontingenten« Dialektik. Da heißt es auf Seite 214: »Wenn die losen Fäden der geschichtlichen Entwicklung erst auf einer verhältnismäßig späten Stufe zum Netz des weltgeschichtlichen Zusammenhangs verknüpft werden (...) die Tatsache, dass die globale Einheit selbst erst geschichtlich geworden ist, widerspricht einer Betrachtungsweise, die von Anbeginn der Geschichte Totalität unterstellt.«[1] Die schülerhafte Verwechslung ist hier unverkennbar: Der – je nach der gerade sich stellenden Frage – anthropologisch, erkenntnistheoretisch oder methodologisch zu definierende *formale* Begriff der Totalität wird hier nicht geschieden von dem von Habermas willkürlich mit der gleichen Bezeichnung belegten realhistorischen der seit dem vorigen Jahrhundert sich durchsetzenden »globalen Einheit«. Der Zweck dieses unkritischen Durcheinanders dient dem versuchten und auf einer naiven Konstruktion beruhenden Nachweis, dass Marx die Geschichte als ein auf teleologische Ziele gerichtetes »Subjekt« auffasst, was gleichfalls, wie gleich zu zeigen sein wird, einer äußersten erkenntnistheoretischen Schwäche des habermasschen Denkens zuzuschreiben ist.

Nun könnte man konziliant annehmen (und das habe ich vorerst auch getan), dass die Verwechslung des dialektisch-methodologischen Totalitätsbegriffs mit der historischen Erscheinung der »globalen Einheit« in der Hitze der gewaltsamen Auseinandersetzung mit Marx (die ihrerseits viel Unsinn enthält) eben mal »passiert«, also nicht allzu ernst zu nehmen ist. Aber etwas ganz Ähnliches wiederholt sich noch einmal, sodass der begründete Verdacht entstehen muss, hier handelt es sich in Wahrheit um ungewollte theoretische Selbstentlarvungen jener erschreckenden erkenntnistheoretischen Schwäche, wie sie mir bei der Frankfurter geschichtsphilosophischen Schule bereits des Öfteren aufgefallen ist. Verdreht und verzerrt Habermas den geschichtsphilosophischen Begriff der Totalität in sein genaues Gegenteil, so passiert ihm dasselbe mit dem

1 Jürgen Habermas: Theorie und Praxis. Sozialphilosophische Studien, Neuwied/Berlin 1963.

Begriff des »Machens der Geschichte«. Die *formale* und daher in ihrem Sosein schlechthin weder zu steigernde noch zu mildernde Grundsituation des »Machens der Geschichte« durch den mit Bewusstsein begabten Menschen selbst wird bei ihm zu einer Situation, in der die historische Existenz als machbar, machbarer und am machbarsten sich deklariert. Nicht zu glauben, aber auf Seite 213 heißt es tatsächlich: »Im gleichen Maße, in dem so die Geschichte machbarer (!) wird ...«. Und auf Seite 214 wird dies in einer verallgemeinernden theoretischen Formulierung bekräftigt: »Wenn zudem die gesellschaftlichen Verhältnisse erst auf einer verhältnismäßig späten Stufe ihrer geschichtlichen Entwicklung der rationalen Planung des Menschen zugänglich werden, darf auch die Machbarkeit nicht von der Geschichte im Ganzen behauptet werden«.

Also (man verzeihe den Unsinn, aber er stammt nicht von mir!): Die »Machbarkeit« der Geschichte beginnt erst mit der »rationalen Planung«; vorher haben die Menschen ihre Geschichte nicht gemacht, womit auf eine geniale Weise die seit Vico sich durchsetzende Idee von der Erzeugung des gesamten geschichtlichen Prozesses durch den Menschen selbst widerlegt ist. Daher mit aufgehobenem Zeigefinger weiter: »Gerade die materialistische Geschichtsauffassung (...) müsste in ihr Selbstbewusstsein kritisch mit aufnehmen, dass die Kategorie von der Einheit der Welt [der Totalität; L.K.] und der Machbarkeit der Geschichte von der Geschichte selbst erst in einer bestimmten Phase wahrgemacht worden ist.« Bis dahin haben also die Menschen ihre Geschichte nicht selbst gemacht! Die Verwirrung wird noch größer, wenn es auf derselben Seite heißt, dass es unzulässig sei, die »aktuellen Konflikte bis in den Anfang der Geschichte« zu verlängern. Hier werden also Totalität (»bis in den Anfang der Geschichte« und »Vorwegnahme ihres Endes«), Machen der Geschichte und »aktuelle Konflikte« gleichgesetzt, das heißt in dem Sinne durcheinandergebracht, dass Marx unterstellt wird, er würde die bloße Tatsache, dass es Totalität und Machen der Geschichte erst neuerdings mit dem Anheben »aktueller Konflikte« gibt, zu einer für alle Geschichte geltenden erheben.

Und dies ernstlich bei einem deutschen Universitätslehrer! In einer gewissen Beziehung bekennt sich Habermas allerdings zu Marx. So leugnet er nicht die Richtigkeit der Ansicht, dass, bei aller faktischen und widersprüchlichen Verkomplizierung dieses Sachverhalts, die Überwindung des alten Dualismus von gesellschaftlichem Bewusstsein und geschichtlichem Sein der marxistischen Theorie grundsätzlich geglückt ist. Wenn von der Überwindung dieses Dualismus die Rede ist, so ist selbstverständlich nicht gemeint, dass er praktisch, sondern nur, dass er in der Einbildung existierte, denn stets und auch ohne ein Wissen davon war das ideologische Denken aller Epochen auf die gesellschaftlichen Bedingungen bezogen. Marx hat diese Bezogenheit nur entdeckt.

Ermöglicht wird sie ihrerseits durch die durchgehend bewusstseinsmäßige Existenz des Menschen (»Alles macht seinen Durchgang durch den menschlichen Kopf, sogar Essen und Trinken«, sagt Engels), sodass das, was soeben als das geschichtliche Sein oder die gesellschaftlichen Bedingungen bezeichnet wurde, gleichfalls als im Tun des mit Bewusstsein begabten Menschen begründet aufzufassen ist. Mit der Erkenntnis der durchgehenden bewusstseinsmäßigen (was nicht immer heißt rationalen, sondern das Irrational-»Unbewusste« einschließenden) Wesenheit aller menschlichen Existenz gewinnt die Theorie die Möglichkeit, die verschiedensten und einander widersprechenden Erscheinungen des Lebens in eine dialektische Beziehung zueinander zu setzen, wie vor allem zum Beispiel (auch unter Zustimmung seitens Habermas) das gesellschaftliche Denken und das gesellschaftliche Sein. Und gerade das heißt Totalität, wenn auch noch die Frage offenbleibt, wie sich innerhalb der gesamten und unbestimmten Totalität des Historischen überhaupt die einzelnen theoretisch begrenzbaren Totalitäten (etwa der Renaissance, des industriellen Zeitalters usw.) als solche einsehen lassen.[2]

Immerhin versteht man jetzt, dass der Begriff der Totalität auch nicht den geringsten Zusammenhang aufweist mit einer größeren oder geringeren Weltöffentlichkeit oder Internationalität, sondern als erkenntnistheoretisch und methodologisch zu bestimmender sich auf einer völlig anderen theoretischen und praktischen Ebene bewegt. Genau dasselbe gilt für das »Machen der Geschichte«, was gleichfalls sich begründet in der Tatsache, dass der Mensch ein mit Bewusstsein begabtes Wesen ist. Letztlich und in einem wohlverstandenen Sinne sind »Erzeugung« und Totalität identische Begriffe. Schon mancher hat sich theoretisch heillos verrannt, weil er darauf aus war, unter allen Umständen dem marxschen Totalitätsbegriff ein Anfang und Ende (besonders letzteres) setzendes »Subjekt« (Habermas) aufzuschwatzen. Nur waren viele vorsichtiger und behandelten dieses Thema isoliert, wodurch sie wenigstens vor methodologischen und erkenntnistheoretischen Dummheiten bewahrt wurden. Habermas geht umfassender vor und will tiefer sein. Die Konsequenz haben wir gesehen: totale geschichtsphilosophische Verwirrung.

Dass sich dies auch in Hinsicht seines Vorwurfs, Marx würde die Geschichte als ein metaphysisch vorgefasstes Subjekt begreifen, ebenso verhält (wie nicht minder hinsichtlich anderer Kritiken am Marxismus), soll bei einer anderen Gelegenheit behandelt werden. Hier sei nur bemerkt: Gehen Totalität und geschichtliche Erzeugung aller Geschichte logisch voraus, so versteht umgekehrt Marx das klassenlose »Endziel« nicht als ein absolutes, sondern als ein vorläufiges, mit dem nach seinem

2 Die eingehende Antwort habe ich gegeben in meinem (unter dem Pseudonym Stanislaw Warynski erschienenen) Buch »Die Wissenschaft von der Gesellschaft. Umriss einer Methodenlehre der dialektischen Soziologie« (Bern 1944).

eigenen Ausdruck »die eigentliche Geschichte« erst einsetzt. Seine auf die Zukunft gerichteten konkreten Analysen mögen hier und dort irrig gewesen sein wie in allem vorausschauenden Denken.

In der Methode jedoch bedurfte es eines Habermas und verwandter Geister, um zu entdecken, dass Marx' (bewusste oder unbewusste) Absicht darauf hinauslief, der Geschichte ein vorgedachtes und nicht aus dem Verständnis der wirklichen geschichtlichen Dynamik herausgearbeitetes Endziel zu unterstellen. Um Marx zu widerlegen, bedarf es einer positivistischen Beschreibung jener dynamischen Kraft, die Marx für die entscheidende hielt, des Proletariats. Und positivistisch heißt so viel wie oberflächenhaft, mit ideologisch-scheinhaften Mitteln durchgeführt und daher irrig. Natürlich hat sich in der Erscheinungsweise des modernen Proletariats vieles geändert. Das einstige Elendsproletariat ist verschwunden. Was aber, wie zahllose Untersuchungen beweisen, nicht verschwunden ist, ist eine tief sitzende Unzufriedenheit, die zwar nicht verhindert, dass der Arbeiter *mitzumachen* versucht, die aber bewirkt, dass er sich *nicht integrieren* lässt. Das Misslingen der hier und da versuchten Verbürgerlichung ist ebenso ein Beweis dafür wie die bewusste Distanzierung von gängiger Religion, Bildung und Kultur (z. B. sich äußernd in der Weigerung, Kirchen und Volkshochschulen zu besuchen).

Statt mit den Gewerkschaften, den reformistischen Parteien und dem Stalinismus, den wirklich Schuldigen, kräftig abzurechnen, beschränkt sich Habermas auf eine schwächliche Kritik des Letzteren, schont aber aus Gründen der eigenen Integration die Ersteren, die sich als Mächte seiner Haut zu nahe befinden. Letzteres ist der wahre Grund für den ideologischen, wenn auch »dialektisch« getarnten Konformismus, mit dem Ergebnis des Versagens selbst bis in die abstrakten Probleme hinein, wie wir anhand der Auffassung bewiesen haben, die sich Habermas von der Totalität und vom Machen der Geschichte zurechtkonstruiert. Statt mit dem Reformismus und dem Stalinismus abzurechnen, betrachtet sie Habermas offensichtlich als unüberwindliche Kräfte der modernen »Industriegesellschaft« von geradezu naturgesetzlicher Gewalt – neben dem Bedürfnis nach Integration die zweite Wurzel für die positivistische Handhabung der Erscheinungen.

Hat Kritik sich seit jeher gerade jenen Mächten zugewandt, die am unüberwindlichsten schienen, so wird »Ideologiekritik« für Habermas zum Anlass, sie aus einem deklaratorischen »kontigenten« Verständnis heraus als unüberwindlich plausibel zu machen. Natürlich kommt ihm hierbei die moderne Geschichte mit ihren neuartigen Formen verfeinerter Integration entgegen. Aber auch diese Formen sind der Dialektik des Widerspruchs unterworfen und nicht ewig.[3] Würde Habermas die

3 Vgl. hierzu meinen Beitrag »Revolutionäre Praxis heute?« in: Notizen, Juni 1965. [Nachdruck in: Leo Kofler: Zur Kritik bürgerlicher Freiheit, Hamburg 2000.]

Begriffe der Totalität und des Selbstmachens der Geschichte tiefer fassen und ernster nehmen, würden sie ihm ebenso wie uns zu methodischen Werkzeugen für eine Kritik, die eines Tages von umwälzender Bedeutung werden könnte.

Erstveröffentlichung in: Notizen. Tübinger Studentenzeitung, Juli 1966.

Zum Thema Technokratie

DIE ZUSAMMENBRUCHSTHEORIE SPIELT im westlichen Marxismus seit Langem keine Rolle mehr. Bereits in den zwanziger Jahren haben sie Otto Bauer und Karl Renner neben anderen wirksam kritisiert. Der heute noch übliche kritische Verweis auf sie soll der neuerdings auftretenden halb- und scheinmarxistischen Argumentation gegen den Marxismus einen Anschein von Berechtigung verleihen. Was an der Zusammenbruchstheorie falsch war, das war in erster Linie ihr Automatismus, jedoch nicht ihre Unterstreichung des permanenten Widerspruchscharakters der kapitalistischen Ökonomie.

Der Kapitalismus hat es inzwischen gelernt, die Widersprüche mittels Aufrüstung, inflationistischer Maßnahmen, verschleiertem Lohnstopp usw. zu »bändigen«. Er bedient sich zu diesem Zwecke vornehmlich des Staates und der ihm verbündeten »zweckrational« ausgerichteten Bürokratie, die es infolge des (historisch bedingten) Sich-Zurückziehens der Bourgeoisie auf das subjektive Interesse, des Weiteren infolge der Komplizierung der Aufgaben und der Gefährdung der Klassenherrschaft durch das Weiterwirken der erwähnten Widersprüche übernommen haben, das objektive Interesse der bürgerlichen Klasse insgesamt zu wahren und die entsprechenden Maßnahmen durchzuführen, die an Umfang immer mehr zunehmen. Dazu gehört auch das beschränkte Entgegenkommen den arbeitenden Massen gegenüber, übrigens ganz im Sinne von Marx und Engels, die davon sprachen, dass es die Aufgabe des bürgerlichen Staates sei, im Dienste der Festigung der Klassengesellschaft für einen »Ausgleich der Interessen« Sorge zu tragen. Wolfgang Streeck spricht [in der Zeitschrift *links*] von »wachsenden privaten Gratifikationen«, was nur ein verschwommener Ausdruck für dasselbe ist.[1]

Es entsteht der Schein, als ob bloße, das heißt im Sinne einer abgeleiteten überökonomischen Ideologie außerideologische »Sachzwänge« die einstmalige allgegenwärtige »Wert«ideologie so gut wie gänzlich verdrängt hätten. Ganz besonders in Deutschland, wo es seit Hitler und keinesfalls infolge der bloßen Zunahme der Bedeutung der »Sachzwänge« keine nennenswerte organisierte Opposition gibt (im Einwanderungsland

1 [Wolfgang Streeck: Thesen zur Technokratie, in: links. Sozialistische Zeitung, Januar 1970, S. 11f.]

USA ist es ähnlich), kann der Schein einer ideologischen Verselbstständigung der Technokratie entstehen. Aber hintergründig und in einer vorgegebenen Weise ist diese Technokratie durchaus wertideologisch gebunden, welcher Umstand nur dadurch verdeckt ist, dass sie relativ ungestört ihren »zweckrationalen« Aufgaben sich widmen kann. Dieser gleiche Umstand wird aber sofort offenbar, sobald einzelne Mitglieder dieser Technokratie aus ihrer ideologischen Reserve dadurch gelockt werden, dass sie mit Problemen der DDR, der Außerparlamentarischen Opposition, Vietnams, aber auch des von ihnen grundsätzlich und unerschütterlich nihilistisch interpretierten Menschen- und Gesellschaftsbildes, der modernen Kunst usw. konfrontiert werden. Auf die heutigen Diskussionen um die Universitätsreform zum Beispiel reagieren sie äußerst allergisch, nicht deshalb, weil sich die Studenten »schlecht benehmen« (die ihre Entlassung feiernden Soldaten pflegen sich noch schlechter zu benehmen), sondern weil sie den Einbruch humanistischer Menschen- und Weltanschauungen in den Bereich ihres »Wertekonsenses« befürchten.

Diese weitverbreitete irrational-ideologische Reaktionsform (die vor der Technokratie nicht haltmacht, sobald sie sich in ihrem »selbstverständlichen« und vielfach deswegen auch undiskutierten ideologischen Habitus angetastet fühlt) beweist, dass es eine hintergründig vorgegebene und zum Gesamtprozess (nicht bloß zum »zweckrationalen« Handeln) der Klassengesellschaft vermittelte ideologische Bindung der politischen und »technischen« Bürokratie gibt, die weit über das hinausgeht, was Streeck das »scheinhafte Selbstverständnis« der modernen Bürokratie nennt. Im Übrigen kann es diese Bürokratie aufgrund der heute fortgeschrittenen gesellschaftlichen Arbeitsteilung einer anderen Schicht überlassen, sich um die Pflege des bürgerlich-nihilistischen Menschen- und Gesellschaftsbildes zu kümmern, was bis in die abgelegenen Probleme der Kunst und Philosophie hinein mit äußerster Gewissenhaftigkeit geschieht (wozu selbst der Positivismus bekanntlich in seiner Weise das seinige beiträgt). Die Experten der spätbürgerlichen Ideologie und ihre journalistischen, künstlerischen und religiösen Handlanger sorgen dafür, dass die ganze Gesellschaft mit einem ideologischen Schleier überzogen wird, der von der vom Standpunkt sich selbst als rein »zweckrational« verstehenden Technokratie gleichzeitig als vorgegeben und unerschütterlich erlebt wird und gerade deshalb ihre ideologische Bindung verstärkt und nicht schwächt.

Das alles hat auch Habermas, den Streeck rezipiert, nicht verstanden. Streeck und Habermas verkürzen den vielschichtig vermittelten Zusammenhang von ökonomisch-politischer Zweckrationalität auf der einen Seite und dem ideologischen Himmel auf der anderen, wodurch dessen wesentlichste Momente und dessen Wirkung auf die Technokratie als sekundär und nichtig erscheinen. Die konsumtechnische Manipulation der Massen und die Beruhigung der Widersprüche im Sinne ihrer »technokratischen Bewältigung« müssten für sich besehen jenen Optimismus hervorbringen, der in Gegensatz stünde zu dem heute üblichen nihilistischen Geraune des Alltagsmenschen (»der Mensch ist von Natur aus egoistisch«; »es war immer so und wird immer so bleiben«; »die Herrschaft ist unausrottbar«; »Kriege und überhaupt das Böse sind ewige Einrichtungen« usw.). Der gesamte vielschichtige Oberbau der spätkapitalistischen Epoche ist (wie ich in mehreren Büchern sehr eingehend zeigte) zur Tatsache der »schicksalhaften« Verdinglichung vermittelt, von der die »zweckrationale« Technisierung und Bürokratisierung nur eine Seite ausmacht. Erst die verdinglichte Irrationalität des Gesamtprozesses, die aus der »zweckrationalen« Rationalisierung des Teilgebietes entspringt, bildet die wirkliche Grundlage für die Erklärung des ideologischen Oberbaus – oder genauer: Der Widerspruch zwischen der Rationalität des Teilgebietes und der Irrationalität des Ganzen ist es.

An der habermas-streeckschen Perspektive ist eigentlich nur die Sprache neu (manieriert), jedoch die Aussage selbst nicht so ganz unpositivistisch wie ihre theoretisch-methodologische Opposition gegen den Positivismus vortäuscht. Solch leider etwas zu wenig theoretisch reflektierte Feststellungen wie die von Willi Michel (in der gleichen Nummer von *links*[2]) kommen deshalb der Wahrheit weitaus näher. Die Frankfurter Schule war schon seit jeher ein Born zwielichtiger Ideologisierung der Linken.

Erstveröffentlichung in: links. Sozialistische Zeitung, März 1970.

2 [Willi Michel: Revolutionäre Ansatzpunkte in der Industrie-Gesellschaft, in: links. Sozialistische Zeitung, Januar 1970, S. 13f.]

Gewaltlos, aber revolutionär!

DER ÄUSSERST LESENSWERTE BEITRAG von Ossip Flechtheim »Sozialismus und gewaltfreie Aktion«[1] hat mich nicht ganz befriedigt. Liest man ihn genau, kann man sich des Gefühls nicht erwehren, dass das ehrliche Bemühen, dem Fortschritt über die gegenwärtigen Verhältnisse hinaus einen Weg zu weisen, in »Frankfurterische« Resignation und letztlich in den reformistischen Kurs der verzweifelten Abfindung mündet, wie insbesondere der folgende Satz zeigt: »Hier soll ja nicht die totale Umwälzung erzwungen werden, sondern ›lediglich‹ die Umstrukturierung, wenn auch wichtiger, so doch auch wiederum begrenzter Teilbereiche wie der Justiz und Bildung, der Gesellschaft und Wirtschaft, während weite Bereiche von Wissenschaft und Technik, ja sogar des Privatlebens, der Verfassung und des Rechts jedenfalls zunächst durchaus unberührt bleiben.«

Wer sich mit der seit Max Weber, Freyer, Schelsky und Gehlen auf der rechten Seite, Horkheimer und Adorno auf der halblinken, Marcuse auf der linken und Habermas auf der verwaschen-liberalen Seite in zunehmendem Maße verfestigenden Ideologie der quasi mit Naturgesetzlichkeit sich verdinglichenden, zu einem eigenen Herrschaftssystem sich verfestigenden und die Massen über den Konsummechanismus zur freiwilligen Unterwerfung verführenden »technologischen Rationalität« eingehend beschäftigt hat (ich hoffe in absehbarer Zeit eine Untersuchung darüber vorlegen zu können[2]), kann bemerken, wie auch Flechtheim in einem nicht geringen Grade dieser Ideologie ausgeliefert ist. Ihre Wirkung auf fortschrittliche Geister unserer Zeit besteht vornehmlich darin, dass diese dem *scheinbar* mit Naturgewalt auftretenden und deshalb als zum bestehenden Klassensystem unvermittelt sich gebenden technologischen Prozess gleichermaßen alle Momente des Gesellschaftlichen unterordnen – etwa in der Weise, dass sie die besondere und hemmende Rolle der Gewerkschaften, die trotz technologischer »Automatik« auch anders sein könnte (!), nicht oder nur am Rande in Betracht ziehen. Deshalb ver-

1 [Ossip K. Flechtheim: Sozialismus und gewaltfreie Aktion, in: links. Sozialistische Zeitung, Januar 1971, S. 16ff.]

2 [Leo Kofler: Technologische Rationalität im Spätkapitalismus, Frankfurt a. M. 1971; veränderte Neuauflage unter dem Titel »Beherrscht uns die Technik? Technologische Rationalität im Spätkapitalismus« (Hamburg 1983)]

nachlässigen sie zum Beispiel die wichtige Perspektive, dass die ideologische Veränderung der Arbeiterschaft seit dem 19. Jahrhundert (die übrigens, wie die Kritiken von Marx und Engels zeigen, durchaus nicht revolutionärer als heute gesinnt war), wenn man sich von der dummdreisten Phrase der »Verbürgerlichung« der Arbeiterschaft nicht düpieren lässt, zum Teil daraus zu erklären ist, dass es damals keine das Proletariat in der Aufklärung ideologisch und praktisch behindernde verbürgerlichte Gewerkschaft gab. Statt (wie dies hinsichtlich des östlichen Stalinismus mit Erfolg geschieht) die aus der »technologischen Rationalität« allein nicht erklärbare reaktionäre Funktion der Gewerkschaften und Parteien einer eingehenden und ausdauernden Kritik zu unterziehen und damit wenigstens eine Elite innerhalb dieser Institutionen in einem fortschrittlichen Sinne zu beeinflussen, richten sie ihr Augenmerk auf die mächtigen Tendenzen des angeblich die alten Herrschaftsformen aufhebenden und autonom alles prägenden »technologischen Fortschritts«. Sie interpretieren ihn in fetischistischer Manier als einen Prozess, der alles und jedes zum Gleichschritt gedankenloser Mechanismen zwingt, sodass es im Grunde keinen Ausweg mehr geben kann. Es ist kein Zufall, dass es bei Adorno, Habermas und sogar Marcuse keine ausführlichen theoretischen Reflexionen über die Institutionen gibt, in denen die Arbeiterschaft organisiert ist. (Was nebenbei bemerkt wesentlich dazu beigetragen hat, diese Autoren in der bürgerlichen Welt diskutierbar zu machen und ihr Ansehen »integrativ« zu gestalten, das heißt zu steigern.)

Unter dem Eindruck der gewaltigen Kraft, mit der der technologische Prozess bis in den Bereich der organisierten staatlichen Gewalt hinein sich alles unterordnet und eine Revolution aussichtslos erscheinen lässt, bemühen sich selbst äußerst fortschrittliche Kräfte, die revolutionären Kräfte vor jeder unbedachten Aktion zu warnen, die ihrer Meinung unter den gegebenen »wissenschaftlich-technischen« Bedingungen nur eine totale Reaktion zur Folge haben und jede Aushöhlung der alten Gesellschaft mittels der »gewaltfreien Aktion« zunichtemachen müsse. Die Argumentation ist bestechend. Ihr Mangel liegt in der allzu rationellen Ergründung künftiger Möglichkeiten einer gesellschaftlichen Umwälzung auf der Grundlage der heute gängigen Einschätzung des gesellschaftlichen Geschehens als eines zu einem technologischen Moloch verhärteten, gegen den sich schon deshalb nichts ausrichten ließe, weil der ihm entsprungene Oberbau, der die Köpfe der Massen völlig besetzt, sich verselbstständigt und anwächst, wie Flechtheim unterstreicht (was noch zu diskutieren wäre). Die Forderung der Gewaltlosigkeit ist die Konsequenz. Als ob das Gegenteil davon, nämlich die Gewalt, gefordert werden könnte (es sei denn von politisch unreifen Cliquen)!

Die revolutionäre Forderung unserer Zeit ist nicht die Forderung der Gewalt, sondern die, die Dialektik der kapitalistisch-technologischen

Gesellschaft zu durchschauen. Man darf sich von ihrem Schein der unbezwingbaren »Naturgesetzlichkeit« nicht beeindrucken lassen, auch nicht von dem in diesem ideologischen Bereich entstandenen Schein des »Verschwindens des Proletariats«, der »Entideologisierung« bei gleichzeitig bloß »technologischer Ideologisierung« und vom Schein der Ablösung der Klassengesellschaft durch eine »technologische« Managerherrschaft, die alle nivelliert. Weitläufig irrationalistisch-nihilistische und pessimistische Vorstellungswelten haben nämlich ihre Macht sowohl in der Theorie wie im alltäglichen Bewusstsein der Massen ungebrochen behalten. Des Weiteren ist die revolutionäre Forderung unserer Zeit die ständige, unerschrockene und von allen terminologischen Verschleierungen befreite Kritik und Aufklärung, wozu auch Aktionen wie Versammlungen, Diskussionen und Demonstrationen gehören. Schließlich und eng damit zusammenhängend steht die Forderung nach der Schaffung einer ideellen und, wenn es geht, organisierten Opposition, die es der Irrationalität künftiger geschichtlicher Entwicklungen getrost überlassen kann, was daraus wird.

Zu dieser Irrationalität, die alle bisherige Geschichte ausgezeichnet hat (und nur rückblickend sich dem forschenden Geiste dann doch als mehr oder weniger rational geordnet, weil in kausaler Verknüpfung erkennbar, enthüllt), gehört die Wechselwirkung der Länder aufeinander. Denken wir nur an die Möglichkeit der künftigen Entstalinisierung des Ostens und der ideologischen Wirkung dieses Wandels auf den Westen. Erinnern wir uns in diesem Zusammenhang an die Rolle Dubčeks im Prozess der Änderung des westlichen Massenbewusstseins, als damals das Wort vom »humanen Kommunismus« wie ein Sturm sich ausbreitete. Resignation, in welcher Gestalt immer, ist stets reaktionär. Die progressive Parole unserer Zeit muss heißen: Gewaltlos, aber revolutionär!

Erstveröffentlichung in: links. Sozialistische Zeitung, März 1971.

Anthropologische Erkenntnistheorie und Aggression

DIE UNENTSCHEIDBARKEIT ZWISCHEN den beiden heute streitenden anthropologischen Positionen »Naturgegebener Aggressionstrieb oder aus gesellschaftlich bedingter Frustration erfließende Aggressionsneigung« erklärt sich aus dem fehlenden Bezug auf eine *Erkenntnistheorie*, welche die letzte Wurzel eines jeglichen anthropologischen Denkens aufdeckt. Es gibt zwar in einem wohlverstandenen Sinne einen Aggressionstrieb, aber er besteht in einer bloß *formalen* Gestalt. Das bedeutet, dass innerhalb der Definition der Anthropologie als einer Wissenschaft, die von den unveränderlichen Voraussetzungen menschlicher Veränderlichkeit handelt,[1] jeder Trieb, somit auch der Aggressionstrieb, zu den Ersteren gehört, indem er eben wegen seiner unveränderlichen Konstanz von sich aus nichts im geschichtlich-gesellschaftlichen Raume bewirken kann, weshalb er zugleich als *formale* Gegebenheit definiert werden muss.

Zur Erklärung des gesamten Zusammenhangs ist ein theoretischer Umweg unvermeidlich. Der Mensch definiert und unterscheidet sich von allen übrigen Lebewesen durch eine neue Qualität, das Denken. Dem Denken ist die Fähigkeit eigen, sich Ziele zu setzen, die Umwelt diesen Zielen entsprechend zu verändern, also tätig zu sein. Alle bewusste Tätigkeit strebt (auch wenn dies nicht immer gelingt) nach Rationalität, das heißt erfolgversprechender Verkürzung des Arbeitsweges, möglichster Klarheit, Ordnung und Sicherheit – was sich traditionell unter den Begriff des »Apollinischen« subsumiert. Der letzte Sinn aller Tätigkeit ist aber ihre Dienstbarkeit am »Leben«, dem Lebensgrund oder Eros. Das Wesen des Letzteren ist das irrationelle Streben nach möglichst ungehemmter Befriedigung aller erotischen Bedürfnisse, somit die Irrationalität. Ihm angemessen ist der Begriff des Dionysischen. Gibt die Welt des Dionysischen jener des Apollinischen die Impulse und Aufgaben, so die Letztere der Ersteren das Maß und die Ordnung. Durch die Dialektik von Apollinischem und Dionysischem definiert sich dann jene Ganzheit, die wir anthropologische Totalität nennen.

1 Vgl. meine beiden Schriften »Der asketische Eros« (Wien 1967) und »Perspektiven des revolutionären Humanismus« (Reinbek bei Hamburg 1968 [Neuauflage Köln 2007]), die ersten Abschnitte.

Jedoch für sich, abstrakt (weil vom Gesamtzusammenhang abstrahierend) betrachtet, bleibt die Welt des Dionysischen gekennzeichnet durch die Tendenz nach ungehemmter, das heißt anarchischer und sich auf Kosten des Mitmenschen durchsetzender Befriedigung. Ebendiese Neigung, ja Kraft, stellt genau das dar, was die Anthropologen in unzureichender Reflexion des Gesamtzusammenhangs den Aggressionstrieb nennen. Sie haben unzweifelhaft insofern recht, als die aus der anthropologischen Totalität gedanklich herausgelöste dionysische oder Triebtendenz sich nicht anders denken lässt denn als egobezogen-aggressiv. Auf diese Weise ist zunächst die Erscheinung der Aggression als eine selbstverständliche und nicht, wie in anderen Definitionsversuchen, als von Anfang an problematische aufgewiesen. Gleichzeitig jedoch bleibt der Begriff der Aggression, wie wir ihn ableiteten, von bloß *formaler* Wesenheit; denn er kann sich nur realisieren im Zusammenhang mit der Welt des Apollinischen, aus deren Tätigkeit gesellschaftliches Verhalten und in weiterer Folge Geschichte entspringen. Für sich besehen, vermag er nichts Geschichtliches zu bewirken – zum Beispiel auch keine Kriege.

Das heißt, dass erst auf geschichtlichem Boden sich der formale Aggressionstrieb als ein *konkreter* realisiert, aus seiner Formalität tritt und *inhaltlich* wird. Erst hier wandelt er sich zu dem, was nunmehr als die gesellschaftlich bedingte und sich von historischem Augenblick zu historischem Augenblick verändernde Aggressions*neigung* zu definieren ist. Ist somit der Aggressions*trieb* als anthropologisch »schlechthinnige« Gegebenheit *unveränderlich und formal*, so ist die Aggressions*neigung* *inhaltlich und veränderlich*. Sie verhalten sich, populär ausgedrückt, zueinander wie Form und Inhalt. Das erzwingt aber auch die Schlussfolgerung, dass aus der Form allein sich kein Inhalt ableiten lässt, aus dem Aggressionstrieb allein noch kein Krieg.

Erstveröffentlichung in: Wirklichkeit und Wahrheit, April/Juni 1971; nachgedruckt in: Leo Kofler: Zur Kritik bürgerlicher Freiheit, Hamburg 2000. Ausführlich behandelt hat Leo Kofler dieses Thema in seinem Buch »Aggression und Gewissen. Grundlegung einer anthropologischen Erkenntnistheorie« (München 1973).

Wozu das »Kapital« studieren?

ICH BIN DER MEINUNG, dass man beim Studium des [marxschen] »Kapitals« nichts auslassen kann. Aber umfassende Akribie ist noch lange nicht systematisches Verständnis, Verständnis der Methodologie, der erkenntnistheoretischen und auch der anthropologischen Grundlagen. Die Missverständlichkeit des Ökonomismus kommt überwiegend daher, dass die Kategorie Mensch als zentrale Kategorie auch des »Kapitals« nicht zureichend definiert ist, obgleich nicht nur im gesamten Schrifttum von Marx, sondern gerade auch im »Kapital« ausdrückliche Verweise vorhanden sind, um ebendiese Perspektiven bewältigen zu können. Was der Mensch ist, das bezeichnet sich durch seinen Unterschied zum Tier. Es gibt den berühmten Satz von Marx »Radikal sein heißt, die Sache an der Wurzel fassen« – die Wurzel für den Menschen aber ist nicht das Tier, dem der Mensch gewiss entstammt, sage ich, sondern, wie es bei Marx heißt, »der Mensch selbst«. Und was ist das, dieser Mensch selbst? Der Mensch unterscheidet sich vom Tier durch eine Eigenschaft, die das Tier nicht hat, nämlich durch das Bewusstsein.

Zwischenruf: und Arbeit

Arbeit definiert sich genauso wie der Mensch: Der Mensch definiert sich durch Arbeit, aber Arbeit definiert sich durch Bewusstsein, durch die Fähigkeit, »vorher« im Kopfe einen Plan zu fassen, wie dies der berühmte Baumeister nicht nur hier von Westberlin (oder von sonst wo) beweist, sondern mitten im »Kapital«, nämlich S. 86, Ausgabe 1947, 1. Band [MEW 23, S. 192f.]), also schon zu Beginn des »Kapitals«. Und wenn Sie schon nicht weitergekommen sind, so müssten Sie doch wenigstens *diese* Zeile rezipiert haben. »Vorher« heißt aber, meine Damen und Herren, Genossinnen und Genossen, »vorher« heißt, dass etwas nachher kommt, hinterher. Die Fähigkeit zu arbeiten definiert sich durch Bewusstsein, Bewusstsein definiert sich aber durch die Fähigkeit, sich Ziele zu setzen, das heißt vorher einen Plan zu fassen, der nachher realisiert wird, sich teleologisch zu verhalten und schließlich, Sprache zu haben. Natürlich könnte ich hier auch mit Habermas, den ich sehr wenig liebe, am wenigsten von allen bürgerlichen Professoren (mit denen ich noch reden kann, aber mit ihm nicht) die Frage stellen: Wann beginnen denn eigentlich

Sprache und Bewusstsein? Habermas sagt: vor dem Menschen, irgendwo bei den Primaten und bei den Hominiden (in: »Rekonstruktion des Historischen Materialismus«, S. 151). Er vergisst nur, was jegliche erkenntnistheoretische Überlegung einfachster Art besagt: Wenn irgendwo, biologisch gesehen, bei den Primaten oder Hominiden das Bewusstsein beginnt und die Sprache beginnt, dann beginnt eben *hier* der Mensch, dann setzt man ihn *hier* an und nirgend anders, und dann lässt sich das nicht so verschmieren dahingehend, dass schon vor dem Menschen Bewusstsein und Sprache zu beobachten sind. Und wenn sie da zu beobachten sind, dann beginnt eben *hier* der Mensch – und damit auch die Arbeit. Die Arbeit, die nicht instinktreguliert ist wie beim Tier und durch die sich tatsächlich (und ich danke hier für den Zwischenruf) der Mensch definiert. Aber sofern er sich eben durch bewusstseinsmäßige und teleologische Arbeit definiert, und das heißt auch durch Transzendentalität (ein schreckliches Wort, das ich nicht in die Soziologie eingeführt habe, sondern die Frankfurter Schule), dann entsteht hier eine neue Perspektive, die auch im »Kapital« neben dem Fetischismus erscheint, nämlich das Spiel. Das Wort »Spiel« wird im »Kapital« von Marx gebraucht in Bezug auf den Arbeiter, indem Marx sagt, der Arbeiter hat es verlernt zu spielen. Die Begriffe des Spiels, des Gattungswesens, des Sich-selbst-Verwirklichens sind für Marx identisch, völlig identisch. Fetischismus und Spiel geben hier die beiden, voneinander weitläufig polarisierten und in der Geschichte konkret realisierten Außenpunkte an, zwischen denen sich alle übrigen Bestimmungen setzen; sodass man tatsächlich den Begriff des Fetischismus für sich allein, das heißt ohne den Begriff des Spiels, überhaupt nicht wirklich verstehen kann. Die Vernachlässigung des Begriffs des Spiels führt zu weitläufigen Dogmatismen und Phrasen. Phrasen, die den Marxismus zersetzen, sodass man heute mit ruhigem Gewissen sagen kann, er wird viel eher von links als von rechts zersetzt. Denn den Rechten kann ich den Vorwurf, dass sie gegen den Marxismus kämpfen, ja nicht machen: Was sollen sie denn sonst tun? Sollen sie denn irgendeiner maoistischen Gruppe beitreten? Da ich nicht viel Zeit habe, zitiere ich lieber einen solchen Dogmatiker: »Die geschichtliche Entwicklung kann daher also niemals vom Geist (von Bewusstsein), sondern nur vom Stoff her begriffen werden, nur vom Stoff her ist der historische Materialismus begreifbar.« Vom Stoff. *Dieses* Wort kommt im gesamten »Kapital« kein einziges Mal vor. Das bedeutet einen Rückfall – bestenfalls einen Rückfall in die alte Klima- und Geografietheorie des 18. Jahrhunderts. Der Rückfall auf den Stoff bedeutet einen Rückgang in die Zeit vor Marx. Viel eher muss man sich den Kopf darüber zerbrechen, was dieser so gut wie fast niemals zitierte Satz bedeutet: »Sie wissen es nicht, aber sie tun es.« Nicht von Freud stammt dieser Satz, sondern von Marx, im »Kapital«. Ein Hinweis auf eine außerordentliche sozialpsychologische Problematik, die viel mehr beiträgt zum Verständnis des »Kapitals«, als jede dogmatisierte Stamokap-Theorie. Mein Anliegen ist, das herauszustellen (man wirft mir vor, Idealist zu sein), dass die Leistung des Marxismus darin besteht, weder beim einseitigen und undialektischen Idealismus stehengeblieben zu sein noch beim einseitigen undialektischen Materialismus. Die Leistung ist die dialektische Aufhebung beider gegeneinander zu etwas Neuem. Marx selbst sagt, dass in der Geschichte Spiritualismus (nicht Idealismus, sondern Spiritualismus, sagt er) und Materialismus sich dialektisch aufheben. Allerdings in einer Frühschrift und nicht im »Kapital«. Das bedeutet, dass wir nicht nur das »Kapital« studieren, sondern gelegentlich auch in die Frühschriften einen Blick werfen sollen. Das wär's.

Aus der Diskussion (Frage aus dem Publikum): Und zwar haben Sie gesagt, dass der Mensch, dass das Wesentliche beim Mensch sei, dass er arbeitet bzw. dass er Bewusstsein hat. Ich frage Sie mal ganz konkret, ganz praktisch und ohne die Stimme so zu erheben wie Sie: Ein Arbeiter, der 40 Stunden in der Woche arbeitet, der sich nicht gegen die Überstunden wehrt, hat der jetzt Bewusstsein oder was hat er?

Antwort: Bewusstsein bedeutet etwas Doppeltes. Einerseits die Fähigkeit zu denken, und andererseits verstehen wir unter Bewusstsein die Bewusstseinsinhalte, die historisch entstehen. Das eine ist eine biologische Kategorie, die irgendwann entstanden ist im Verlaufe der Entwicklung des Lebens, das andere ist eine soziologisch-historische Kategorie. Und es ist bezeichnend für das sektiererische Denken, dass, wenn ich über das Erstere spreche, über die Fähigkeit zu denken, man mir antwortet mit Hinweisen auf die Bewusstseinsinhalte.

Erstveröffentlichung dieser Vortragsabschrift in: Elmar Altvater u. a.: Wozu »Kapital«-Studium?, Berlin 1978.

Sozialdarwinismus

UNTER MANCHESTERLIBERALISMUS UND Sozialdarwinismus, die beide dem 19. Jahrhundert angehören, versteht man etwas Verwandtes: die Vorstellung, dass die moderne kapitalistische Gesellschaft jedem die Möglichkeit bietet, auf der Grundlage der »freien Konkurrenz« oder des »Kampfes ums Dasein« das Beste an wirtschaftlichen Vorteilen herauszuholen und aus sich das zu machen, was die Entwicklung der Persönlichkeit genannt wird. Die Gesellschaft würde dann in ihrer Gesamtheit den Vorteil daraus ziehen, dass die Begabtesten, Stärksten und Geschicktesten unter der Vielfalt der Individuen auf Grundlage ihrer bevorzugten Qualifikation obsiegen, sich durchsetzen, während die »minderwertigen« Elemente untergehen und auf diese Weise der ständig sich wiederholende gesellschaftliche Erscheinungsprozess der Menschheit insgesamt auf eine immer höhere Stufe der Selbstreinigung und menschlichen Artikulation hebt, der Fortschritt also gesichert ist. In der Hauptsache sind sich der alte wie der neue Manchesterliberalismus und Sozialdarwinismus hierin einig (man könnte mit einiger Reserve auch den Malthusianismus dazu zählen).

Gegen diese beiden wissenschaftlichen und ideologischen Strömungen gibt es zunächst zwei Einwände. Erstens, dass die Erfahrung lehrt, wie sehr es wahr ist, dass vielfach die am meisten vergeistigten, um die Verwirklichung der anthropologisch definierbaren Merkzeichen von Kunst, Wissenschaft, Weltanschauung und Moral ringenden und deshalb menschlich am höchsten stehenden Individuen infolge der damit zusammenhängenden Abwendung vom reinen Egoismus, und das bedeutet heute von den einseitig wirtschaftlich orientierten und überhaupt rein egobezogenen Interessen, am kürzeren Strange zu ziehen gezwungen sind und unter die Räder des allgemeinen Raufens um »Erfolg und Glück« geraten – während zugleich in dummdreister ideologischer Gleichsetzung von »stark« und »besser« die angeblich »besseren« Individuen dem gesellschaftlichen Gesamtleben ihre Verhaltensnormen und »Ideale« aufprägen und damit der gesellschaftlichen Degradation und Entmenschlichung nicht nur das Wort reden, sondern alle Chancen der ebenso morbiden wie makabren Verwirklichung eröffnen. Zweitens, dass die klassendifferenzierte Organisation der kapitalistischen Gesellschaftsform alle Vorsorge dafür trifft, die Bevorteilung der einen Klasse gegenüber der anderen derart zu fördern und sichern, dass den einzelnen Individuen in ihrer großen Mehrheit von der Geburt her der Lebensweg vorgeschrieben ist.

Besonders in Nordamerika, und von daher auf viele kapitalistische Länder ausstrahlend, hat sich der Manchesterliberalismus gegenwärtig gegen alle Widerstände durchgesetzt und findet seine klarste Inkarnation in den sich selbst so bezeichnenden *Yuppies*, wenn auch nicht nur in diesen, denn es gibt zahlreiche Variationen bis ins Abergläubisch-Religiöse und ins Lumpen-Kriminelle. Diese Strömung zumeist jüngerer Leute zwischen 25 und 45 vertritt die Ansicht, dass unter Wahrung der besten Formen des Benehmens, der Kleidung und der Selbstbeherrschung, die gleichsam als Maske dienen sollen, der eingestandene, ja vergöttlichte Egoismus den Kampf aller gegen alle bis zu jener Höhe hin kultivieren soll, auf der entschieden wird, wer untergeht und wer den Unterlegenen »cool« missachtend – wie überhaupt »cool« zu bleiben, allen Handlungen angemessen ist – sich über die anderen siegend erhebt. Mit anderen Worten: Der krasseste Egoismus wird hier zum allein geltenden Maßstab für alles Lebenswerte erhoben.

Die Folgen sind verheerend. Die Entfremdung des Menschen von allen wirklich geistigen, ethischen, humanistischen wie ästhetischen Werten hat ein noch nie dagewesenes Ausmaß angenommen. Nur dass wir uns hüten müssen vor jener Verkehrung, in der das »Yuppie«tum als die Ursache und die kapitalistische Morbidität als die Folge davon erscheint. Genau betrachtet verhält es sich natürlich umgekehrt, worauf wir hier nicht näher eingehen können. Ausdruck dieser Morbidität sind: Kriminalität bis in das normale Geschäftsleben hinein, Bildungsrückgang oder besser: Bildungsrückstand bis auf ein engmaschiges System von Phrasen. Nur wenigen zum Beispiel ist es gegeben, zwischen den Begriffen des »Konservativen«, »Liberalen« und »Sozialistischen« oder gar »Kommunistischen« richtig zu unterscheiden, obgleich sie aufgerufen sind zu unterscheiden, nämlich mittels des Wahlrechts. Schon der amerikanische Präsident John F. Kennedy, der weitaus wissender und gebildeter war als Reagan, hat geklagt, dass die Mehrzahl der zum Militärdienst einberufenen jungen Männer wegen geistiger und körperlicher Untauglichkeit zurückgestellt werden müssten. Inzwischen ist es noch schlimmer geworden.

Einen Nachweis der Richtigkeit unserer Darstellung der heute in den kapitalistischen Ländern vorherrschenden Geistigkeit, besser Ideologie, finden wir in den Empfehlungen des wissenschaftlichen Gutachtens, das der baden-württembergische Ministerpräsident Lothar Späth in Auftrag gegeben hat. Die Ergebnisse sind 1983 unter dem Titel »Zukunftsperspektiven gesellschaftlicher Entwicklungen« erschienen. Wie die amerikanische Lebensauffassung mit Unterstützung amerikanischer Intellektueller und »Yuppie«-Praktizierer empfiehlt diese Kommission den Kampf aller gegen alle als Lebensideal: Nicht historisch gewachsene und mit der Klassengesellschaft verknüpfte gesellschaftliche Zustände sind schuld an den zahlreichen Missständen subjektiver und objektiver Art, denn die bestehende Gesellschaft kann im Prinzip als eine heile angesehen werden. Schuld ist, so wörtlich, »die persönliche Inkompetenz«. Die Gesellschaft als solche ist, so ausdrücklich, »keineswegs brüchig geworden, vielmehr in hohem Maße gemeinschaftsfähig«. Ist die persönliche Inkompetenz schuld, so übersehe man nicht, wiederum wörtlich, den »Wert der Ungleichheit«, wobei nicht gesagt wird, welcher Art sie ist, nämlich ob, wie wir oben ausführten, in geistiger und moralischer Überlegenheit gelegen, was oft mit persönlicher Hilflosigkeit und deshalb mit dem Ausschluss aus der »Elite« – »Wert der Ungleichheit« – verbunden ist, oder in der »Yuppie«-Art, im Egoismus, auf den Schwächeren herumzutreten und sich auf diese Weise zu den in der »Ungleichheit« Oberen heraufzumogeln, wobei auf die »Zustimmungsfähigkeit«, ja »Zustimmungspflicht« der unten Bleibenden gerechnet wird – was auch weitgehend gelingt. (Die in Gänsefüßchen gesetzten Begriffe sind dem Späth-Gutachten entnommen.) Der alte Manchesterliberalismus und Sozialkonservatismus haben hier und heute, von der Warte der heutigen Entwicklungshöhe und der heutigen Einsicht betrachtet, eine sogar zugespitzte Bedeutung erhalten.

Das gilt nicht nur in der Alltagsideologie, in der das Rennen auf dem Paradeplatz der Übervorteilung des anderen allgemein geworden ist, sondern auch in der nihilistischen Wissenschaft, wenn auch unter allerlei verschiedenen Begriffen und ideologischen Verschleierungsformen. »Leistung«, »Leistungsgesellschaft«, ja »Selbsthilfe« der Schwachen und sogar »Selbsthilfeorganisationen«, die mit ihren mageren Bettlergaben das Land überschwemmen, sind die Trittsteine auf dem Wege der Lösung aller sozialen Probleme. Dies nicht etwa unter der Bedingung einer »ursprünglichen Akkumulation« und ihrer Nachfolge, wie es im vorigen Jahrhundert zugestandenermaßen noch unvermeidlich war (oder nach dem »Dreißigjährigen Krieg« und Bürgerkrieg in der Sowjetunion 1914 bis 1945), sondern in den reichsten Ländern der Welt. Nicht zu übersehen sind gerechterweise die zahlreichen, aber das Problem in keiner Weise lösenden Hilfsorganisationen, deren wahrer Zweck darin liegt, dem alles beherrschenden amerikanischen Spießer die Gelegenheit zu geben, seine Schuldgefühle abzutragen und sich vor aller Welt mit seiner »gütigen« Aktivität wichtig zu machen – er stürbe sonst vor Leere und Langeweile. Die jüngere »Yuppie«-Generation, in welcher Spielart immer, bereitet sich auf das mildtätige Leben der Alten vor. In einer Sendung des Deutschlandfunks vom Oktober 1986 formulieren das die Verfasser (I. Breuer und

D. Mersch) so: »Es herrscht die Künstlichkeit. In verspiegelten Bars gibt man sich cool wie das Ambiente aus Glas, Aluminium und Marmor. Hier trifft sich eine neue Dekadence und spielt die große Welt. Das Gesicht geschminkt und die Mimik einstudiert. Die Schultern aus Watte und der Rock aus Gummi. Man lebt mondän auf Dispositionskredit.«

Das geht natürlich nicht ab ohne das manchesterliche Ego: Man kriecht vor ihm und betet es im Sinne des »Werts der Ungleichheit« an. Natürlich gibt es, und dies gerade bei den Jüngeren, das Gegengewicht, den Widerspruch gegen die allgemeine Wucherei, Halsabschneiderei und »Leistungs«moral, nämlich das närrische Gespiele, die hohle Gaukelei mit und ohne Alkohol, die kindische Fastnacht, Musik- und Theatergruppen von groteskem Geplärr als Alltags»kultur«. (Im neuen Kölner Museum ist auf der zweiten Etage eine riesige weibliche Figur zu sehen: eine dreist-dreckige Beleidigung der Frau! Von den Formen des Nihilismus, dem klugen und dem schmierigen – dumm wäre ein zu schwacher Ausdruck –, trifft der Letztere auf diese Figur zu.) Der »Moral« des leistungsstarken Manchesterliberalismus wird eine »Moral« des Parasitentums entgegengehalten. Beide ergänzen sich als entgegengesetzte Symbole der allgemeinen Vermaterialisierung des ideologischen Bewusstseins, das sich als Ganzes begrifflich verschwommen der »Postmoderne« zuzählt.

Erstveröffentlichung in: Sozialismus, Heft 2/1987; nachgedruckt (unter dem Titel »Zur Kritik des neoliberalen Sozialdarwinismus«) in: Leo Kofler: Zur Kritik bürgerlicher Freiheit, Hamburg 2000 (leicht gekürzt).

Die »erotische«Universität. Über Wissenschaft und Selbstverwirklichung

WAS FREUD AN MARX übersah, der seiner Theorie ein »erotisches« Menschenbild zugrunde legte, das ist, dass Marx, in einer anderen Sprache und lange vor Freud, sublimierungsfreie geistige Betätigungsgebiete für möglich hielt, die den Menschen im Kern anthropologisch definieren. Diese Gebiete sind die (außerhalb der traditionellen Erkenntnistheorie stehende) Humanphilosophie und die Kunst. Geistesgeschichtlich lässt sich zeigen, dass sie, in welcher verworrenen oder klaren, mit Erkenntnistheorie, Mythologie, Theologie, Mystik usw. vermischten oder selbstständigen Gestalt immer, stets das Nachdenken des Menschen über sich selbst begleitet haben. Schließt man sich solchen Intentionen an, kommt man zu dem Ergebnis, dass Humanphilosophie und Ästhetik im Widerspruch zu Freud, der alle produktive Tätigkeit als dem Gesetz der Sublimierung unterworfen betrachtete (der Mensch leidet an einer »natürlichen Arbeitsscheu« sagt er in seiner Schrift »Das Unbehagen in der Kultur«), sublimierungsfreie Formen der Betätigung darstellen. Dies aus dem einfachen Grunde, weil sie zugleich Formen der menschlichen »Selbstverwirklichung« sind oder, um mit Thomas Mann zu sprechen, Formen des »schönen Menschen« ausmachen. Selbstverständlich ist dieser »schöne Mensch« eine Idealvorstellung, der der Mensch im Streben nach Glück (und wonach soll er sonst streben und weshalb gibt es überhaupt menschliche Geschichte?!) sich nur in asymptotischer, das heißt unendlicher Bewegung anzunähern vermag; dies unabhängig davon, dass dieser Vorgang nur als ein widerspruchsvoller vorstellbar ist.

Marx bestimmt die menschliche Zukunft bildlich-popularisierend dadurch, dass er sie durch drei Haupttätigkeiten verwirklicht sieht: durch die körperliche Erholung (»morgens fischen«), durch die Philosophie (»mittags kritisieren«) und durch die Kunst (»abends musizieren«). Bilden diese drei Betätigungsfelder für Marx den Inbegriff dessen, was wir in platonisierendem Sinne als das »Erotische« bezeichnen, so muss daraus der Schluss gezogen werden, dass es keine echte Bildung des Menschen, dieses Wort in seiner doppelten Bedeutung der Formung und der Vergeistigung verstanden, und deshalb keine »erotische« Universität geben kann, ohne dass alle speziellen Gebiete umrahmt und durchdrungen werden von Humanphilosophie und Ästhetik. Mit anderen Worten: Im Mittelpunkt der universitären Erziehung müsste das Ziel des »schönen Menschen« stehen.

Nur im Blick auf eine solche Menschenbildung kann Marx sagen, dass im Gegensatz zum Tier »der Mensch nach dem Maße der Schönheit produziert«. Gewiss, der Verdurstende in der Wüste denkt nicht an Schönheit, wenn er angesichts einer plötzlich auftauchenden Wasserstelle einen Papierbecher formt. Jedoch strebt derselbe Mensch im ungestörten Alltag stets danach, die Form des sonst dem Nutzen dienenden Gegenstandes möglichst vollendet, schön zu gestalten oder die Schönheit bei seinem Erwerb zu beachten. Der Mineralkrämer allerdings, sagt Marx, »sieht nicht die Schönheit des Minerals«, sondern in erster Linie den »merkantilen Wert«. Und ganz in diesem Sinne versucht im »Zauberberg« der Humanist Settembrini seinen Schüler Castorp für die »erotische« Lebensauffassung zu gewinnen, indem er ihn vor »asketischen Neigungen« warnt. Und er fährt (im »Doktor Faustus«) fort, die Heranbildung eines, so wörtlich, »schönen Menschen« mithilfe von »Literatur« und einer »humanistischen Wissenschaft« (lies Humanphilosophie!) zu fordern. Thomas Mann warnt im »Zauberberg«: »Andernfalls werden sie auf allen vieren gehen, bald werden sie zu grunzen beginnen.«

Fragen wir nach der Zukunft der Universität, so kann nur derjenige sich einen »radikalen« Erneuerer nennen, der die unerotische, humanphilosophie- und kunstfeindliche oder, wie Marx sagt, »trocken-langweilige« Denkweise abtut und, um mit Heinrich Heine zu sprechen, an die Stelle der »rumfordschen Suppe der Nützlichkeit« die »Heiterkeit, die Süße des Blumendufts, die Poesie« setzt. In dichterischer Verhüllung drückt Heine dasselbe aus wie Marx und Thomas Mann, nämlich, dass Humanphilosophie und Ästhetik die Grundlagen des gesamten menschlichen Lebens zu bilden haben, somit auch der Universitäten. Zumindest als Leitlinie ist diese Anschauung unverzichtbar. Der Abstieg des geistigen Niveaus der Studentenschaft im letzten Jahrzehnt (nicht zuletzt sich niederschlagend in einem Wust von spitzfindigen und überwiegend nihilistischen Theoriebildungen) soll uns zur Warnung dienen. So sehe ich »die Verantwortung der Wissenschaftler für die Folgen ihrer Arbeiten und Entdeckungen« abstrakt umrissen, die der Präsident der Westdeutschen Rektorenkonferenz, Prof. Theodor Berchem, in einem Vortrag in Würzburg gefordert hat.

Erstveröffentlichung in: Bochumer Studenten-Zeitung, 9. Juni 1986; nachgedruckt unter dem Titel »Der schöne Mensch« in: Frontal. Das sozialistische Studentenmagazin (Bonn), Heft 4/1987.

Totalität

DIE FRAGE NACH DEM allgemeinen Zusammenhang in der Geschichte, der über die bloße Kompilation von Tatsachen hinausgeht, hat den Hegel-Gegner Ranke dazu verleitet, neben der bloßen Tatsachenfeststellung und Tatsachenordnung diesen Zusammenhang auf dem Wege einer intuitiv-*künstlerischen* Formgebung herstellen zu wollen (zumindest geht sein Vorschlag in der Einleitung zu seiner Geschichte Englands nach dieser Richtung). Andere wie Joël oder Croce greifen auf den Begriff des *Zeitgeistes* als das alle Erscheinungen einer Epoche verbindende Mittel zurück. Im Letzten dient auch der berühmte Begriff des *Verstehens*, dies ungeachtet der methodisch-*individuellen* Vorgangsweise, dieser Aufgabe (vor allem bei Dilthey). Es ist nicht zu übersehen, dass auch die Anstrengungen des bürgerlich-naturwissenschaftlichen Materialismus im 18. Jahrhundert, mittels des Rückgriffs auf Geografie und Klima eine historische Gesetzmäßigkeit plausibel zu machen, dem gleichen Zweck dient, nämlich die Vielfalt und Widersprüchlichkeit der Geschichte auf einen einheitlichen Nenner zu bringen, welches Bemühen unter den Begriff der *Totalität* zu subsumieren ist.

Den entscheidenden Anstoß zur philosophischen und theoretischen Formulierung eines brauchbaren Begriffs der Totalität hat Hegel gegeben. Zwar ist bei ihm die Totalität identisch mit dem »absoluten Geist«, der die Stufen des Seins vom Mechanischen über das Pflanzliche und Tierische bis hin zum Menschen hervorbringt. Zwar bleibt er damit beim alles und jedes umfassenden, sozusagen unendlichen und zugleich einem absoluten Ende zustrebenden Begriff der Totalität stehen. Jedoch darf nicht übersehen werden, dass für Hegel der zur Totalität geronnene absolute Geist zugleich das Allerkonkreteste ist, weil er die »Abstraktheit« (Hegel), das heißt die empiristische und auf »Meinungen« – wir würden heute sagen: Ideologie – beruhende Isoliertheit der Einzelerscheinungen überwindet, sie aus der »Unmittelbarkeit« der »Reflexion« in die »Vermittlung« überführt (Dialektik). Wegen der Gleichsetzung von endzeitlicher Gesamtgeschichte und Totalität, das heißt wegen der so gearteten unüberwundenen Abstraktheit, hat der hegelsche Begriff der Totalität die metaphysischen Hüllen nicht abzuwerfen vermocht. Das ist der Grund, weshalb der Begriff der Totalität, der noch immer im hegelschen Sinne als die auf »Endzeitliches« hinstrebende Gesamtgeschichte verstanden wird, in der Wissenschaft an Boden verloren hat. Es ist zugleich nicht zu bestreiten, dass er in einem System fortlebt, das die metaphysische Abstraktheit des Totalitätsbegriffs Hegels zu überwinden versucht, nämlich im Marxismus. Indem dieser an die Stelle der metaphysischen Totalität die empirisch-konkret fassbare der Gesellschaftsordnung oder der Produktionsverhältnisse setzt, gewinnt er eine Basis der Totalitätsbetrachtung, die, oft uneingestanden, tief auch in die nichtmarxistische Wissenschaft (besonders Geschichtsschreibung) eingedrungen ist.

Nichtsdestoweniger bleibt ein theoretischer Zusammenhang zwischen Hegel und Marx bestehen. Er liegt im genauen terminologischen und philosophischen Verständnis dessen, was die eigentliche Aktualität Hegels ausmacht: in der Kritik Hegels an allem »Positiven«, die ihre Explikationen auf den dialektischen Zusammenhang von Schein, Erscheinung und Wesen richtet. Nach Hegel scheint das Wesen in der Gestalt der Erscheinung durch den Schein hindurch, wodurch dieser nicht bloß zufällig existiert, sondern Notwendigkeit beansprucht. Diese Betrachtungsweise, die bereits jener des modernen Positivismus grundsätzlich widerspricht, hat eine tiefe Wirkung auf das marxistische Denken gehabt.

Gegen die dem bloßen irreführenden Schein unterliegenden *positiven* Empiriker, die mit dem *Stoff* anzufangen pflegen, unterstreicht Hegel energisch die Vermittlung zur Totalität. Zugleich unterstreicht er die Anfangslosigkeit einer jeden auf Totalität tendierenden Untersuchung, weil, wie er sagt, der Anfang »leer« ist und das radikale Misstrauen gegen die vorhandenen und gesetzten Begriffe vorherrschen muss. Erst in fortschreitender »vermittelnder« Anstrengung kann eine vorläufige und später gefestigte Vorstellung von der Totalität gewonnen werden. Mit der Totalität selbst zu beginnen ist für Hegel ein ebenso leeres Unterfangen: »Die eigentliche positive Ausführung des Anfangs ist zugleich umgekehrt ebenso sehr ein negatives Verhalten gegen ihn.« »In der Nacht sind alle Kühe schwarz«, sagt einmal Hegel bildlich, wobei es keinen wesentlichen Unterschied ausmacht, ob es die Nacht des empiristischen *gesunden Menschenverstandes* ist oder die Nacht der leeren Totalität. Erst in der Anstrengung der fortschreitenden Vermittlung der Erscheinungen zueinander und zum Prozess, dem sie entstammen, bildet sich allmählich ein *konkreter* Begriff des Ganzen heraus und so in unendlicher Progression weiter. Deshalb ist in der hegelschen Sprache die Einzelerscheinung »abstrakt« und das Ganze, die Totalität, »konkret«. Das Ganze ist konkret, sagt dementsprechend Marx, weil es die Zusammenfassung vieler Bestimmungen ist. Die so gewonnene Vorstellung von der Totalität historischen Geschehens sind für Marx die »Produktionsverhältnisse« einer bestimmten Epoche, das heißt die (strukturelle) Totalität der Verhältnisse der Menschen zueinander, die sie unter Anwendung bestimmter Produktivkräfte untereinander eingegangen sind. Und selbst hier kommt es nicht auf die »Summe« von allem und jedem, sondern primär auf den inneren Aufbau, die »Struktur« der Totalität der Produktionsverhältnisse an, was mit dem Begriff der ihr innewohnenden »Gesetzmäßigkeit« zusammenfällt.

Entgegen allen metaphysischen Unterstellungen, durch die der Begriff der Totalität missdeutet wird – *Endzeitlichkeit, Prophetie, Diesseitsreligiosität, Sozialismus als Paradies* usw. –, wonach der Marxismus einen absoluten Begriff der Totalität im Sinne eines erstrebten Endzustandes vertritt, zeigen die Texte eine andere Sprache. Während es bei Hegel noch heißt: »Der Geist (...) bringt sich in der Totalität dessen hervor, was zu seiner Gestaltung gehört; und das ist eine Gestaltung der Weltgeschichte. Wenn der Geist fortschreitet, so muss er in seiner Totalität fortschreiten«, so unterstreicht demgegenüber Marx, dass »die Konstruktion der Zukunft oder das Fertigwerden für alle Zeiten nicht unsere Sache ist«. Und Engels assistiert: »Ebenso wenig kann die Geschichte einen vollkommenen Abschluss finden in einem vollkommenen Idealzustand der Menschheit.«

LITERATUR:

Friedrich Engels: Herrn Eugen Dührings Umwälzung der Wissenschaft, Berlin 1953 [MEW, Band 20]

G.W.F. Hegel: Phänomenologie des Geistes, Leipzig 1948 (Vorrede)

G.W.F. Hegel: Wissenschaft der Logik. 2. Teil, Leipzig 1932 (Abschnitt: Die absolute Idee)

Leo Kofler: Geschichte und Dialektik, Hamburg 1955 [4. Aufl., Essen 2004]

Leo Kofler: Die Wissenschaft von der Gesellschaft, Bern 1944 [erste Auflage unter dem Pseudonym Stanislaw Warynski] [3. Aufl., Frankfurt a. M. 1971]

Georg Lukács: Der junge Hegel, Berlin 1954

Herbert Marcuse: Vernunft und Revolution, Neuwied 1962

Karl Marx: Zur Kritik der politischen Ökonomie, Berlin 1951 [MEW, Band 13]

Karl Marx: Der achtzehnte Brumaire des Louis Bonaparte, Berlin 1953 [MEW, Band 8]

Georgi W. Plechanow: Über die materialistische Geschichtsauffassung, Berlin 1946

Bernhard Willms: Einführung in die Staatslehre, Paderborn 1979

Erstveröffentlichung in: Harald Kerber/Arnold Schmieder (Hrsg.): Handbuch Soziologie, Reinbek bei Hamburg 1984.

Historischer Materialismus

DER *HISTORISCHE MATERIALISMUS* VERSUCHT, zwei Fragen zu beantworten. Erstens: Wie ist es möglich, die unendliche Vielfalt der historisch gewordenen Erscheinungen einer bestimmten Epoche als dialektische Einheit oder, in der hegelschen Sprache, als konkrete Totalität zu begreifen? Zweitens: Wie löst der wissenschaftliche Betrachter der Geschichte – anfänglich Marx und Engels –, der das Blickfeld der Totalität im Auge behält, das Problem des scheinbar unaufhebbaren Gegensatzes von einseitigem undialektischem Idealismus und ebenso einseitigem undialektischem Materialismus; dies allerdings nicht auf die allgemeine philosophische Erkenntnistheorie im traditionellen Sinne, sondern ausschließlich auf die spezielle Geschichtstheorie bezogen.

Für den historischen Materialismus konstituiert sich die konkret begreifbare historische Totalität in den sogenannten Produktionsverhältnissen, die als Gesamtheit der sozialen Klassen- und Eigentumsverhältnisse (bezogen auf die Produktionsmittel) unmittelbar verknüpft sind mit sie vielfältig und widerspruchsvoll reflektierenden ideologischen (privatalltäglichen, erotischen, religiösen, moralischen, juristischen, politischen, philosophischen und wissenschaftlichen) Erscheinungen im Prozess ihres beiderseitigen Entstehens. Die theoretische Perspektive, dass die gesellschaftlichen und ideologischen Verhältnisse sich zur allgemeinen historischen Totalität zusammenfassen und gleichzeitig nichts Starres darstellen, sondern stets im Prozess sich befinden, impliziert die Vorstellung von der dialektischen Einheit von Vergangenheit, Gegenwart und Zukunft. Die Zukunft ihrerseits stellt sich hierbei dar als eine aus den vorhandenen Tendenzen explizierbare »reale Utopie«. Gerade dieser Zusammenhang von Vergangenheit, Gegenwart und Zukunft in der Theorie des historischen Materialismus drückt den schärfsten Gegensatz zum dialektikfeindlichen Positivismus aus. Erst indem der Theoretiker oder Historiker mithilfe dieser Perspektive in die Lage versetzt wird, die verschiedenen – im Sinne Rickerts »individuellen« – sozialen und ideologischen Erscheinungen, die aus einem bestimmten Prozess entstehen, in ihn zurückzuversetzen, sie nach ihrer Herkunft, Rolle wie auch nach ihrem Stellenwert in diesem Prozess zu befragen, bekommt er das wissenschaftliche Mittel in die Hand, ihr stets ideologisch verhülltes Wesen zu enthüllen und ihren »Tatsachenschein« zu durchschauen, das heißt auf einen rationalen Begriff zu bringen.

Mit dem Bisherigen ist aber erst die Art und Weise aufgewiesen, wie der historische Materialismus die unendliche Vielfalt der Erscheinungen einer historischen Epoche als dialektisch einheitliche Totalität zu begreifen unternimmt. Die zweite Frage nach der dialektischen Einheit von Idealismus und Materialismus beantwortet sich durch die Theorie der dialektischen Subjekt-Objekt-Beziehung im Marxismus. Diese Subjekt-Objekt-Beziehung konstituiert sich durch die Berücksichtigung der für Marx und Engels grundlegenden Tatsache, dass, wie Marx prototypisch für viele Stellen sagt, »die Geschichte nichts tut«: »es ist vielmehr der Mensch, der wirkliche lebendige Mensch, der alles tut«. Und Engels unterstreicht, dass der Mensch nicht bloß passives Objekt »der« Geschichte ist, sondern »mit Bewusstsein und Leidenschaft« alles tut. Erst durch sein subjektiv zielgerichtetes (teleologisches) Tun bringt er in Gesellschaft mit anderen Subjekten jene objektiven Bedingungen hervor, die die unterschiedlichsten Formen annehmen, vor allem in der bürgerlich-kapitalistischen Gesellschaft sich zur »zweiten Natur« verdinglichen und das Individuum beunruhigen. Hierbei muss mitgedacht werden, dass dieser »naturhafte« Verdinglichungsprozess ausschließlich einen täuschenden ideologischen Vorgang, wenn auch von unberechenbarer praktischer Gewalt, darstellt. Die dialektisch-theoretische Auflösung des verdinglichten Scheins in der Theorie des historischen Materialismus geht so weit, dass Marx (im »Kapital«, Band 1) einmal sagen kann: Die ökonomischen Kategorien erscheinen als »Naturformen«, wo sie in Wahrheit doch nur »Gedankenformen« (d. h. Ideologien) ausmachen.

Dieses Problem der dialektischen Subjekt-Objekt-Beziehung – oder theoretisch: der Aufhebung des Gegensatzes von Ideellem und Materiellem – hat sich niedergeschlagen in der Theorie der *Transzendentalität* (welcher ursprünglich kantianische Ausdruck, oft irreführend gebraucht, bei Marx und Engels selbst nicht vorkommt). In vielfachen theoretischen Manifestationen – zum Beispiel im Vergleich zwischen der »bewusstlos« agierenden Biene und dem Baumeister, »der seinen Plan schon vorher in seinem Kopfe fertig haben muss«, wie Marx im »Kapital« bemerkt – wird die Gleichzeitigkeit und dialektische Einheit des »Hindurchgehens« aller Erscheinungen »durch den menschlichen Kopf« (Engels) – das wäre die ideelle Seite – und der Bedingtheit seitens der ökonomisch-materiellen Umstände – das wäre die materielle Seite – unterstrichen. Diese dialektische Einheit von Subjektiv-Ideellem und Objektiv-Materiellem macht neben der Theorie der prozesshaften Totalität den eigentlichen Kern des historischen Materialismus aus.

Aber die Produktions- und ideologischen Verhältnisse einer Epoche fallen nicht vom Himmel. Sie begründen sich vielmehr letztlich in der

Art und Weise, wie die Menschen *produzieren*, das heißt wie sie auf der jeweiligen Grundlage des von den vorangehenden Generationen, von den vorangehenden Produktionsverhältnissen Hervorgebrachten sich in der Auseinandersetzung mit der Natur zueinander gesellschaftlich verhalten, das heißt arbeiten, Ökonomie treiben. Alle Arbeit vollzieht sich nach der Auffassung des historischen Materialismus stets innerhalb bestimmter gesellschaftlicher Verhältnisse und ist deshalb stets gesellschaftlicher Natur; welche Einsicht gleichfalls zum Begriff der Transzendentalität gehört.

Die Mittel, die der Mensch in der Arbeit zur Anwendung bringt, sind die *Produktivkräfte*. Unter den Produktivkräften, die sich in den *Werkzeugen* vergegenständlichen (angefangen vom Faustkeil bis zur Maschine), versteht man jene im Laufe des historischen Prozesses, das heißt auf dem Boden bestimmter Produktionsverhältnisse relevant gewordenen Naturkräfte, die der Mensch in Anwendung zu bringen gelernt hat. Nicht die Naturkräfte an sich bestimmen die Art und Weise des Produzierens, sondern die jeweils gesellschaftlich bestimmte Anwendungsweise. Die Entwicklungshöhe dieser Anwendungsweise von Naturkräften, die Produktivkräfte, bestimmen ihrerseits die Art und Weise, wie sich die Menschen zueinander, zunächst in der Arbeit, verhalten, die Produktionsverhältnisse. Die Handmühle, sagt Marx einmal illustrativ, »erzeugt die feudale Gesellschaft, die Dampfmühle die kapitalistische«. Hierbei ist hervorzuheben, dass der historische Materialismus nirgends seine materialistische Sicht etwa derart vorführt, dass die ideologische Sphäre sich unmittelbar durch die Produktivität bestimmt. Wohl besteht eine dialektische Bezüglichkeit zwischen der Sphäre der Produktivkräfte und jener der Produktionsverhältnisse. Andererseits besteht eine solche Bezüglichkeit zwischen den Produktionsverhältnissen und dem Bereich der ideologischen Reflexionen, jedoch keinerlei Beziehung zwischen den Produktivkräften und den Ideologien, wie ein weitverbreitetes Missverständnis dies behauptet.

Der fälschlichen Unterstellungen in der Theorie des historischen Materialismus gibt es viele: darwinistische, milieutheoretische, kantianische, mechanistische, ökonomistische, biologistische, praktizistische und sogar heilsgeschichtliche. Was das letztere, auch *eschatologisch* genannte Missverständnis betrifft, weisen Marx und Engels des Öfteren darauf hin, dass es »ein Ende der Geschichte niemals geben kann«.

LITERATUR:

Max Adler: Lehrbuch der materialistischen Geschichtsauffassung, Berlin 1930

Konrad Bekker: Marx' philosophische Entwicklung, sein Verhältnis zu Hegel, Zürich/New York 1940

August Cornu: Karl Marx und Friedrich Engels. Leben und Werk, Berlin 1954

Leo Kofler: Zur Geschichte der bürgerlichen Gesellschaft, Halle 1948 & Neuwied 1966 [8., vollständige Neuauflage in zwei Bänden, Berlin 1992]

Leo Kofler: Geschichte und Dialektik, Hamburg 1955 [4. Aufl., Essen 2004]

Leo Kofler: Die Wissenschaft von der Gesellschaft, Bern 1944 [erste Auflage unter dem Pseudonym Stanislaw Warynski] [3. Aufl., Frankfurt a. M. 1971]

Karl Korsch: Marxismus und Philosophie, Leipzig 1923

Wladimir I. Lenin: Aus dem philosophischen Nachlass, Berlin 1949

Georg Lukács: Geschichte und Klassenbewusstsein, Berlin 1923

Karl Marx/Friedrich Engels: Das kommunistische Manifest, Berlin 1946 [MEW, Band 4]

Georgi W. Plechanow: Über die materialistische Geschichtsauffassung, Berlin 1946

Josef Stalin: Über den dialektischen und historischen Materialismus, Berlin 1951

Erstveröffentlichung in: Harald Kerber/Arnold Schmieder (Hrsg.): Handbuch Soziologie, Reinbek bei Hamburg 1984.

Ludolf Kuchenbuch
Marx, feudal

»Die erfrischend persönlich gefärbten Ausführungen mit ihren gewohnt hochreflektierten Begrifflichkeiten und Überlegungen machen das Buch in jedem Fall zu einer ebenso interessanten wie anregenden Lektüre.«

HANS-WERNER GOETZ
IN H-SOZ-KULT

Kaum ein Historiker kennt sich mit Marx' Theorie und dem Feudalismus gleichermaßen gut aus wie Ludolf Kuchenbuch. Er setzt Marx' Forschungsmaximen mittels kritischer Quellenforschung um, reflektiert Begrifflichkeiten, sucht methodisch neue Wege.

Die in diesem Band versammelten Texte aus über 40 Jahren verdanken sich spezifischen Entstehungsumständen. Diese werden jeweils einleitend umrissen: Was war die jeweilige Motivation, den Beitrag zu schreiben, was der konkrete gesellschaftliche Hintergrund, welche Debattenkonstellation entschied? Manche Beiträge sind teilweise noch nicht veröffentlicht, nur einer wurde aktualisiert. Damit bietet der Band nicht nur einen Einstieg in die Marx- und Feudalismus-Forschung, sondern auch einen Einblick in die Geschichtswissenschaften (beider deutscher Staaten) nach dem Zweiten Weltkrieg. Dabei zeigt das Themenfeld Feudalismus, wie fruchtbar es sein kann, mit Marx gegen Marx zu argumentieren.

Marx, feudal
Beiträge zur Gegenwart des Feudalismus in der Geschichtswissenschaft, 1975–2020
Mit einem Geleitwort von Alain Guerreau und einem Vorwort von Ingo Stützle
440 Seiten, Klappenbroschur
ISBN 978-3-320-02390-4